LE DÉVELOPPEMENT INTÉGRÉ DE L'AFRIQUE PAR LES BASSINS FLUVIAUX

CAS DES BASSINS DU CONGO ET DU NIL

Notes de cours

Dirigée par Benjamin Mulamba Mbuyi

L'objet de la collection est de susciter les publications dont la vocation est double : d'une part offrir aux professeurs d'universités l'opportunité de publier leurs notes de cours, utilisées tout au long de leur carrière, et d'autre part offrir aux étudiants et chercheurs les outils de travail dont ils ont grandement besoin.

La collection s'adresse principalement aux étudiants et se propose d'envisager toutes les questions qui touchent tous les aspects de droit, de science politique et de relations internationales qui font l'objet d'un enseignement universitaire autonome.

Nous privilégierons la publication de manuels de grande qualité scientifique qui seront mis à la disposition des étudiants, régulièrement révisés comme des outils pédagogiques et utilisés dans un grand nombre d'institutions universitaires à travers le monde.

Déjà parus :

Hubert MUKENDI MPINGA, *Pauvreté et résilience des enfants dans les mines de diamants (Kasaï-Oriental)*, 2016.
Hilaire KABUYA KABEYA TSHILOBO, *La gestion des forêts en RDC, Étude écologique, économique et juridique*, 2016.
Dieudonné KALINDYE BYANJIRA, *Droit international humanitaire*, 2015.
Blaise SARY NGOY, *La politique étrangère de Joseph Kabila, Les politiques étrangères des Etats menacés de décomposition*, 2014.
Zacharie NTUMBA MUSUKA, *Le rôle du juge administratif congolais dans l'émergence de l'état de droit*, 2014.
Stanislas BOGOY NANGAMA, *La pédagogie générale*, 2014.
Stanislas BOGOY NANGAMA, *La pédagogie comparée, Historique, Théories et Méthodes*, 2013.
Floribert Nzuzi MAKAYA, *Les finances publiques dans les constitutions de la République démocratique du Congo*, 2012.
Kazumba K. TSHITEYA, *Introduction aux théories et doctrines politiques et sociales*, 2012.
Benjamin MULAMBA MBUYI, *Droit International Public, Les sources*, 2012.
Benjamin MULAMBA MBUYI, *Droit des Organisations Internationales*, 2012.

Richard LUKUNDA VAKALA-MFUMU

LE DÉVELOPPEMENT INTÉGRÉ DE L'AFRIQUE PAR LES BASSINS FLUVIAUX

CAS DES BASSINS DU CONGO ET DU NIL

L'Harmattan

5-7, rue de l'École-Polytechnique, 75005 Paris

www.harmattan.fr
diffusion.harmattan@wanadoo.fr

ISBN : 978-2-343-09477-9
EAN : 9782343094779

EPIGRAPHE

« *La tendance à la régionalisation est fort poussée en Afrique où l'utilisation des eaux fluviales internationales constitue un élément essentiel du système d'intégration économique régionale* ». MUTOY MUBIALA

(In « L'évolution du droit des cours d'eau internationaux à la lumière de l'expérience africaine, notamment dans le bassin du Congo/Zaïre », Paris, PUF, 1995)

« L'Afrique est capable de se développer : la voie de ce développement c'est l'intégration sans laquelle il n'y a point de salut pour l'Afrique. Le développement du continent ne peut pas provenir de l'extérieur, mais des efforts consentis par les Africains eux-mêmes ». NDESHYO RURIHOSE Oswald

(In « Manuel de droit communautaire africain », Tome 1, Kinshasa, Editions Etat et Société, 2011)

REMERCIEMENTS

Pour leur attention scientifique, je remercie les Professeurs Célestin NGUYA-NDILA, Oswald NDESHYO RURIHOSE, Greg BASUE BABU KAZADI, Jean-Paul SEGIHOBE BIGIRA, Auguste MAMPUYA, Ivon MINGASHANG, MUTOY MUBIALA et Frédéric LASSERRE.

Pour leurs conseils, je remercie les Professeurs Marie-Thérèse KENGE NGOMBA TSHILOMBAYI, Sayeman BULA-BULA, Jean-Marie DIKANGA KAZADI, Barnabé KIKAYA BIN KARUBI, Benjamin MULAMBA MBUYI et Néhémie MWILANYA WILONDJA.

Un digne remerciement à toute ma famille ainsi qu'à mon épouse Irène MBIYA KAZADI. Un hommage cordial à ma mère Sophie LUVISA et à mon regretté Père Hubert LUKUNDA. Que le Seigneur achève ce qu'il a commencé en moi.

Ma gratitude à Geneviève INAGOSI KASSONGO, UPIO KAKURA WAPOL, Marcel WETSHOKONDA, Claude NYAMUGABO, KAYUMBA N'KUDI Sultan, Lino WADIAMBU DIAMVUTU, ainsi qu'à Hanny Salah MOUSTAPHA, Ambassadeur d'Égypte.

Richard LUKUNDA

PREFACE

L'eau a déjà fait l'objet de plusieurs traités entre États souverains. Les traités, nous le savons aussi bien, sont inhérents aux relations internationales. L'évolution actuelle des relations internationales laisse entrevoir une dynamique particulière pour ce qui est du partage de cette denrée précieuse qu'est l'eau, vitale pour les populations aussi bien de l'Afrique que d'autres Continents. Peut-on vivre sans l'eau ? D'où la question de sa gestion et de son utilisation rationnelles pour l'intérêt des États et de l'humanité toute entière. Aussi préoccupant le problème l'est lorsqu'il s'agit de l'eau douce, il n'en demeure pas moins s'agissant de l'eau dite salée, des mers et des océans.

A la faveur de la diversification des usages de l'eau (besoin de consommation domestique et industrielle, navigation, transport, commerce, énergie, irrigation, exploitation des zones humides), il est dès lors possible de mesurer à juste titre les contours et l'étendue des enjeux qui entourent notamment les bassins fluviaux sur la planète, en particulier au niveau du Continent Africain qui en regorge plus d'une soixantaine, soit près du tiers de l'ensemble des bassins fluviaux du monde. Aussi, les Parties à la Convention du 21 mai 1997 sur le droit relatif aux utilisations des cours d'eau internationaux à des fins autres que la navigation se sont-elles déclarées, dans le préambule de cet instrument international, « convaincues que cette Convention-cadre permettrait d'utiliser, de mettre en valeur, de conserver, de gérer et de protéger les cours d'eau internationaux, ainsi que d'en promouvoir l'utilisation optimale et durable au bénéfice des générations actuelles et futures ».

La question est examinée dans toute sa globalité : des aspects géographiques, environnementaux et techniques à ceux essentiellement politiques, stratégiques et sécuritaires, le tout reposant sur l'approche juridique du problème. Le dysfonctionnement juridique dont il est fait mention traduit la délicatesse du hiatus entre la théorie et la réalité, entre le déclaré et le vécu, entre le proclamé et le réalisé. De nombreuses conventions internationales sont adoptées et sont censées s'appliquer en matière de fleuves et de lacs internationaux, en matière de cours d'eau transfrontaliers. Cependant aussi longtemps qu'elles n'entrent pas en vigueur faute de ratification, elles sont dépourvues d'effets applicables aux Etats concernés. En concluant des traités pour finalement ne pas les ratifier, les Etats en question seraient-ils en train de souffler, au même moment, le chaud et le froid, et ce, de manière délibérée ? Serait-il logique pour eux de continuer à demander une chose et son contraire, et cela, pour quelle fin ? Tel est curieusement le tableau paradoxal qui est présenté et pour lequel une cure d'appoint s'avère nécessaire.

Au-delà du formalisme juridique, la question de taille qui se pose reste cependant celle de la réalisation d'une véritable coopération entre Etats en vue d'une intégration harmonieuse de l'Afrique. Les ressources des bassins fluviaux sont certes multiples, mais les enjeux et défis sont diversifiés au regard des réalités propres à chaque pays. D'où la nécessité d'une approche au cas par cas mais partant des principes généraux qui guident l'utilisation et la gestion rationnelles des cours d'eau internationaux. Cette coopération attendue devrait par ailleurs se matérialiser dans le respect des règles sacrosaintes qui guident la politique internationale des Etats. L'avancée des déserts en Afrique ainsi que les dérèglements climatiques devraient interpeller par ailleurs les consciences scientifiques et inciter à une révisitation de la façon d'appréhender la question de la gestion de l'eau en vue de l'essor des populations et du développement durable des Etats.

Focalisé principalement sur les bassins fluviaux du Congo et du Nil, et attirant l'attention sur l'appropriation stratégique qu'en font la République Démocratique du Congo et l'Egypte, Etats dits leaders des deux bassins, aux côtés d'autres Etats riverains et non riverains de mêmes cours d'eau, l'ouvrage est parsemé de détails aussi pointilleux qu'étoffés, bruts à première vue mais approfondis en réalité, de données assez riches glanées par-ci par-là pour une thématique qui se refuse encore à être intensément exploitée par les juristes internationalistes, mais qui l'est déjà, dans une certaine mesure, par quelques chercheurs en relations internationales.

Quoiqu'il en soit, la doctrine des fleuves se consolide au jour au jour lorsqu'on sillonne les écrits entre autres de Romain Yakemtchouk « le régime international des voies d'eau africaines », de Bogdan Aurescu et Alain Pellet « actualité du droit des fleuves internationaux », de Luc Descroix et Frédéric Lasserre « l'eau dans tous ses états : Chine, Australie, Sénégal, Etats-Unis, Mexique, Moyen Orient », de Suzanne Dionet-Grivet « géopolitique de l'eau », de Mutoy Mubiala « l'évolution du droit des cours d'eau internationaux, à la lumière de l'expérience africaine, notamment dans le bassin Congo/Zaire », de Jean-Pierre Raisin et Géraud Magrin « des fleuves entre conflits et compromis, essais d'hydropolitique africaine », de Modeste Mutinga Mutuishayi « le fleuve Congo et ses affluents : un château d'eau convoité », de Annabelle Boutet « l'Egypte et le Nil pour une nouvelle lecture de la question de l'eau », de Sheng Yu « les fleuves et les lacs internationaux », et de Welo Vava Apayé « la coopération internationale sur les fleuves et les lacs africains : régime juridique et analyse institutionnelle ». Elle a été modestement prise en compte dans la présente publication.

La réflexion est dès lors bien engagée, elle doit être poursuivie.

Benjamin MULAMBA MBUYI

Doyen de la faculté de droit, Université de l'Uélé

Professeur Ordinaire

AVANT-PROPOS

J'ai eu à suivre le parcours scientifique du docteur Lukunda Richard depuis vingt quatre années. Nageant dans différentes thématiques intéressant le droit international et les relations internationales, il ne cesse d'étonner en ce qu'il n'hésite d'affronter des problèmes préoccupants l'amenant à anticiper des solutions juridiques audacieuses, lesquelles parviennent souvent à être confirmées après un temps relativement long. En 2004, il publiait « *La Conférence internationale sur la paix, la sécurité, la démocratie et le développement dans la région des Grands Lacs ; coquille vide ou nécessité impérieuse pour le redécollage du Congo Démocratique : quelques considérations sur le processus*», ouvrage avec avant-propos de Professeur Auguste Mampuya et préface de Professeur Alphonse Ntumba Luaba. Sans doute avait-il déjà compris les soubresauts qui allaient caractériser cette région au profit de laquelle le Secrétaire Général des Nations Unies Ban Ki-Moon vient de lancer, en date du 21 mars 2016, le « Cadre Stratégique régional des Grands Lacs » afin de permettre une implication rationnelle de l'Organisation mondiale à la recherche des solutions adéquates et définitives aux maux qui rongent la région.

La présente publication a fait l'objet, pour l'essentiel, de la thèse de doctorat en droit de Richard Lukunda, et dont j'ai été le promoteur. L'auteur l'a développée dans un esprit de parfaite ouverture et selon une méthodologie assez rigoureuse. En effet, l'auteur s'est livré à une analyse sur les fleuves internationaux avec plusieurs auteurs qui l'ont précédé dans la réflexion. Ce qui confère à son étude un caractère riche, pratique et adapté.

Travaillant sur la question des fleuves Nil et Congo, le docteur Lukunda a effectué des missions de recherche dans quelques pays, dont la République Démocratique du Congo, l'Egypte, l'Angola et la Belgique, en vue de mieux appréhender les différents aspects liés à

l'internationalisation d'un fleuve et les conflits de souveraineté qui se posent au regard de multiples doctrines examinées dans l'ouvrage.
En définitive, l'auteur prône une approche inclusive des Etats des bassins du Congo et du Nil, afin de créer des cadres juridiques réellement fédérateurs de divers intérêts des pays concernés.

D'une lecture facilement compréhensible, et nonobstant les limites inhérentes à toute œuvre humaine, cet ouvrage constitue sans nul doute une valeur ajoutée à la science juridique, en l'occurrence pour le droit international des espaces. Les propositions faites au niveau des perspectives, traduisent la richesse du thème abordé, notamment la création d'« Union Panafricaine des Bassins Fluviaux », institution spécialisée de l'Union Africaine en matière fluviale, ainsi que la mise en place d'un espace et plate-forme de coopération dite « Zone fluviale intégrée Congo-Nil ». Le docteur Lukunda Richard plaide par ailleurs en faveur d'un renforcement du cadre juridique des bassins fluviaux africains, afin d'éviter le dysfonctionnement constaté en pratique dans la gestion harmonieuse de ces fleuves.
Dans « *Regards sur le droit public en Afrique : Mélanges en l'honneur du Doyen Joseph-Marie Bipoun Woum* », publié sous la direction de Maurice Kamto aux Editions L'Harmattan en janvier 2016, Professeur Brusil Miranda Metou consacre une importante étude à « la détermination des frontières internationales des nouveaux Etats africains », pages 401-420, et note : « Si la résolution des différends frontaliers a pu s'écrire à la salle d'audience de la Cour internationale de justice, il est difficile d'envisager cette efficacité en matière de résolution des problèmes frontaliers des nouveaux Etats africains ». Cette inquiétude concerne notamment le statut des cours d'eau qui servent de frontières pour cette catégorie d'Etats ; sans nul doute, elle pourrait déjà trouver des réponses-repères dans l'ouvrage de l'auteur Lukunda.

L'approche suivie par Lukunda Richard permet enfin de rapprocher le lecteur des synthèses des analyses menées, par ci par là, sur des volets spécifiques directement liés à la question des eaux partagées, dans tout ce qu'elles ont comme potentialités pour l'émergence des Etats. La lecture de ce manuel est dès lors conseillée à tous, chercheurs avisés, opérateurs scientifiques comme sociopolitiques, gestionnaires et responsables des départements traitant des questions géostratégiques à incidence directe sur le développement durable.

NGUYA –NDILA MALENGANA Célestin

Professeur Ordinaire et Doyen Honoraire
de la faculté de droit de l'Université de Kinshasa

ABREVIATIONS, SIGLES ET ACRONYMES

ABF : Agence de bassin fluvial.
ACCN : Accord-cadre de Coopération sur le Bassin du Fleuve Nil.
ACDI : Agence Canadienne pour le Développement International
ACP : Afrique, Caraïbes, Pacifique.
A.I.A. : Association Internationale Africaine
A.I.C : Association Internationale du Congo.
BAD : Banque Africaine de Développement.
BASE : Bureau Africain des Sciences de l'Education.
BCECO : Bureau Central de Coordination.
CAE : Communauté de l'Afrique de l'Est.
CBLT : Commission du Bassin du Lac Tchad.
CCS : Comités consultatifs sectoriels.
CCT : Comité Consultatif Technique.
CDB : Convention sur la Diversité Biologique.
CDI : Commission du Droit International.
CEAC : Communauté des Etats d'Afrique centrale.
CEDEAO : Communauté Economique des Etats de l'Afrique de l'Ouest.
C.E.E. : Communauté Economique Européenne.
CEEAC : Communauté Economique des Etats de l'Afrique Centrale.
CEMAC : Communauté Economique et Monétaire de l'Afrique Centrale.
CEN-SAD : Communauté Economique des Etats sahélo-sahariens.
CEPGL : Communauté Economique des Pays des Grands Lacs.
CICOS : Commission Internationale du Bassin Congo-Oubangui-Sangha.
CIJ : Cour Internationale de Justice.
CMB : Commission Mondiale des Grands Barrages.
CNEPC/RDC : Commission Nationale d'Etudes sur le Plateau Continental de la République Démocratique du Congo.
COMESA : Marché Commun de l'Afrique de l'Est et de l'Afrique australe.
COP : Conférence des Parties.
CPJI : Cour Permanente de Justice Internationale.
CPI : Cour Pénale Internationale.
CSSA : Conseil Supérieur du Sport en Afrique.
CV : Cheval Vapeur.
DES : Diplôme d'Etudes Supérieures.

DIP	: Droit International Public.
ECA	: Commission Economique des Nations Unies pour l'Afrique.
EEDC	: Conférence du Développement Economique en Egypte.
EIC	: Etat Indépendant du Congo.
EPU	: Examen Périodique Universel du Conseil des Droits de l'Homme.
FFEM	: Fonds Français pour l'Environnement Mondial.
FMI	: Fonds Monétaire International.
GEST	: Groupe d'Evaluation Scientifique et Technique.
Ha	: hectare(s).
IBN	: Initiative du Bassin du Nil.
IDI	: Institut de Droit International.
IGAD	: Autorité intergouvernementale pour le développement.
ILA	: International Law Association (Association de Droit International).
IUHEI	: Institut Universitaire des Hautes Etudes Internationales.
Km	: Kilomètre(s).
LGDJ	: Librairie Générale de Droit et de Jurisprudence.
MIBA	: Minière de Bakwanga.
MONUC	: Mission de l'Organisation des Nations Unies au Congo.
MONUSCO	: Mission de l'Organisation des Nations Unies pour la Stabilisation au Congo.
NEPAD	: Nouveau Partenariat pour le Développement de l'Afrique.
OI	: Organisation internationale.
OKIMO	: Office des Mines d'Or de Kilo-Moto.
ONG	: Organisation Non Gouvernementale.
ONU	: Organisation des Nations Unies.
PANA	: Agence Panafricaine d'Information.
PAS	: Plan d'Action Stratégique de Gestion Intégrée des Ressources en Eau du Bassin du Congo.
PFBC	: Partenariat pour les Forêts du Bassin du Congo.
PMPTR	: Programme Minimum de Partenariat pour la Transition et la Relance en République Démocratique du Congo.
PNUD	: Programme des Nations Unies pour le Développement.
PNUE	: Programme des Nations Unies pour l'Environnement.
PPTE	: Pays Pauvre Très Endetté.
PUF	: Presses Universitaires de France.
PUK	: Presses de l'Université de Kinshasa.
PUZ	: Presses Universitaires du Zaïre.
RCA	: République Centrafricaine.

RCADI : Recueil des Cours de l'Académie de Droit International.
RDC : République Démocratique du Congo.
REGIDESO : Régie de distribution des eaux.
RVF : Régie des Voies Fluviales.
RVM : Régie des Voies Maritimes (devenue CVM : Congolaise des Voies Maritimes).
SADC : South Africa Development Community (Communauté de développement de l'Afrique australe).
SAP : Subsidiary Action Program.
SAU : Surface Agricole Utile.
SNEL : Société Nationale d'Electricité
SVP : Shared Vision Program
TECCONILE : Technical Cooperation Committee for the Promotion of the Development and Environmental Protection of the Nile Basin
UA : Union Africaine.
UAC : Union Africaine des Chemins de Fer.
UE : Union Européenne.
UICN : Union Internationale pour la Conservation de la Nature et de ses Ressources.
UMA : Union du Maghreb Arabe.
UNESCO : Organisation des Nations Unies pour l'Education, la Science et la Culture.
UPAP : Union Panafricaine des Postes.
UPAT : Union Panafricaine des Télécommunications.
UPBF : Union Panafricaine des Bassins Fluviaux.

PREMIERE PARTIE

REGIME ET STATUT JURIDIQUES DES FLEUVES CONGO ET NIL

« Plutôt que d'être nécessaire à la vie, l'eau est la vie elle-même »
Antoine de Saint-Exupéry (in « Terre des hommes »)

Deux principaux chapitres constitueront l'ossature de cette première partie. Le premier portera sur le caractère incomplet et ambivalent du cadre juridique des bassins fluviaux africains ; tandis que le second sera axé sur l'ambigüité des statuts et régimes juridiques des fleuves Congo et Nil.

CHAPITRE I
LE CARACTERE INCOMPLET ET AMBIVALENT DU CADRE JURIDIQUE DES BASSINS FLUVIAUX AFRICAINS

Le cadre juridique des bassins fluviaux africains revêt un caractère incomplet dans la mesure où les normes y relatives demeurent encore embryonnaires et ne couvrent pas tous les domaines. Seules quelques normes de nature générale semblent recueillir le consentement des Etats dans leur universalité et s'appliquent aux différents bassins mondiaux, en ce compris africains. Et même pour certains de ces instruments généraux, les plus vitaux, la majeure partie des Etats africains n'y adhèrent pas[1].

En outre, le droit fluvial africain tarde à se forger clairement des normes particulières, à part quelques-unes qui demeurent assez éparses. D'où, la nécessité de les uniformiser, de les codifier.

Par ailleurs, le caractère ambivalent résulte du fait que ce cadre juridique s'avère encore néocolonial, ne parvenant pas à se libérer totalement de l'empreinte de la colonisation. D'où son inadaptabilité au contexte politique africain, voire des Etats du bassin. Ce qui occasionne pour ces derniers un retard de développement économique et social suite à la non appropriation dudit cadre.

Ce chapitre comporte deux sections portant respectivement sur l'analyse des caractéristiques et de la réglementation des bassins fluviaux africains (section 1) et sur l'influence de la colonisation dans les instruments historiques régissant les deux bassins (section 2).

---

[1]Cas de la Convention du 21 mai 1997 (en vigueur depuis août 2014) sur l'utilisation des cours d'eau internationaux à des fins autres que la navigation.

Tableau : Quelques bassins fluviaux et lacustres africains

Bassins de plus de 100.000 m^2	Bassins de moins de 100.000 m^2
Nil, Congo-Zaïre, Niger, Zambèze, Lac Tchad, Orange, Sénégal, Volta, Ogoué, Kunene, Okavango, Limpopo, Sabi (Save), Rovouma, Djouba-Shibeli, Lac Rodolphe, Anouache	Gambie, Chiloango, Maputo, Medjerda, Tafna, Guir, Daoura, Dra, Atoui, Geba, Corubal, Grande Scorie, Petite Scorie, Moa, Mano-Morro, Lofa, Saint-Paul, Saint John, Cestos, Cavally, Sassandra, Komoé, Bia, Tano, Mono, Ouémé, Cross, Ntem, Benito, Outamboni, Nyanga, Couvelai-Etosha, Umbeluzi, Incomati, Buzi, Natron (lac), Gash, Baraka

Source : ONU, Conseil économique et social, Comité des ressources naturelles, 3è session, New Delhi, 12-23février 1973, doc. E/C.7/35 intitulé « Aspects économiques et techniques de la mise en valeur des bassins fluviaux internationaux ».

Section 1. Caractéristiques communes, appartenance sous-régionale et réglementation des bassins fluviaux africains

Il sera question, dans cette section, de relever les caractéristiques communes des bassins fluviaux africains, de cogiter sur l'incidence de l'appartenance régionale ou sous-régionale des Etats sur la bonne gestion ou la rentabilisation des bassins concernés, avant de décrire l'arsenal juridique africain protecteur desdits bassins fluviaux.

I. Caractéristiques des bassins fluviaux africains

Avant de situer les Etats des deux bassins dans les régions africaines, il importe de relever les traits communs des bassins des fleuves africains.

A. Aspects communs

Les auteurs dénombrent une soixantaine de bassins fluviaux et lacustres en Afrique.

Certains traits majeurs semblent caractériser la plupart de bassins africains. Il convient d'en citer particulièrement trois.

En effet, ces bassins sont partagés par plusieurs pays. S'il est vrai que certains d'entre eux ne comprennent que deux à quatre pays, force est de reconnaître que sur les cinq bassins fluviaux du monde qui sont partagés chacun par 9 à 11 Etats, quatre de ces bassins sont situés en Afrique. Dans cette catégorie, figurent évidemment les bassins du Congo et du Nil. Ce caractère induit la délicatesse de la gestion des bassins ainsi que la complexité des enjeux politiques et de la coexistence des souverainetés nationales.

Ces bassins sont ensuite gérés par des Organismes à caractère international, mais pas suffisamment intégrateurs. Ce caractère implique la nécessité d'une approche inclusive pour une cogestion efficace desdits bassins à travers des normes conventionnellement acceptées.

Enfin, les bassins fluviaux africains font état d'un paradoxe criant entre les richesses qu'ils contiennent et leur sous-exploitation. Ces bassins sont extrêmement riches au regard de diverses potentialités que nous allons répertorier plus loin ; mais ils demeurent quasiment sous-exploités, d'autres ressources restant d'ailleurs à ce jour non explorées. Ce caractère traduit le besoin d'un renforcement de coopération et de l'urgence de la mise en valeur desdites ressources.

B. Appartenance sous-régionale des bassins

Les bassins fluviaux africains peuvent être situés selon que l'on prend en considération l'une des classifications majeures ci-après : les cinq régions africaines citées à l'article 1er, point d du Traité d'Abuja, les huit zones africaines naturelles à vocation industrielle ainsi que les huit communautés économiques régionales africaines.

1. Les cinq Régions africaines[2]

Partant de ce critère, les Etats des bassins du Nil et du Congo se retrouvent dans quatre des cinq régions africaines. Ce qui représente un grand atout au regard de l'incidence que chacun d'eux, s'il devenait développé, pourrait jouer dans le relèvement et l'intégration économique de la région considérée.

[2] Ces régions sont citées à l'article 1er, point d du Traité d'Abuja.

En *Afrique de l'Est*, l'on retrouve en effet huit Etats appartenant aux bassins du Congo et du Nil : Erythrée, Ethiopie, Kenya, Ouganda, Rwanda, Soudan, Soudan du Sud, Tanzanie.

En *Afrique Centrale*, six Etats des bassins du Congo et du Nil s'y retrouvent : Burundi, Cameroun, République du Congo, Gabon, RCA et RDC.

En *Afrique Australe*, deux Etats se retrouvent : Angola et Zambie.

En *Afrique du Nord*, il n'y a qu'un seul Etat, à savoir l'Egypte.

Les Etats de l'Afrique de l'Ouest ne sont formellement membres des bassins fluviaux du Congo et du Nil. Toutefois, ces Etats font partie de bassins qui collaborent étroitement avec les bassins du Nil et du Congo : notamment le bassin du fleuve Niger.

En outre, cette imprécision de délimitation territoriale des régions fait que certains Etats, notamment la RDC, appartienne, à la fois, à plusieurs de ces régions[3].

2. Les huit zones africaines naturelles à vocation industrielle

Au regard de ce critère, il y a moyen d'impulser le développement des Etats des deux bassins partant des atouts de différentes zones sur le plan industriel. Nous pensons qu'il y a lieu de promouvoir et de théoriser sur cette classification (proposée par le savant sénégalais Cheik Anta Diop) en ce qui concerne la gestion des bassins fluviaux et le progrès technologique des Etats riverains.

Ces derniers peuvent ainsi mettre en commun, à travers une coopération mutuellement avantageuse, leurs potentialités, pour décoller économiquement.

Les huit zones ainsi proposées dans cette classification, qui apparaît comme une sorte de « division horizontale africaine du travail »[4], se présentent comme suit[5] :

---

3 NDESHYO RURIHOSE Oswald, *Manuel de Droit communautaire africain*, Tome 1, Kinshasa, Editions Etat et Société, 2011, p.174.

4 NDESHYO RURIHOSE Oswald, *op.cit*, p.174.

5 Lire aussi Cheik Anta Diop, *Les fondements culturels, techniques et industriels d'un futur Etat fédéral d'Afrique noire*, Paris, Présence Africaine, 1960, pp.67 et ss.

a) *Le Bassin du Congo* (RDC, Congo Brazzaville et une grande partie du reste de l'AEF) appelé à devenir le centre principal de l'industrie lourde africaine : industrie électrométallurgique, industrie du bois, de pâte à papier, etc. mais aussi grâce à ses vastes prairies, future région d'élevage ;
b) *La Région du Golfe du Bénin* (Nigéria, Dahomey[6], Togo, Cameroun) : industrie électrométallurgique, électrochimique, industrie chimique du bois, huileries-savonneries, pneumatiques, sucreries et raffineries, culture vivrière du riz ;
c) *Le Ghana et la Côte d'Ivoire* : industrie du bois, usines de conserves de fruits et légumes, huileries-savonneries, culture intensive du riz ;
d) *La Guinée-Sierra Leone-Liberia* : installation d'un puissant combinant métallurgique : aluminothermie, pneumatiques, constructions automobiles et aéronautiques, huileries-savonneries, conserves alimentaires, culture du riz, noix de cola, épices, café, indigo ;
e) *La zone tropicale Sénégal, Soudan, Niger, Mali* : industrie textile, pétrole et pêche, industries de matières colorantes, industries du ciment, industries des oléagineux, pêcheries, conserveries alimentaires, usines d'engrais phosphatés, potassiques et nitriques, culture du riz et coton ;
f) *Le Soudan nilotique–Grands Lacs- Ethiopie* : construction navale, cultures du coton, canne à sucre, agave, sisal, palmiers à huile et cocotiers plus industries correspondantes, cultures vivrières et commerciales, élevage, tourisme ;
g) *Le Bassin du Zambèze-Rhodésie[7]-Tanganyika*(Tanzanie) : réserve africaine de charbon, fabrication d'aciers résistants pour les constructions électriques et aéronautiques ;
h) *L'Afrique du Sud* : déjà industrialisée par la minorité blanche qui y vit.

3. Les huit Communautés économiques régionales africaines

Cette classification permet de situer chacun des deux bassins au sein de différentes Communautés régionales en présence en vue d'impulser et de recadrer l'essor économique des Etats concernés.

En les situant au sein des cinq régions africaines, les huit Communautés Economiques Régionales Africaines (C.E.R.) actuellement admises par la Conférence de l'Union Africaine[8] sont :

---

[6] Actuellement, cette dénomination a été abandonnée au profit de « Bénin ».
[7] La Rhodésie n'existe plus de nos jours. Elle a été scindée. La Rhodésie du Nord est devenue la Zambie tandis que la Rhodésie du Sud est devenue le Zimbabwe.

1° *Afrique du Nord* : Union du Maghreb Arabe (*UMA*) ;
2° *Afrique centrale* : Communauté Economique des Etats de l'Afrique centrale (*CEEAC*) ;
3° *Afrique de l'Est* (orientale) : Communauté de l'Afrique de l'Est (*CAE*) et l'Autorité intergouvernementale pour le développement (*IGAD*) ;
4° *Afrique australe* : Communauté de Développement de l'Afrique australe (*SADC*) ;
5° *Afrique de l'Ouest* : Communauté Economique des Etats de l'Afrique de l'Ouest (*CEDEAO*)

A ces six Organisations, il faudrait ajouter deux autres qui sont interrégionales, à savoir : le *COMESA* (Marché commun de l'Afrique de l'Est et de l'Afrique australe) et la *CEN-SAD* (Communauté Economique des Etats sahélo-sahariens).

Le tableau[9] d'appartenance des Etats des bassins du Congo et du Nil aux huit Communautés économiques régionales africaines précitées se présente comme suit :

Organisations (C.E.R.)	**Etats membres appartenant aux bassins du Congo et du Nil**	**Situation actuelle**
UMA	Aucun pays des bassins du Congo et du Nil Même l'Egypte n'est pas membre	Zone de libre-échange non réalisée, mais conventions en vigueur pour les investissements, les paiements et le transport terrestre
CEEAC	Angola, Burundi, Cameroun, République du Congo, Gabon, RCA, RDC	Etude sur la zone de libre-échange examinée pour sa mise en œuvre; mécanisme pour la paix et la sécurité mis en place
CAE	Burundi, Kenya, Ouganda, Rwanda, Tanzanie	Progrès de la zone de libre-échange ; Union douanière prévue pour 2004-2006 ; signature du Protocole établissant un marché commun le 20 novembre 2009
IGAD	Erythrée, Ethiopie, Kenya, Ouganda, Soudan	Elaboration des programmes multilatéraux dans les domaines prioritaires (agriculture et environnement, affaires politiques, humanitaires, coopération économique régionale, projets d'infrastructures physiques)
SADC	Angola, RDC, Tanzanie, Zambie	Mécanisme de paix et de sécurité mis en place

[8] En vertu de la Décision Assembly/AU/DEC.112(VII) relative au moratoire sur la reconnaissance des Communautés économiques régionales, adoptée lors du Sommet de l'Union Africaine tenu à Banjul du 1er au 2 juillet 2006.

[9] Données essentiellement tirées de NDESHYO RURIHOSE Oswald, *op.cit.*, pp.178-179.

COMESA	Angola, Burundi, Egypte, Erythrée, Ethiopie, Kenya, Ouganda, RDC, Rwanda, Soudan, Tanzanie, Zambie	Réalisation d'une zone de libre échange sur les territoires de neuf membres en octobre 2000 ; Union douanière instituée depuis le 9 juin 2009 à l'issue du Sommet tenu à Harare ; définition des critères de convergence des politiques macroéconomiques. Concernant la Zone de Libre-échange, le 18ème Sommet de la Conférence des Chefs d'Etat et de Gouvernement du COMESA tenu en mars 2015 a indiqué que les échanges intra-COMESA ont augmenté jusqu'à 22,4 milliards USD à la fin de 2014 contrairement en 2009 à 12,7 milliards USD en raison de la crise financière mondiale et de la récession économique.
CEN-SAD	Egypte, Erythrée, RCA, Soudan	Lancement de l'étude de faisabilité de la zone de libre échange
CEDEAO	Aucun pays des bassins du Congo et du Nil	Suppression des droits de douane pour les produits non transformés ; élimination partielle des droits de douane pour les biens industriels ; mise en place d'une seconde zone monétaire

Après ce parcours des repères géographiques des Etats des bassins fluviaux du Congo et du Nil à travers les subdivisions régionales et les regroupements régionaux en Afrique, l'instant est indiqué à présent pour élucider le cadre juridique des bassins fluviaux africains.

II. La gestation d'un cadre juridique africain des bassins fluviaux au regard des fondements de droit international

De prime abord, il nous revient, en liminaire, partant des propos de Alain PELLET et de Bogdan AURESCU, de faire le constat suivant :

> « *Bien que l'on ne puisse sans doute pas parler d'un régime juridique uniforme applicable aux fleuves internationaux, dont chacun est encadré(de manière plus ou moins précise) par des réglementations qui prennent en considération , à la fois, des facteurs sociaux, économiques et politiques propres à chaque région, des tendances générales se dessinent cependant, notamment en matière de prévention de la pollution et de règlement des différends.*
>
> *La Convention de 1997 sur l'utilisation des cours d'eau internationaux à des fins autres que la navigation, ou celle d'Helsinki de 1992 sur la protection et l'utilisation des cours d'eau transfrontières, sans codifier à*

proprement parler des règles internationales générales encore en voie de formation, reflètent ces tendances »[10].

Selon ces auteurs, deux principales Conventions contiennent, en effet, des règles généralement admises par les Etats car constituant le socle du droit international fluvial. Il s'agit de la Convention du 18 mars 1992 sur la protection et l'utilisation des cours d'eau transfrontières et des lacs internationaux et de la Convention du 21 mai 1997 sur l'utilisation des cours d'eau internationaux à des fins autres que la navigation.

Outre ces deux textes importants, l'Afrique s'efforce de recourir à d'autres instruments internationaux essentiels (que nous allons aussi examiner) et à l'expérience de certaines institutions internationales pour réglementer ses bassins fluviaux.

Enfin, de manière éparse, il existe quelques textes régionaux en Afrique qui contiennent des règles applicables aux bassins fluviaux. De même que les instruments fondateurs des Organismes fluviaux africains ainsi que la législation sous-régionale au niveau de la SADC, modèle à transposer mutatis mutandis dans d'autres sous-régions du Continent.

Tous ces instruments juridiques ont vocation à s'appliquer sur les bassins des fleuves internationaux en Afrique, dont le Congo et le Nil. Mais, qu'en est-il de la réalité sur terrain ?

Il y a lieu d'examiner successivement les textes suivants :

- La Convention sur les zones humides d'importance internationale (Convention de Ramsar du 02 février 1971) ;
- La Convention sur la diversité biologique (1992) ;
- La Convention sur la protection et l'utilisation des cours d'eau transfrontières et des lacs internationaux (Helsinki, 18 mars 1992) ;
- La Convention des Nations Unies sur le droit relatif aux utilisations des cours d'eau internationaux à des fins autres que la navigation (New York, 21 mai 1997) ;
- La Commission Mondiale des Grands Barrages ;
- La Convention des Nations Unies sur la lutte contre la désertification dans les pays gravement touchés par la sécheresse et/ou la désertification en particulier en Afrique ;

---

[10] Alain PELLET et Bogdan AURESCU, « Actualité du droit des fleuves internationaux », **Avant-propos**, *Cahiers internationaux*, Paris, Pedone, 2010, p.6.

- Les textes spécifiques en matière de protection des milieux marins.

A. Convention sur les zones humides d'importance internationale (Convention de Ramsar du 02 février 1971)

De prime abord, il convient de noter que les *zones humides* font partie, au même titre que les eaux de surface et les eaux souterraines, du bassin hydrographique.

Elles constituent des réservoirs essentiels d'approvisionnement en eau pour toute l'humanité.

Cette Convention est particulièrement importante pour la sauvegarde écologique des zones humides. Beaucoup de pays africains ont adhéré à ce traité. Ayant comme titre officiel « *Convention relative aux zones humides d'importance internationale particulièrement comme habitats des oiseaux d'eau », ce texte a été adopté le 02 février* 1971 à Ramsar, en Iran, et est entré en vigueur le 21 décembre 1975. Elle a été révisée par le Protocole de Paris du 3 décembre 1982 (entré en vigueur le 1er octobre 1986) et les amendements de Regina du 28 mai 1987 : amendements apportés aux articles 6 et 7, entrés en vigueur le 1er mai 1994.

L'idée de cette Convention a émergé lors de la Conférence internationale du programme MAR (expression dégagée des trois premières lettres du mot « marais » en français, anglais, espagnol et italien : MARécages, MARshes, MARismas, MARemma) qui s'est tenue aux Saintes-Maries-de-la-Mer (Camargue/France du 12 au 16 novembre 1962), à l'initiative de l'Union Internationale pour la Conservation de la Nature et des Ressources (UICN) et de deux ONG (Wetlands et Birdlife international), toutes trois devenues partenaires de l'UNESCO.

La Convention engage les signataires à :

- Tenir compte de la conservation des zones humides dans leurs plans d'aménagement, et de veiller à une utilisation « rationnelle » des zones humides ;
- Inscrire des sites sur la liste Ramsar et promouvoir leur conservation ;
- Préserver les zones humides inscrites ou non dans la liste Ramsar, soutenir la recherche, la formation, la gestion et la surveillance dans le domaine des zones humides ;
- Coopérer avec les autres pays, notamment pour préserver ou restaurer les zones humides transfrontalières.

La liste des zones humides d'importance internationale contenait, en début 2009, 1828 sites (dont 931 en Europe, soit 51% du total en nombre et 14% de la surface totale), représentant une surface de plus de 1,6 million de kilomètres carrés, alors qu'en 2000, il n'y en avait que 1021.

Le pays comprenant le plus de sites est le Royaume-Uni avec 169, tandis que le pays ayant la plus grande surface de zones humides listées est le Canada avec plus de 130 000 km^2, dont le Golfe Queen Maud avec 62 800 km^2.

En octobre 2011, l'on a atteint 1.953 sites Ramsar, soit 190.137.411 hectares de zones humides d'importance internationale.

Actuellement, 2.186 sites ont été désignés pour une superficie totale de 208.674.247 hectares. Les pays signataires se rencontrent tous les trois ans lors d'une conférence, la première ayant eu lieu à Cagliari (Italie) en 1980 et une autre conférence des parties a eu lieu en 2009 en Corée[11].

Les pays signataires n'ont néanmoins pas doté la Convention de moyens propres et la dernière conférence des parties n'a pas trouvé de consensus pour l'intégrer au sein de l'ONU (pour des raisons d'économies financières).

Le troisième Plan stratégique de cette Convention couvre la période 2009-2015, plan ajusté pour la triennale 2013-2015.

Les parties se réunissent tous les 3 ans et votent des résolutions et recommandations et, chaque année, un Comité permanent composé de représentants des 6 « *régions Ramsar* » se réunit pour gérer la Convention et prendre les décisions courantes.

Ce Comité et la Convention s'appuient sur un secrétariat, un organe subsidiaire jouant le rôle d'un conseil scientifique (« *Groupe d'évaluation*

[11] Du 6 au 13 juillet 2012 s'est tenue à Bucarest (ROUMANIE) la 11è conférence des parties contractantes (COP 11) à la Convention de Ramsar tandis que la 12ème conférence s'est tenue à Punta del Este (URUGUAY) du 1er au 9 juin 2015 sous le thème : « Les zones humides pour notre avenir ». Pour rappel, la COP 11 avait pour thème : « Les zones humides : lieux de vie et destinations » et avait abouti à 22 résolutions. La résolution n°10 a porté sur « les zones humides et les questions relatives à l'énergie » tandis que la résolution n°13 a concerné « le cadre intégré pour lier la conservation et l'utilisation rationnelle des zones humides à l'éradication de la pauvreté ».

scientifique et technique » ou GEST) et sur des organisations internationales et ONG partenaires[12].

Le siège de cette Convention se trouve à Gland (Suisse), avec celui de l'Union Mondiale pour la Nature (ex-UICN : Union Internationale pour la Conservation de la Nature et de ses Ressources).

La conclusion de la 10ème conférence des parties était que les pressions sur les zones humides, y compris protégées, n'ont pas diminué et que ces zones sont de plus en plus réduites et écologiquement isolées ou fragmentées. Si les zones protégées ont augmenté, le bassin versant amont qui les alimente ne l'est généralement pas.

La Convention a produit une boîte à outils pour aider les décideurs dans ces cas précis, mais elle est peu utilisée. Les gestionnaires des sites ont encore des difficultés à trouver des appuis auprès de leurs collègues chargés de l'énergie et des transports, de la gestion de l'eau ou de l'agriculture alors même que ces secteurs ont un fort impact sur les zones humides.

En effet, comme le mentionne la résolution X.19 (Ramsar COP 10) portant sur « les zones humides et *la gestion intégrée des bassins hydrographiques* »[13] :

- *Les zones humides* sont les principaux fournisseurs **de l'eau** avec tous ses avantages pour l'humanité. Elles sont un des éléments majeurs, d'importance critique, du cycle de l'eau, qui assurent notre approvisionnement en eau. La protection et l'utilisation rationnelle des zones humides ainsi que la reconnaissance de leur rôle et de leur valeur sont des aspects essentiels de la planification et de la gestion des ressources en eau (§23).
- La conception et l'application récentes de la Gestion intégrée des ressources en eau (GIRE) et de la Gestion intégrée des *bassins hydrographiques*(GIBH), bien qu'elles aient été à l'origine pilotées par les politiques du secteur de l'eau afin de garantir la protection et le développement durable des ressources en eau, ont offert une occasion importante au secteur des zones humides de collaborer avec le secteur

12 Chaque année, en commémoration de la signature de la Convention, les Journées mondiales des zones humides sont organisées par différentes associations, collectivités ou organismes d'Etat pour sensibiliser le grand public à ces milieux.

13 Point 2.3 de cette résolution, paragraphes 23 à 28.

de l'eau et les secteurs de l'aménagement du territoire au niveau du bassin hydrographique (§24).

- Pour les besoins de la Convention Ramsar, la perspective plus large offerte par l'utilisation de l'expression GIBH est plus appropriée car celle-ci comprend clairement les aspects terrestres et les aspects aquatiques et permet à la gestion de traiter le rôle que jouent les écosystèmes des zones humides en tant que liens unissant les systèmes terrestres et aquatiques dans un même bassin hydrographique (§ 27).
- L'expression « *bassin hydrographique* » recouvre les ressources d'eau se trouvant à la surface et sous la surface, les ressources de sol et de terres, les *zones humides* et les écosystèmes associés, y compris les systèmes côtiers et proches du rivage qui sont liés sur le plan hydrologique ou écologique aux bassins hydrographiques.

Les bassins versants de ressources souterraines dans un bassin hydrographique ne coïncident pas nécessairement toujours avec les bassins versants des eaux de surface : « il faut en tenir compte lorsqu'on définit l'étendue d'un bassin hydrographique à des fins de gestion et d'administration » (§28).

La RDC et l'Egypte sont signataires de cette Convention.

L'on dénombre 168 parties contractantes au 09 avril 2014, dont pour l'Afrique :Afrique du Sud, Algérie, Bénin, Botswana, Burkina Faso, Burundi, Cameroun, Cap-Vert, République démocratique du Congo, Congo Brazzaville, Côte d'Ivoire, Djibouti, Égypte, Comores, Gabon, Gambie, Ghana, Guinée, Guinée-Bissau, Guinée équatoriale, Kenya, Lesotho, Libéria, Libye, Madagascar, Malawi, Mali, Maroc, Maurice, Mauritanie, Mozambique, Namibie, Niger, Nigeria, Ouganda, République centrafricaine, Rwanda, Sao Tomé-et-Principe, Sénégal, Seychelles, Sierra Leone, Soudan, Soudan du Sud, Swaziland, Tanzanie, Tchad, Togo, Tunisie, Zambie, Zimbabwe.

De tout ce qui précède, il y a lieu de tirer le constat suivant :

- *Tous les Etats du* **bassin du Congo**, *excepté l'Angola, sont des Etats parties à cette Convention.*
- *Tous les Etats du* **bassin du Nil**, *excepté l'Ethiopie et l'Erythrée, ont adhéré à cette Convention.*

Il convient, en définitive, que les deux pools de puissance (*la RDC et l'Egypte*) puissent user d'une diplomatie convaincante pour permettre aux trois Etats réfractaires (Angola, Ethiopie et Erythrée) d'accepter d'être liés juridiquement par cet instrument important pour une saine gestion des bassins fluviaux.

Il ressort du tableau ci-dessous que les Etats des bassins du Congo et du Nil qui sont Parties à cette Convention regorgent déjà 40.820.039 ha (sur les 208.674.274 ha), soit 20% des zones humides au monde. Ce qui constitue une potentialité énorme pour les deux bassins et qui devrait être mise à profit pour l'intégration de l'Afrique.

Tableau : Situation des Etats du **bassin du Congo** en rapport avec la Convention de Ramsar (données officielles, avril 2014)

Pays	Entrée en vigueur	Nombre de sites	Hectares
Burundi	5 octobre 2002	4	78.515
Cameroun	20 juillet 2006	7	827.060
Congo Brazza	18 octobre 1998	10	11.335.259
Gabon		9	2.818.469
RCA	5 avril 2006	1	101.300
RDC	18 mai 1996	3	7.435.624
Rwanda	1er avril 2006	1	
Tanzanie	13 août 2000	4	4.868.424
Zambie	28 décembre 1991	8	4.030.500

Tableau : Situation des Etats du **bassin du Nil** en rapport avec la Convention de Ramsar (données officielles, avril 2014)

Pays	Entrée en vigueur	Nombre de sites	Hectares
Burundi	5 octobre 2002	4	78.515
Egypte	9 septembre 1988	4	415.532
Kenya	5 octobre 1990	6	265.449
Ouganda	4 juillet 1988	12	454.303
RDC	18 mai 1996	3	7.435.624
Rwanda	1er avril 2006	1	
Soudan	7 mai 2005	3	2.489.600
Soudan du Sud	10 octobre 2013	1	5.700.000
Tanzanie	13 août 2000	4	4.868.424

B. Convention sur la diversité biologique (1992)

La Convention sur la diversité biologique (CDB) a été ouverte à la signature lors du Sommet de la Terre à Rio de Janeiro, le 5 juin 1992, et est entrée en vigueur le 29 décembre 1993 conformément à son article 36.

A ce jour, elle compte 196 Etats Parties, dont **tous les Etats des bassins du Congo et du Nil** (à l'exception de l'Ouganda), à savoir :

Pays	Signature	Ratification
Angola	12 juin 1992	1er avril 1998
Burundi	11 juin 1992	15 avril 1997
Cameroun	14 juin 1992	19 octobre 1994
Congo Brazza	11 juin 1992	1er août 1996
Gabon	12 juin 1992	14 mars 1997
Egypte	9 juin 1992	2 juin 1994
Erythrée		21 mars 1996
Ethiopie	10 juin 1992	5 avril 1994
Kenya	11 juin 1992	26 juillet 1994
Ouganda		
RCA	13 juin 1992	15 mars 1995
RDC	11 juin 1992	3 décembre 1994
Rwanda	10 juin 1992	29 mai 1996
Soudan	9 juin 1992	30 octobre 1995
Soudan du Sud		17 février 2014
Tanzanie	12 juin 1992	8 mars 1996
Zambie	11 juin 1992	28 mai 1993

Les éléments de la diversité biologique sont toutes les formes de vie sur Terre, y compris les écosystèmes (terrestres, marins, aquatiques), les animaux, les plantes, les champignons, les microorganismes et la diversité génétique[14].

Cette Convention vise « la conservation et l'utilisation des ressources biologiques » et cherche à « atténuer ou éviter les effets défavorables à la diversité biologique » et à « prévenir toute menace sur la biodiversité biologique ». Elle insiste sur la nécessité de mener des études d'impacts environnementaux pour minimiser les dommages sur les écosystèmes, *fluviaux* en l'occurrence.

---

14 Article 2 de la Convention.

La Convention sur la diversité biologique (CDB) est un traité international juridiquement contraignant qui a trois principaux objectifs : la conservation de la diversité biologique; l'utilisation durable des éléments de la diversité biologique; le partage juste et équitable des avantages découlant de l'exploitation des ressources génétiques[15]. Son but général est d'encourager des mesures qui conduiront à un avenir durable.

La CDB vise tous les niveaux de la diversité biologique : les écosystèmes, les espèces et les ressources génétiques. Elle s'applique aussi aux biotechnologies, notamment dans le cadre du *Protocole de Cartagena* sur la prévention des risques biotechnologiques (Voir développements plus loin sur ce Protocole).

En fait, elle vise tous les domaines possibles qui sont directement ou indirectement liés à la diversité biologique et à son rôle en matière de développement, allant de la science, la politique et l'enseignement à l'agriculture, au monde des affaires, à la culture et bien plus encore.

Cette Convention stipule en outre que « chaque Partie contractante, dans la mesure du possible et selon qu'il conviendra, *coopère* avec d'autres Parties contractantes, directement ou, le cas échéant, par l'intermédiaire d'organisations internationales compétentes, dans des domaines ne relevant pas de la juridiction nationale et dans d'autres domaines d'intérêt mutuel, pour la conservation et l'utilisation durable de la diversité biologique »[16].

L'organe directeur de cette Convention est la Conférence des Parties (COP). Cette instance supérieure est composée de tous les Gouvernements qui ont ratifié le traité (les Parties) et se réunit tous les deux ans pour examiner les progrès accomplis, établir des priorités et décider de plans de travail[17].

Le secrétariat[18] de la Convention est basé à Montréal, au Canada, et est dirigé par un Secrétaire Exécutif. Sa fonction principale est d'aider les Gouvernements à mettre en œuvre la Convention et ses programmes de travail, d'organiser des réunions, de rédiger des documents et d'assurer

---

15 Article 1er de la Convention.

16 Article 5 de la Convention.

17 Voir l'article 23 de la Convention.

18 Voir l'article 24 de la Convention.

une coordination avec d'autres organisations internationales, ainsi que de recueillir et diffuser des informations.

Du fait de ses trois objectifs, la CDB est souvent considérée comme étant le principal instrument international relatif au *développement durable.*

A l'occasion de l'édition 2015 de la Journée mondiale de l'eau, les Nations Unies ont retenu comme thème international « *l'eau et le développement durable* ». De là, ressort forcément une synergie des vues avec la CDB.

Les écosystèmes, les espèces et les ressources génétiques devraient être utilisés au profit des êtres humains, mais d'une manière qui n'entraîne pas l'érosion de la diversité biologique.

Des investissements importants sont ainsi nécessaires pour assurer la conservation de la diversité biologique, sachant qu'ils procureront de nombreux avantages environnementaux, économiques et sociaux en retour[19].

L'approche fondée sur les écosystèmes, une stratégie intégrée de gestion des ressources, constitue le cadre pour prendre des mesures au titre de la Convention.

Le principe de précaution exige que lorsqu'il existe une menace de réduction importante ou de perte de la diversité biologique, l'absence de certitudes scientifiques absolues ne devrait pas être utilisée comme prétexte pour remettre à plus tard l'adoption de mesures permettant d'éviter une telle menace, ou d'en atténuer les effets.

Ce texte a valeur de traité pour les pays qui l'ont ratifié. Il reconnait pour la première fois au niveau du droit international que la conservation de la diversité biologique est une préoccupation commune pour l'ensemble de l'humanité, et est consubstantielle au processus de développement[20].

L'accord relie les efforts traditionnels de conservation aux objectifs économiques en prônant une gestion durable et équilibrée des ressources biologiques.

---

19 Préambule de la Convention.
20 Préambule de la Convention.

Tandis que les efforts antérieurs de conservation visaient surtout la protection d'espèces et d'habitats, la Convention reconnaît, via l'importance des réseaux écologiques, que les processus écologiques, les écosystèmes, les espèces et les gènes doivent être protégés pour pouvoir être *durablement* utilisés au profit de l'humanité, et ce, d'une façon et à un rythme qui ne provoque pas un déclin à long terme de la diversité biologique.

Ce n'est cependant que 8 ans plus tard, par le biais de sa Conférence des parties que l'approche éco systémique sera plus clairement adoptée impliquant une prise en compte effective de la connectivité biologique fonctionnelle. En réalité, un des projets de texte de la Convention contenait le mot et la définition de corridor, mais cette version avait été oubliée au profit d'un concept plus flou de systèmes d'aires protégées que les parties doivent mettre en place[21].

La Conférence des parties tenue en 2004 à Kuala-Lumpur, a insisté sur la nécessité de protéger toute la biodiversité, y compris ordinaire, avec donc le besoin d'instruments « *combinant la gestion des réseaux d'aires protégées, des réseaux écologiques et des zones qui ne font pas partie de ces réseaux* ».

La 8ème Conférence des parties, tenue à Curitiba en 2006, a été encore plus précise en rappelant l'urgente nécessité de conserver la biodiversité aux échelles génétiques, en recommandant entre autres aux parties de rendre obligatoire l'évaluation d'impact sur l'environnement pour « *les activités dans les corridors écologiques identifiés comme importants pour les processus écologiques ou évolutifs* » afin notamment de mieux résister aux conséquences des modifications climatiques.

La 10ème Conférence des parties a adopté le *Protocole de Nagoya du 15 octobre 2010,* entré en vigueur le 12 octobre 2014, et qui reprend notamment les points suivants :

- Un meilleur accès aux ressources génétiques et un partage plus équitable des avantages issus de leur utilisation (lutte contre la « Biopiraterie ») ;
- L'adoption d'un plan stratégique 2011-2020, avec 20 sous-objectifs quantifiés, dont un objectif de suppression en 2020 des subventions dommageables à la biodiversité ou la création d'un réseau d'espaces

---

21 Article 8a de la Convention.

protégés couvrant au moins 17% de la surface terrestre et 10% des océans ;

- Un accord pour la création d'une plateforme inter-gouvernementale IPBES (qui sera l'équivalent du GIEC pour la biodiversité) ;
- Une mobilisation des ressources financières pour appliquer cette stratégie.

La Grande Bretagne est partie à ce Protocole depuis le 22 février 2016. Plusieurs Etats africains ont adhéré au Protocole de Nagoya en 2015, dont la RDC, le Congo Brazzaville, le Djibouti, le Libéria, la Mauritanie ; tandis que l'année 2016 a vu ce Protocole bénéficier de l'adhésion notamment du Togo et du Sénégal.

Les Etats africains parties à la CDB sont : Afrique du Sud, Algérie, Angola, Bénin, Botswana, Burkina Faso, Burundi, Cameroun, République centrafricaine, Tchad, Comores, République démocratique du Congo, République du Congo, Côte d'Ivoire, Djibouti, Dominique, République dominicaine, Égypte, Guinée équatoriale, Érythrée, Éthiopie, Gabon, Gambie, Ghana, Guinée, Guinée-Bissau, Kenya, Lesotho, Libéria, Libye, Madagascar, Malawi, Mali, Mauritanie, Maurice, Maroc, Mozambique, Namibie, Niger, Nigeria, Rwanda, Sao Tomé-et-Principe, Sénégal, Seychelles, Sierra Leone, Soudan, Swaziland, Tanzanie, Togo, Trinité-et-Tobago, Tunisie, Ouganda, Zambie, Zimbabwe.

Il convient enfin de noter qu'en date du 29 janvier 2000 à Montréal, fut conclu le *Protocole de Carthagena sur la prévention des risques relatif à la Convention sur la diversité biologique.*

Ce Protocole est entré en vigueur le 11 septembre 2003 conformément à son article 37.

A ce jour, il réunit 170 Etats Parties, dont tous les Etats des bassins du Congo et du Nil (à l'exception du Soudan du Sud), à savoir :

Pays	Adhésion, ratification
Angola	27 février 2009
Burundi	2 octobre 2008
Cameroun	20 février 2003
Congo Brazza	13 juillet 2006
Gabon	2 mai 2007
Egypte	23 décembre 2003
Erythrée	10 mars 2005

Ethiopie	9 octobre 2003
Kenya	24 janvier 2002
Ouganda	30 novembre 2001
RCA	18 novembre 2008
RDC	23 mars 2005
Rwanda	22 juillet 2004
Soudan	13 juin 2005
Soudan du Sud	
Tanzanie	24 avril 2003
Zambie	27 avril 2004

C. Convention sur la protection et l'utilisation des cours d'eau transfrontières et des lacs internationaux (Helsinki, 18 mars 1992)

Ce traité a été conclu à Helsinki le 18 mars 1992 au nom de la Communauté européenne et fixe le cadre de la coopération entre les pays membres de la Commission Économique des Nations unies pour l'Europe (CEE-ONU).Il est entré en vigueur le 6 octobre 1996 conformément à son article 26.

Actuellement, il réunit 40 Etats Parties, et l'Union Européenne. *Aucun Etat africain n'a signé ni ratifié ce traité, a fortiori les Etats* ***des bassins du Congo et du Nil.***

Cette Convention prévoit que « les parties riveraines coopèrent sur une base d'égalité et de réciprocité, notamment au moyen d'accords bilatéraux et multilatéraux, en vue d'élaborer des politiques, des programmes et des stratégies harmonisés applicables à tout ou partie des *bassins hydrographiques* concernés et ayant pour objet de prévenir, de maîtriser et de réduire l'impact transfrontière et de protéger l'environnement des eaux transfrontières ou l'environnement sur lequel ces eaux exercent une influence, y compris le milieu marin »[22].

Par ailleurs, un *Protocole sur l'eau et la santé à la Convention de 1992 sur la protection et l'utilisation des cours d'eau transfrontières et des lacs internationaux* a été conclu à Londres le 17 juin 1999, et est entré en vigueur le 4 août 2005 conformément à son article 23. Il réunit 36 signataires, dont 26 Etats parties.

22 Article 6 de la Convention.

La Convention d'Helsinki de 1992 sur la protection et l'utilisation des cours d'eau transfrontalières et des lacs internationaux a fait l'objet de deux amendements permettant *l'adhésion des pays non membres de la CEE-ONU à compter du 6 février 2013.*

Les amendements ont été portés à Madrid le 28 novembre 2003 sur les articles 25 et 26 de la Convention, et sont entrés en vigueur le 6 février 2013, avec 40 Etats parties actuellement. Cette évolution historique marque un tournant décisif vers une mondialisation de la Convention.

La procédure d'adhésion à la Convention par les États non membres de la CEE-ONU a été rendue plus simple. Désormais, toute demande future d'adhésion d'un membre de l'Organisation des Nations Unies sera considérée comme approuvée par la réunion des parties.

Cette ouverture devrait permettre aux Etats des bassins du Congo et du Nil d'adhérer rapidement à cette Convention d'un intérêt capital. A la RDC et à l'Egypte de se mobiliser pour sensibiliser les différents Etats des bassins concernés.

L'expression « *eaux transfrontières* » désigne toutes les eaux superficielles et souterraines qui marquent les frontières entre deux Etats ou plus, les traversent ou sont situées sur ces frontières ; dans le cas des eaux transfrontières qui se jettent dans la mer sans former d'estuaire, la limite de ces eaux est une ligne droite tracée à travers leur embouchure entre les points limites de la laisse de basse mer sur les rives[23].

Cette Convention vise à prévenir, maitriser et réduire la pollution des eaux qui a ou qui risque d'avoir un impact transfrontière. Elle veille également à ce que les eaux transfrontières soient utilisées dans le but d'assurer une gestion de l'eau respectueuse de l'environnement et rationnelle, la conservation des ressources en eau et la protection de l'environnement[24].

Elle encourage le développement d'une coopération internationale à travers l'échange de connaissances et d'expérience afin de parvenir à une compréhension commune sur les différentes questions liées à l'eau.

---

[23] Article 1er, point 1 de la Convention.

[24] Article 2, point 2a et b de la Convention.

La Convention sur l'eau de la CEE-ONU est actuellement le seul cadre international légal en vigueur régissant la gestion des ressources en eaux transfrontalières.

Depuis son adoption, la mise en œuvre de la Convention a donné des résultats concrets sur le terrain et a conduit à une amélioration significative de la gestion des eaux transfrontalières dans la région de la CEE-ONU, en faisant d'elle à ce jour la région la plus performante à cet égard dans le monde.

Comme signalé ci-haut, la Convention a été modifiée par ses parties en 2003 afin de l'ouvrir à des pays non membres de la CEE-ONU.

Initialement négociée comme un instrument régional par les pays de la Commission Economique des Nations Unies pour l'Europe, elle a acquis aujourd'hui une portée mondiale.

D. Convention des Nations Unies sur le droit relatif aux utilisations des cours d'eau internationaux à des fins autres que la navigation (New York, 21 mai 1997)

Ce Traité est le produit de près de trente années de réflexion et de débats d'experts. Avant son entrée en vigueur, cette Convention servait de norme internationale en ce qui concerne la définition de la responsabilité des Etats dans la gestion des bassins fluviaux d'eau transfrontaliers.

Elle énonce de grands principes portant notamment sur l'utilisation équitable et raisonnable des cours d'eau partagés, l'obligation de ne pas causer des dommages significatifs à des pays tiers, la notification préalable, le partage des informations entre Etats, la concertation entre Etats riverains…

Abordant la question des utilisations des cours d'eau internationaux à des fins autres que la navigation, COMBACAU Jean et SUR Serge[25] mentionnent que « ces utilisations ne sont pas nouvelles. L'irrigation a toujours existé, l'aménagement en vue de la production hydro-électrique remonte au début du siècle, et l'utilisation industrielle n'a cessé de croître. De tout cela résultent des risques divers de pollution ». Et d'ajouter : « l'interdépendance des éléments du bassin fluvial entraîne que tous les

---

25 COMBACAU Jean et SUR Serge, *Droit international public*, 11ème édition, Paris, LGDJ, 2014, p. 494.

riverains peuvent être affectés par l'usage que fait chacun d'eux des parties du bassin sur son territoire. En revanche, les Etats non riverains ne sont qu'indirectement concernés (par exemple, si se produit une pollution maritime d'origine fluviale), sauf dans la mesure où ils bénéficieraient d'une liberté de navigation conventionnelle, mise en cause par d'autres utilisations du fleuve »[26].

La Convention des Nations Unies sur le droit relatif aux utilisations des cours d'eau internationaux à des fins autres que la navigation, adoptée à New-York le 21 mai 1997, est entrée en vigueur le 17 août 2014 suite à sa ratification par un 35ème Etat le 30 mai 2014[27].

Au 19 avril 2016, sur 36 Etats Parties à cette Convention, figurent seulement *douze Etats africains*, à savoir : Afrique du Sud, Bénin, Burkina Faso, Côte d'Ivoire, Guinée Bissau, Lybie, Maroc, Namibie, Niger, Nigeria, Tchad et Tunisie.

Aucun Etat des bassins du Congo et du Nil n'a ni signé ni ratifié cette Convention qui a pourtant pour vocation, à titre principal, à réglementer l'utilisation des bassins fluviaux.

Déjà, lors du vote[28] du projet de cette Convention aux Nations Unies, ces Etats brillaient par des attitudes ambigües : l'Egypte, l'Ethiopie, le Rwanda et la Tanzanie se sont abstenus ; la RDC, l'Ouganda et l'Erythrée se sont absentés de la salle ; le Burundi a voté « contre », etc. Mais, curieusement, le Soudan et le Kenya avaient voté en faveur dudit projet avec 102 autres Etats.

Cette Convention de 1997 considère qu'une codification et un développement progressif des règles du droit international contribueraient à la promotion et à la mise en œuvre des buts et principes énoncés aux articles 1 et 2 de la Charte des Nations Unies et affirme en outre l'importance de la coopération internationale et du bon voisinage. Par ailleurs, elle met en œuvre les principes généraux du droit international de l'environnement, notamment :

- L'obligation de coopérer (article 8) ;
- La transparence à travers l'échange régulier de données et d'informations (article 9) ;

26COMBACAU Jean et SUR Serge, *op.cit.*
27Il s'agit de la ratification du Vietnam, premier Etat-partie asiatique à la Convention.
28Projet accepté avec 104 voix « pour » ; 27 abstentions et 3 voix « contre ».

- La notification et la consultation entre Etats intéressés (articles 11 à 18) ;
- La prévention et la précaution (articles 21, 22 et 27) ;
- et la non-discrimination (article 32).

Ce traité ne s'applique à l'utilisation des cours d'eau internationaux aux fins de la navigation que dans la mesure où d'autres utilisations ont une incidence sur la navigation ou sont affectées par elle.

Plus de 40% de la population mondiale habite des bassins fluviaux transfrontaliers, qui représentent près de 60% des ressources en eau douce sur la terre. Cependant, l'eau est une ressource partagée de manière inégale entre les Nations. Toutefois, seuls 40% des eaux partagées sont gérées dans le cadre d'un accord entre pays concernés. Ceci est à l'origine de tensions qui peuvent être particulièrement fortes dans certaines régions.

Outre la RDC et l'Egypte qui doivent jouer un rôle majeur auprès des autres Etats des deux bassins pour leur adhésion à la Convention de 1997, nous estimons que deux membres permanents du Conseil de sécurité des Nations Unies, en l'occurrence la France et le Royaume Uni, Etats parties à cette Convention, peuvent aussi jouer un rôle fondamental de mobilisation universelle autour de cet instrument essentiel.

Dans cet ordre d'idées, il y a lieu de prendre bonne note du soutien qu'apporte la France aux initiatives de coopération régionale sur les eaux partagées, notamment en Afrique (Niger, Sénégal, Congo-Oubangui-Sangha, lac Tchad, Volta, observatoire du Sahara et du Sahel) et en Asie (commission du Mékong, appui à la collecte des données sur l'eau en Asie centrale). De même que son appui à l'ouverture de la Convention CEE-NU d'Helsinki de 1992, « sur la protection et l'utilisation des cours d'eau transfrontières et des lacs internationaux » qui est elle aussi universelle.

Il y a lieu de rester mobilisé pour favoriser la coopération sur les eaux transfrontalières et construire un cadre juridique international clair et efficace. Par ce fait, il convient d'encourager également tous les Etats à adhérer aux Conventions de New-York de 1997 et d'Helsinki de 1992 afin de faire de la coopération une réalité pour tous les bassins transfrontaliers.

La communauté internationale est donc désormais dotée de *deux conventions complémentaires à vocation mondiale* sur la gestion, la protection et l'utilisation des cours d'eau internationaux et aquifères rattachés.

E. Commission Mondiale des Grands Barrages (CMB) ou WCD : World Commission on Dams

Elle a été créée en mai 1998, à travers un accord, par la Banque Mondiale et l'Union Internationale pour la Conservation de la Nature (UICN), en réponse à une opposition grandissante aux grands barrages. Elle avait ainsi pour mandat[29] :

- D'examiner l'impact des grands barrages en matière de développement et d'évaluer les alternatives en matière de ressources en eau et en énergie ;
- De mettre au point des critères, des lignes de conduite et des normes acceptables à l'échelle internationale en ce qui concerne la planification, la conception, l'évaluation, l'exploitation, le contrôle et la mise hors service des grands barrages.

Le Professeur KADER ASMAL, ancien Ministre de l'Eau et des Forêts de l'Afrique du Sud a présidé la CMB en ses débuts. Le Forum de la CMB, composé de 68 membres, sert de corps consultatif de la Commission.

De 1998 à 2001, parmi les huit barrages retenus pour être examinés en détail par la CMB, ne figuraient nullement les barrages relevant des bassins du Congo et du Nil. Seuls les bassins africains de l'Orange (République Sud Africaine) et du Zambèze ont été choisis.

Elle conduit des études indépendantes dans le domaine de la planification, de la construction et de la gestion de grands barrages. Elle en tire des leçons et peut faire des recommandations.

Pour les bassins transfrontaliers, elle recommande que les politiques nationales de l'eau intègrent explicitement des mécanismes de négociation avec les autres Etats concernés par la construction d'un barrage selon les principes de l'utilisation équitable et raisonnable, de la prévention des dommages et de l'information préalable.

---

[29] Voir Guide du citoyen pour la Commission Mondiale des Barrages, Publié par International Rivers Network, 2002.

Elle demande aux bailleurs de fonds de ne pas soutenir des projets de barrages si des Etats riverains des cours d'eau transfrontaliers soulèvent une objection considérée comme fondée par un groupe d'experts indépendants.

Il est dès lors recommandé que les Etats des bassins du Congo et du Nil puissent nouer un partenariat serein avec cette Organisation.

F. Convention des Nations Unies sur la lutte contre la désertification dans les pays gravement touchés par la sécheresse et/ou la désertification en particulier en Afrique

Cette Convention a été adoptée à Paris le 14 octobre 1994, et est entrée en vigueur le 26 décembre 1996 conformément à son article 36.

Il s'agit d'un texte particulièrement important lorsqu'on considère la synergie existant entre l'eau et la désertification.

Elle compte 144 Etats signataires et 195 Etats parties, dont tous **les Etats des bassins du Congo et du Nil**[30], à savoir :

Pays	Signature	Ratification/Adhésion/ ou Acceptation
Angola	14 octobre 1994	30 juin 1997
Burundi	14 octobre 1994	6 janvier 1997
Cameroun	14 octobre 1994	29 mai 1997
Congo-Brazza	15 octobre 1994	12 juillet 1999
Egypte	14 octobre 1994	7 juillet 1995
Erythrée	14 octobre 1994	14 août 1996
Ethiopie	15 octobre 1994	27 juin 1997
Gabon		6 septembre 1996
Kenya	14 octobre 1994	24 juin 1997
Ouganda	21 novembre 1994	25 juin 1997
RCA	14 octobre 1994	5 septembre 1996
RDC	14 octobre 1994	12 septembre 1997
Rwanda	22 juin 1995	22 octobre 1998
Soudan	15 octobre 1994	24 novembre 1995
Soudan du Sud		17 février 2014

[30] Données officielles recueillies à la date du 19 avril 2016.

Tanzanie	14 octobre 1994	19 juin 1997
Zambie	15 octobre 1994	19 septembre 1996

C'est la troisième des Conventions issues du sommet de Rio. Ses dispositions revêtent un caractère pragmatique. Elle adopte une démarche du bas vers le haut et propose une approche axée davantage sur l'aide au développement, avec une priorité pour l'Afrique, que purement environnementale.

Elle traduit l'engagement à long terme de la communauté internationale à lutter contre la désertification et propose des conditions de mise en œuvre différenciées selon les grandes régions que sont l'Afrique, l'Asie, l'Amérique latine et les Caraïbes, la Méditerranée septentrionale, et depuis 2000, les pays de l'Europe Centrale et de l'Est. *La Convention reconnait néanmoins le caractère prioritaire des pays africains touchés.*

Pour clore cette analyse, il y a lieu d'évoquer l'attitude paradoxale du Canada vis-à-vis de cette Convention très importante pour l'Afrique et ratifiée par 195 Etats de la planète : ce pays a signé cette Convention le 14 octobre 1994 et l'a ratifiée le 1er décembre 1995. Mais, en date du 28 mars 2013, cet Etat s'est retiré de la Convention (conformément à l'article 38 paragraphe 2), décision qui a pris effet le 28 mars 2014.

G. Textes spécifiques africains en matière de protection des milieux marins

Quelques Etats des deux bassins, selon le cas, sont partis à différents instruments régionaux protégeant les milieux marins en Afrique.

1. *Convention de Nairobi du 21 juin 1985 relative à la protection, à la gestion et à la mise en valeur des milieux marins et côtiers de la région de l'Afrique orientale*

Ce texte est entré en vigueur le 30 mai 1996. Sont parties à cette Convention les neuf Etats ci-après : Comores, Réunion, Kenya, Madagascar, Maurice, Mozambique, Seychelles, Somalie, Tanzanie.

Il y a lieu de constater que le bassin du Congo est représenté dans cette Convention par la Tanzanie tandis que deux Etats, à savoir le Kenya et la Tanzanie appartiennent au bassin du Nil.

Notons enfin qu'il existe un *Protocole relatif aux zones protégées ainsi qu'à la faune et la flore sauvage dans la région de l'Afrique orientale.*

2. *Convention d'Abidjan du 23 mars 1981 relative à la coopération en matière de protection et de mise en valeur du milieu marin et des zones côtières de la région de l'Afrique de l'Ouest et du Centre*

Cette Convention qui est entrée en vigueur le 5 mai 1984, vient renforcer les règles universelles de protection écologique de l'environnement marin reprises notamment dans la Convention du 21 mai 1997.

Il s'agit d'un accord-cadre juridique régional qui fournit des actions de coopération nationale et régionale sur la protection et la mise en valeur des zones marines et côtières de la région de l'Afrique de l'Ouest et du Centre (y compris actuellement l'Afrique du Sud)[31].

La Convention et le Protocole[32] mettent à la disposition des décideurs nationaux pour la mise en œuvre, un important outil des mesures de contrôle nationales pour la protection et la valorisation du milieu marin et côtier de la région WACAF.

La RDC est partie à la Convention d'Abidjan ([33]), instrument qui comprend 21 Etats parties, à savoir : Angola, Benin, Cameroun, Cap Vert, Congo, Côte d'Ivoire, Guinée Equatoriale, Gabon, Gambie, Ghana, Guinée, Guinée Bissau, Liberia, Mauritanie, Namibie, Nigéria, Sao Tomé et Principe, Sénégal, Sierra Leone, Togo, République Démocratique du Congo.

Il convient en définitive de noter que cinq Etats représentent le bassin du Congo à cette Convention (Angola, Cameroun, Congo Brazza, Gabon et RDC) et un Etat pour le bassin du Nil (RDC).

Il importe ainsi pour la RDC, en tant que pool de puissance, de sensibiliser les autres Etats de l'Afrique centrale (riverains du bassin du Congo) d'adhérer aussi à cette Convention et ce, en vue de renforcer leur

---

[31] http://bj.chm-cbd.net/convention/conv-autres/conv-abidjan (Centre d'échanges d'informations du Bénin).

[32] Le Protocole relatif à la coopération en matière de lutte contre la pollution en cas de situation critique, signé aussi à Abidjan le 23/03/1981.

[33] La République Démocratique du Congo, bien qu'ayant participé à la Conférence dont elle est issue, n'a adhéré à la Convention d'Abidjan qu'en mars 1990. Sa participation à cet instrument peut être bénéfique aussi bien en matière de protection et de préservation du milieu marin qu'en ce qui concerne la gestion et la conservation des ressources biologiques.

redevabilité juridique en rapport avec la mise en valeur des milieux marins et côtiers.

Outre la zone maritime régionale africaine qu'est l'Afrique de l'Ouest et du Centre, il y a aussi la zone « Méditerranée » où figure notamment l'Egypte (Voir Convention de Barcelone de 1976 et ses protocoles d'Athènes du 17 mai 1980 et de Genève du 03 avril 1982).

3. Organismes africains fluviaux

Les textes créateurs des Organismes fluviaux africains renferment un certain nombre de principes favorables à la bonne gestion des bassins fluviaux.

Le cas de la Commission du Bassin du Nil censé succéder à l'Initiative du Bassin du Nil ; de la Commission internationale pour le bassin Congo-Oubangui-Sangha ; de l'Organisation pour la mise en valeur du fleuve Sénégal ; de l'Autorité du Bassin du Niger ; de l'Organisation pour la mise en valeur du fleuve Gambie ; de la Zambezi River Autority et de l'Autorité du Bassin de la Volta.

4. Législation SADC

Il convient d'examiner ici essentiellement le *Protocole révisé du 07 août 2000 sur les cours d'eau en commun.*

En août 2000, 14 Chefs d'Etat membres de la SADC, dont celui de la République Démocratique du Congo (RDC), avaient approuvé ce protocole avec pour objectif de « mettre en place des mécanismes et des institutions de co-gestion judicieuse, durable et de protection des eaux partagées entre les pays de la sous-région »[34].

A ce jour, la RDC n'a pas encore signé ce Protocole, bien qu'à cheval entre neuf pays d'Afrique centrale, australe et orientale, et avec une importante réserve en eaux estimée à 52% des eaux du continent selon le PNUE.

Au cours d'une réunion d'évaluation de la mise en œuvre de ce Protocole, tenue à Harare, plusieurs délégués de la RDC ont fait état du malaise qu'éprouve ce pays à adhérer formellement au Protocole.

[34]Voir l'article 1er de ce Protocole.

Selon en effet Cyrille Masamba Mfumu[35], « *la position géographique de la RDC est problématique pour la mise en œuvre du protocole* ». Il poursuit, en notant que « plusieurs cours d'eaux qui semblent tirer leurs sources de la RDC vers les pays d'Afrique australe, ne lui appartiennent pas exclusivement et elle ne peut en faire objet d'un engagement international ».

Il souligne notamment « le cas des eaux que la RDC partage avec le Congo Brazzaville et la Centrafrique qui ne sont d'ailleurs pas membres de la SADC, alors que ces eaux font partie de l'espace régi par le protocole ».

C'est le cas, par exemple, des lacs Tanganyika et Albert à l'est, et le fleuve Oubangui au nord-est. « La difficulté est que la RDC ne peut pas s'engager sur l'utilisation régionale de ces eaux en ignorant les autres pays qui en sont copropriétaires et qui malheureusement appartiennent à d'autres communautés économiques régionales, comme la Communauté des Etats d'Afrique Centrale (CEAC) », ou encore la Communauté de l'Afrique de l'Est, a indiqué par ailleurs Professeur Alain Butuku au cours de la même réunion.

Pour Grégoire Kabimba, expert au Ministère de l'Environnement, de la Conservation de la Nature et du Tourisme, « il faut envisager des mécanismes de coopération entre différentes zones économiques et régionales pour résoudre cette importante question d'intégration économique ».

Mais « le problème n'est pas tant celui de renforcer les regroupements que celui de s'assurer que chacun des pays membres dispose d'une politique interne en gestion d'eaux, ce qui n'est pas le cas pour la RDC », estime Jean Marie Kileshye Onema, expert de la WATERNET qui est une structure de la SADC, spécialisée dans l'appui intégré en gestion des ressources en eaux et en renforcement des capacités pour la bonne gestion de l'eau en Afrique australe.

« Les groupes régionaux sont très disparates, avec des langues presque inconciliables et avec des niveaux de développement différents qui peuvent poser problèmes. Mais, le cas de la RDC est très interpellant », selon Kileshye Onema pour qui « le pays n'a pas encore signé le protocole du fait *qu'il ne dispose d'aucune politique sur la gestion de ses eaux* ».

---

[35]Chef du Département Eau au Ministère de l'Energie en RDC.

Cet état de choses ne relèverait-il pas du dysfonctionnement juridique dont serait comptable cet Etat dans la gestion globale de la question de l'eau, voire du bassin fluvial ?

Kileshye Onema ajoute : « L'eau continue à être gérée comme une ressource sectorielle et non comme une ressource stratégique dans le cadre d'une politique intégrée. Pourtant, il existe un projet de Code de l'eau depuis 1997 qui devait constituer un document de politique nationale, mais qui malheureusement traîne à être examiné par le parlement » de la RDC[36].

Pour Butuku, « la RDC doit préalablement mettre en place trois outils avant de prétendre mobiliser les autres pays sur la question et avant de signer le protocole. Il s'agit des outils techniques, de gestion et institutionnels».

Entre-temps, les eaux de la RDC continuent à être régies par un texte de 1914[37], qui date de la colonisation, avec comme conséquence qu'elle ne prend pas en compte certains aspects, notamment des actes criminels relatifs à la pollution des eaux par des exploitants miniers, forestiers ou simplement par des habitants riverains.

Outre le Protocole du 7 août 2000, l'expérience SADC comporte aussi des *Protocoles conclus en date du 14 août 2001 sur les pêcheries.*

Au-delà du dysfonctionnement juridique que nous venons d'examiner, il existe également différentes pesanteurs à l'exploitation des bassins fluviaux africains.

---

[36] Lors de sa séance plénière du 16 avril 2015, l'Assemblée Nationale de la RDC a finalement adopté, en seconde lecture, la proposition de loi relative à la gestion des ressources en eau. Avant sa promulgation, ce texte devrait être transmis à la commission paritaire Sénat-Assemblée Nationale pour harmonisation.

[37] Voir à cet effet l'Ordonnance du 1er juillet 1914 sur la pollution et la contamination des sources, lacs, cours d'eau et parties des cours d'eau.
Lire aussi l'Ordonnance 52-443 du 21 décembre 1952 portant mesures propres à protéger les sources, nappes aquifères souterraines, lacs et cours d'eau, à empêcher la pollution et le gaspillage de l'eau et à contrôler l'exercice des droits d'usage et des droits d'occupation concédés. De même, le Décret du 6 mai 1952 sur les concessions et l'administration des eaux des lacs et des cours d'eau.

III. Les pesanteurs à l'exploitation des bassins fluviaux africains

Divers facteurs doivent être pris en considération, voire surmontés, dans tout projet visant le développement des bassins fluviaux en Afrique. Au nombre de ces pesanteurs, il y a lieu de relever :

A. L'extraversion de la plupart des économies africaines, qui ne permet pas une appropriation homogène par les Etats des ressources et atouts de leur émergence.
B. L'insuffisance de volonté politique dans le chef de beaucoup de dirigeants sociaux, qui ne facilite pas la prise de grandes décisions de souveraineté, notamment en matière de politique énergétique (cas des barrages d'Inga, d'Assouan et de Grande Renaissance pris dans un engrenage des capitalistes). « En RDC, par exemple, ce pays est victime de ses richesses. A la colonisation sanguinaire et cruelle de la Belgique a succédé, après une pseudo-indépendance, une recolonisation masquée dont les principaux bénéficiaires ne sont plus des Etats, mais bien des multinationales dont l'appât du gain écrase tout sur leurs passages, y compris le peuple congolais »[38].
C. Le manque de capacités et de moyens technologiques, qui ne facilite pas l'exploitation maximale des ressources des bassins, tant aquatiques que souterraines.
D. Les difficultés techniques et financières d'accès aux grands crédits, sans conditionnalité politique ou clauses de remboursement léonines. A cet effet, seuls la Banque Mondiale et le FMI semblent imposer leur loi, au détriment de certaines structures bancaires africaines apparemment étiquettes.
E. Les facteurs géographiques et géologiques : la météorologie, les déviations, l'écoulement d'eaux souterraines, l'évaporation ou l'évapotranspiration, la variabilité et le changement climatiques qui entrainent des baisses significatives du débit de grands fleuves au cours de dernières décennies. Ce facteur vaut son pesant d'or particulièrement pour la compréhension et la gestion de l'hydrologie du fleuve Nil.

Telle est l'économie de la section première qui a été consacrée à l'analyse des caractéristiques communes et de la réglementation des bassins fluviaux africains, tout en insistant sur les pesanteurs à

---

[38] In Préface de Louis LAURENT (Député fédéral belge) de l'ouvrage de SANTIMI Guy-Lambert, *Relations Nord-Sud, un grand scandale. Le cas de la RDC et des pays de la zone CFA*, Saint-Légier (SUISSE), Editions Monde nouveau/Afrique nouvelle, 2014, p. 7.

l'exploitation de ces derniers. La section deuxième va aborder, quant à elle, la problématique de l'empreinte coloniale dans l'historique des deux bassins en étude.

Section 2. L'empreinte coloniale dans l'historique des bassins du Congo et du Nil

Il s'agit d'examiner ici l'influence toujours actuelle des textes coloniaux dans la problématique de la gestion des eaux du Congo et du Nil.

Deux points seront ici traités :

- L'internationalisation du bassin du Congo et son importance (I) ;
- La nationalisation à outrance du bassin du Nil (II).

I. L'internationalisation du bassin du Congo et son importance

Il y a lieu d'examiner, tour à tour, les aspects ci-après :

- Les instruments juridiques créateurs du bassin ;
- L'indéniable importance du bassin.

A. Les instruments juridiques créateurs du bassin

Il y a lieu de parcourir trois principaux textes, à savoir l'Acte général de la conférence de Berlin du 26 février 1885, l'Acte anti-esclavagiste de la conférence de Bruxelles du 02 février 1890 et la Convention de Saint-Germain-en-Laye du 10 septembre 1919. Par ailleurs, un texte datant de 1914 continuerait encore à réglementer les eaux en RDC[39].

1. L'Acte général de Berlin

L'Acte général adopté à l'issue de la conférence de Berlin (1884 - 1885) est constitué d'une réunion de six déclarations correspondant à six chapitres dans lesquels dominent trois aspects : la liberté du commerce, les obligations sociales des puissances occupantes, et la sécurité dans le bassin conventionnel[40].

---

[39] Voir développements faits dans le cadre de l'analyse du Protocole de la SADC sur les eaux communes.

[40] NGUYA-NDILA Célestin, *L'Acte général de la Conférence de Berlin 1885, contenu et signification*, Kinshasa, PUK, 1985, page 6.

Il s'agit des Déclarations ci-après :

- Une Déclaration relative à la liberté du commerce dans **le bassin du Congo**, *ses embouchures et pays circonvoisins, avec certaines dispositions connexes ;*
- Une Déclaration concernant la traite des esclaves et les opérations qui sur terre et sur mer fournissent des esclaves à la traite ;
- Une Déclaration relative à la *neutralité des territoires compris dans le bassin conventionnel du Congo* ;
- Un *Acte de navigation du Congo*, qui, en tenant compte des circonstances locales, étend à ce fleuve, à ses affluents et aux eaux qui leur sont assimilées, les principes généraux énoncés dans les articles 108 à 116 de l'Acte final du Congrès de Vienne et destinés à régler, entre les puissances signataires de cet Acte, la libre navigation des cours d'eau navigables qui séparent ou traversent plusieurs Etats, principes conventionnellement appliqués depuis à des fleuves de l'Europe et de l'Amérique, et notamment au Danube, avec les modifications prévues par les traités de Paris de 1856, de Berlin de 1878, et de Londres de 1871 et de 1883 ;
- Un Acte de navigation du Niger, qui, en tenant également compte des circonstances locales, étend à ce fleuve et à ses affluents les mêmes principes inscrits dans les articles 108 à 116 de l'Acte final du Congrès de Vienne ;
- Une Déclaration introduisant dans les rapports internationaux des règles uniformes relatives aux occupations qui pourront avoir lieu à l'avenir sur les côtes du continent africain.

On peut le constater, l'Acte général de Berlin du 26 février 1885 a consacré d'importantes dispositions en ce qui concerne la navigation sur le fleuve Congo, voire la liberté de commerce dans le bassin du Congo.

En effet, en se réunissant à la conférence africaine tenue à Berlin du 15 novembre 1884 au 26 février 1885, les 14 Etats qui y ont pris part ont cherché en réalité à « *prévenir les contestations auxquelles pouvaient donner lieu les occupations territoriales. Mais toutes les puissances ambitionnaient le commerce dans le bassin du Congo. La mission de la conférence s'en trouvait d'autant plus élargie.*

Elle devait non seulement élaborer des règles en ce qui concerne l'établissement des souverainetés en Afrique, mais aussi, dans l'exercice de leur souveraineté, imposer des obligations aux Etats possessionnés dans le bassin du Congo et cela dans l'intérêt de tous les autres Etats »[41].

Il s'agissait donc de trouver un régime qui assure l'équilibre des puissances, principe directeur dans la diplomatie européenne depuis le 17ème siècle. Il n'y a donc pas de doute que la règle de l'*occupation effective* pour la validité des occupations futures en Afrique, d'une part, et le principe de la *liberté commerciale* dans le ***bassin conventionnel du Congo***, d'autre part, ont contribué à rétablir la paix dans cette région du monde[42].

La particularité de l'Acte général de Berlin est d'avoir non seulement beaucoup insisté sur le bassin du Congo mais surtout de l'avoir bien délimité (article 1er, point 1).

2. L'Acte anti-esclavagiste (Acte général de la Conférence de Bruxelles du 02 février 1890)

De prime abord, il convient d'indiquer que les révisions les plus importantes de l'Acte général de Berlin furent celles opérées par l'Acte anti-esclavagiste de la conférence de Bruxelles du 02 février 1890, et par la convention de Saint-Germain-en-Laye du 10 septembre 1919. Dans le premier cas, l'Acte général de la conférence anti-esclavagiste de Bruxelles du 02 février 1890 avait pour but principal de compléter l'Acte de Berlin dans les dispositions qui posaient seulement des principes généraux. C'est ainsi que l'article 9 de l'Acte de Berlin, relatif à la traite, fut développé dans l'Acte de Bruxelles.

La Conférence de Berlin condamna la traite, comme contraire au droit des gens, mais cette condamnation ne fut pas suivie d'effets. A la conférence de Bruxelles, on renforça la répression de ce commerce par des mesures efficaces.

En même temps, on limita l'interdiction de percevoir des droits de douane à l'importation afin de procurer des ressources nouvelles aux budgets des colonies situées dans le bassin conventionnel[43].

En effet, en 1890, les puissances ont eu besoin de compléter l'Acte de Berlin après cinq ans d'application. La révision a porté surtout sur la *lutte*

---

41 NGUYA – NDILA, *op.cit.*, page 5.

42 *Ibidem.*

43 NGUYA-NDILA (C.), *thèse citée*, pp. 68 – 69.

contre l'esclavage d'abord, contrôlé par le droit de visite reconnu aux navires de guerre des Etats contractants (exception conventionnelle au principe sacro-saint de l'exclusivité de la compétence de l'Etat du pavillon en haute mer), ensuite en créant un *Bureau international* dont le siège a été fixé à Bruxelles.

Sans compétence précise, le Bureau devait centraliser les informations sur la matière grâce aux renseignements que les Etats pouvaient lui fournir.

L'occasion s'est révélée cependant propice pour *limiter la liberté de commerce* de l'Acte de Berlin : la puissance coloniale a été autorisée, pour une raison budgétaire, à prélever un droit de douane de 10 % ad valorem sur les marchandises importées dans la colonie[44].

3. La Convention de Saint-Germain–en-Laye du 10 septembre 1919

Le préambule de la Convention de Saint-Germain-en-Laye déclara l'Acte de Berlin largement dépassé. Il fallait donc adapter les stipulations nouvelles des territoires du Bassin conventionnel. La Convention reprit le régime précédent, mais en vue de l'actualiser. Les dispositions de l'Acte relatives à l'esclavage et à la liberté de conscience n'ont plus été développées ; on s'est limité à encourager les Puissances à poursuivre les efforts dans ce domaine[45].

Cette Convention a allégé davantage les entraves imposées au pouvoir colonial en 1885. Contrairement à l'esprit de Berlin dit de porte ouverte, l'Etat colonisateur a obtenu la *liberté* de principe *de pouvoir réglementer l'exercice du commerce et de la navigation*, sous la seule réserve de respecter l'égalité de traitement[46].

Etendant la compétence de l'Etat territorial, la Convention de 1919 *a supprimé certaines interdictions.* Ainsi, la suppression du plafond de 10% ad Valorem imposé en matière d'importation, remplacé par la liberté de fixer les règles et les tarifs[47] ; la suppression de l'interdiction d'accorder des concessions et des privilèges en matière économique, la puissance coloniale ayant la liberté d'exploiter les richesses naturelles du territoire[48].

---

[44]NGUYA-NDILA Célestin, L'Acte général de Berlin, *op.cit.*, pp 9-10.
[45]NGUYA-NDILA Célestin, *thèse citée*, pp. 72-73.
[46]Voir article 8 de la Convention.
[47]Voir article 2 de la Convention.
[48]Voir article 4 de la Convention.

De même, en matière de navigation, les Etats territoriaux ont recouvré la liberté de réglementer et de contrôler celle-ci. Les puissances coloniales ont alors étendu leurs droits en se taillant de vastes domaines publics à l'exploitation desquels elles se sont déclarées affranchies de l'obligation de l'égalité de traitement limitée, selon elles, à la matière commerciale.

Cette attitude sera encouragée par la jurisprudence de la Cour Permanente de Justice Internationale (CPJI) dans l'affaire Oscar CHINN (arrêt du 12/12/1934) qui a opposé la Belgique à la Grande Bretagne au sujet de *l'exploitation du transport sur le fleuve Congo.*

Dans cet arrêt, la Cour dit que « *la Convention de Saint-Germain-en-Laye a abrogé la porte ouverte et a reconnu aux Etats le droit d'entrer en concurrence avec les entreprises privées, sans compter que des motifs d'intérêt général peuvent autoriser l'Etat à faire échec à la liberté du commerce et de navigation* ».

Il importe enfin de signaler que, partant de nouvelles conditions introduites par l'article 13 de la Convention de Saint-Germain-en-Laye pour adhérer au régime du bassin conventionnel[49], les puissances coloniales ont, de facto, récupéré le *principe fondamental de la réciprocité*, qui faisait défaut.

Chaque puissance s'est ainsi tissée un réseau de relations économiques internationales pour la colonie sur la base des traités particuliers parallèles au régime du bassin conventionnel et prévoyant des droits et des obligations réciproques[50].

Tels sont les trois instruments juridiques internationaux qui ont voulu régler la gestion du bassin du Congo dès son origine.

Quoiqu'il en soit, l'Acte général de Berlin est à considérer comme un souvenir, ses dispositions et celles des traités relatifs à des territoires placés dans un statut de dépendance ayant été abrogées par l'accession des pays à la souveraineté. Nous reviendrons sur ce constat avec les nuances appropriées.

Après avoir identifié les instruments juridiques créateurs du bassin du Congo, il importe de scruter son importance.

---

[49]Avoir une colonie dans ce bassin ou avoir déjà été partie à l'Acte de Berlin et de Bruxelles.
[50]NGUYA-NDILA (C), *op.cit.*, pp. 10-11.

B. L'indéniable importance du bassin du Congo

L'importance du bassin du fleuve Congo découle de nombreuses ressources dont il dispose et de multiples opportunités de coopération qui se présentent à son sujet, notamment dans les domaines de commerce, de transport et de l'énergie.

Avant que Léopold Sedar Senghor n'ait déclaré que le développement de l'Afrique viendrait par la mer, Léopold II annonçait déjà que le développement du Congo viendrait par le fleuve.

1. *L'enjeu hydrologique*[51]

L'hydrologie congolaise est une donnée essentielle du potentiel congolais. Si généralement l'opinion s'accorde, à juste titre, à reconnaître que de par son potentiel le Congo est un scandale géologique voire agricole, l'on ne souligne pas assez que le Congo est aussi un « *scandale énergétique naturel* ». De par ses sources, ses ruisseaux, ses rivières, ses lacs et son majestueux fleuve qui traverse le pays du sud-est au nord jusqu'au sud-ouest et de l'est à l'ouest, le Congo est par excellence le pays de l'eau douce. Il renferme à lui tout seul près de 7% des réserves mondiales. Les eaux au Congo sont d'une telle importance qu'elles sont appelées à jouer un rôle majeur dans le devenir même de ce pays voire du continent.

Le fleuve Congo, deuxième au monde par son débit (42.000 mètres cubes/seconde) est d'une telle immensité et d'une telle stabilité qu'il nourrit un certain nombre de projets hydrauliques. Par exemple, le détournement d'une faible partie de son débit permettrait d'arroser quelques régions arides du nord du continent dont la Libye. Sur son cours inférieur, ce fleuve est le seul au monde à présenter une telle forte pente et à développer une telle série de rapides concentrés sur une même zone, notamment au niveau d'Inga, telle que son gisement énergétique se révèle inépuisable.

L'énergie brute potentielle qui s'y dégage est de l'ordre de 370 milliards de kilowatts[52]. Le potentiel hydraulique actuel du barrage d'Inga en phase préliminaire est d'une telle importance qu'il dépasse de très loin les besoins énergétiques du seul Congo. Actuellement, l'énergie de ce barrage s'exporte déjà au-delà des frontières congolaises.

---

[51]LABA NZUZI Bernard, *L'équation congolaise. Visiter le passé afin de mieux s'armer pour l'avenir*, Paris, L'Harmattan, 2007, pp.199-201.

[52]Lire Agence Congo Presse (ACP) (RDC) du 9 décembre 1999.

Ainsi, à l'aide des interconnexions, les eaux du fleuve Congo alimentent déjà les réseaux électriques du Congo Brazzaville, de la Zambie, du Zimbabwe et de l'Afrique du Sud. Des études en cours évaluent les possibilités d'autres liaisons énergétiques interconnectées. D'une part avec les pays de l'Afrique australe ayant pour axe : Inga (RDC) – Angola – Namibie – Afrique du Sud. D'autre part, avec l'Afrique centrale et l'Afrique de l'ouest en partant d'Inga (RDC) et en passant par Cabinda (Angola) et Pointe Noire (Congo Brazzaville) pour rejoindre les réseaux du Gabon, du Cameroun et ceux du Nigeria. A partir du Nigeria, ce réseau pourrait s'étendre de fait à toute l'Afrique de l'ouest jusqu'au Mali et au Sénégal. Quant à l'Afrique du nord, le gigantesque projet « *Grand Inga* » prévoit une connexion énergétique « *Congo – Egypte* » en passant par le Centrafrique, le Tchad et le Soudan[53].

Quant à l'Afrique de l'Est, si aucun projet concret n'est en cours d'étude, la dimension « *eaux du Congo* » n'est pas à exclure complètement dans la déstabilisation de ce vaste « *château d'eau* ». On ne rappelle pas assez que le célèbre fleuve Nil prend ses sources dans les profonds sous-sols des massifs du Ruwenzori à l'extrême nord-est du Congo. Ce sont les eaux venues de ces collines et enrichies au passage par les hautes terres du Soudan et de l'Ethiopie qui alimentent le fleuve dont le tronçon le plus médiatiquement connu donne la vie à l'Egypte.

Serait-ce un hasard si tous les pays riverains du Nil méconnu et ses sources se sont impliqués dans les guerres du Congo ! Le fait est que tout ce qui est en rapport avec les eaux ou de nature à influer sur l'administration des sources d'eau douce affecte particulièrement les attitudes politiques des Etats de la Région des Grands Lacs. Ceci concerne aussi bien le Burundi, le Rwanda, l'Ouganda, le Soudan, l'Erythrée que l'Ethiopie jusqu'à l'Egypte. Il a bien fallu en 1959 un accord pour répartir la gestion des eaux du Nil entre l'Egypte et le Soudan.

Le contrôle des sources du Nil suscite légendairement un enjeu de pouvoir sur l'ensemble de l'Afrique orientale. Une agitation organisée des riverains du Nil serait donc une excellente opportunité pour y prendre le contrôle des eaux douces comme moyen de chantage ou de pression politique dans une stratégie hégémoniste. Pour le Congo, ses eaux pourraient constituer un puissant levier de développement. Le Congo dispose donc, ne serait-ce qu'à titre, des sérieux arguments pour exercer

---

53LABA NZUZI, *op.cit.*, p. 200.

un leadership sur toute l'Afrique, d'est en ouest et du nord au sud, en passant par le centre et la région des Grands lacs[54].

Outre les possibilités de navigabilité (lesquelles seront développées dans le chapitre suivant) que présente le fleuve Congo, il y a lieu d'évoquer ici les ressources hydro-énergétiques, halieutiques et d'autres ressources aquatiques.

2. *Ressources hydro-énergétiques*

Ce sont celles relatives à la production d'électricité par des moyens hydrauliques. C'est la richesse la plus importante du bassin. « *Le potentiel hydroélectrique du bassin du fleuve est de l'ordre de 168 millions de CV, soit 123,6 millions de Kw. En prenant 6.000 heures par an, cette puissance peut fournir 741.600 millions de Kwh/an. Le potentiel énergétique est concentré sur le bief maritime Matadi – Kinshasa où, sur 350 Km, le fleuve descend de 300 mètres à travers 32 chutes, ce qui représente une puissance potentielle de 93.000 mégawatts dans cette seule zone du bassin.*

En acceptant que 60% de cette puissance potentielle soit exploitable, cela représente environ 56.000.000 de Kw (56.000 Mw), soit 45% du potentiel total du fleuve. Dans cette zone de concentration exceptionnelle d'énergie, un seul site, en cours de développement, représente plus de 30.000 Mw de puissance : ***Inga*** » ([55]).

La RDC a un potentiel estimé à 100.000 MW, soit 13 % du potentiel hydroélectrique mondial[56].

La puissance installée totale est évaluée à 2.516 en 2000, soit 2,5% du potentiel total. Le *productible* possible des installations existantes en service avoisine 14.500 GWh, alors que la production effective n'est que de 6.000 à 7.000 GWh. Le tableau ci-dessous présente la liste des principales centrales électriques (toutes hydroélectriques) en RDC[57].

Le système est organisé autour de trois pôles principaux, situés respectivement dans l'Ouest, le Sud et l'Est du pays, ainsi qu'autour d'un

---

[54] LABA NZUZI, *op.cit.*, p. 201.

[55] Nations Unies, Etudes de la création d'une Organisation intergouvernementale et l'exploitation du bassin du fleuve Congo/Zaïre, 1983 – 1984, doc. ECA/TRANS/43, p. 32.

[56] Lors de son message le 22 mars 2015 à l'occasion de la Journée mondiale de l'eau, le Secrétaire Général de la CICOS a indiqué qu'actuellement seuls 4% de ce potentiel de 100.000 MW sont exploités.

[57] Document P.M.P.T.R. 2004, *op.cit.*, P. 67.

nombre limité de centrales dispersées à travers le territoire (qui alimentent de grands centres urbains tels que Kisangani, Kananga, Mbuji-Mayi, etc.). 96 % de la capacité de production installée est hydroélectrique – le reste étant essentiellement fourni par des centrales thermiques pour la plupart alimentées au fuel (et de faible puissance), dont le fonctionnement est plus coûteux et qui sont situées dans des zones isolées, mais qui alimentent également des centres urbains (en particulier dans le Bandundu, l'Equateur et le Kasaï). Certaines entreprises (notamment MIBA, OKIMO) disposent de leur propre système de production[58].

Le principal site de production est situé sur le fleuve Congo, à Inga (14 groupes, pour 1.775 MW), à une quarantaine de kilomètres en amont du port de Matadi, entre l'île de Sikila et l'embouchure de la rivière Bundi.

Une chute naturelle de 102 mètres sur une distance de 15 Km et une série de rapides en font le plus important gisement de puissance hydroélectrique concentrée en un même point, avec un potentiel estimé à 44.000 MW (5% du potentiel hydroélectrique mondial). Le site bénéficie d'une topographie qui se prête remarquablement à un développement progressif de l'équipement nécessaire à l'exploitation hydroélectrique. On estime que l'énergie sauvage qui s'y dissipe annuellement est de l'ordre de 370 milliards de kWh.

Centrale	**Date de construction**	**Nombre de turbines**	**Capacité totale (MW)**
Pôle Ouest			
Inga I	1972	6	351
Inga II	1982	8	1.424
Zongo	1955 – 65	5	75
Mpozo	1934	2	2,2
Sanga	1932 – 1949	6	11,5
Pôle Sud			
Nseke	1956 – 1957	4	248
Nzilo	1953 – 1954	4	108
Koni	1950	3	42

58 *Idem*

Mwadingusha[59]	1929 -54	6	68
Kilubi	1954	3	9,90
Pôle Est			
Ruzizi I	1958 – 72	4	29
Ruzizi II	1989	2	29
Autres centrales			
Tshopo (Kisangani)	1959 – 74	3	18
Mobayi Mbongo (Gbadolite)	1987	3	11
Kyimbi	1959	2	17
Lungudi (Tshikapa)	1949	2	1,56

Source : Document P.M.P.T.R. 2004, op.cit., P. 68.

3. Situation actuelle des centrales hydroélectriques en RDC[60]

Le système de production, de transport et de distribution de la RDC a considérablement souffert dans les années 1990, du fait de la dégradation des infrastructures par les destructions (relativement limitées), les pillages (plus nombreux) et surtout le manque d'entretien (aggravé par la vétusté des installations) en particulier du fait du manque de pièces de rechange et de l'affaiblissement des institutions.

Cette situation, associée à la suspension de la coopération internationale avec la RDC, a eu des conséquences dramatiques dans l'ensemble du pays avec un taux de couverture du réseau électrique encore plus faible qu'avant-guerre, des coupures fréquentes y compris sur les parties prioritaires du réseau et la déconnexion de certaines zones du réseau de transport. Ceci se traduit par une dégradation des conditions de vie et constitue un obstacle majeur au redémarrage de l'activité économique.

Le délabrement du réseau a aussi pour conséquence de limiter les exportations (et donc les ressources en devises). Les exportations vers le Pool énergétique de l'Afrique australe ne représentent qu'environ 110

[59] Actuellement, seules 2 turbines sont fonctionnelles.
[60] Développements tirés du Document P.M.P.T.R, *op.cit.*, PP. 71-73.

MW vers l'Afrique du Sud et environ 100 MW vers le Zimbabwe, ce qui constitue des volumes négligeables comparés au potentiel d'échanges effectuées dans le cadre du pool. Les exportations vers la République du Congo s'élèvent à environ 40 MW, avec des problèmes de paiements par le pays consommateur. Les exportations vers les Grands Lacs se font dans le cadre d'une gestion régionale du réseau et ne s'accompagnent donc pas de flux financiers significatifs[61].

Electricité - Production

Le système de production électrique ne dispose, de façon plus ou moins fiable, que du tiers de sa capacité totale (2.600 MW), avec seulement 47% des équipements de production en état de fonctionnement[62].

L'état des principaux centres de production d'électricité est résumé dans le tableau présenté ci-dessous.

Le cas des centrales hydroélectriques d'Inga, véritable cœur du système électrique de la RDC, illustre bien l'état général du réseau de production ainsi que les problèmes auxquels celui-ci doit faire face. Seuls 3 des 6 groupes de la centrale Inga I fonctionnent aujourd'hui en raison du manque de pièces de rechange et de réparation. La centrale Inga II souffre de problèmes techniques de conception et d'un manque de maintenance et de pièces d'équipement. Les deux centrales ont besoin de réparations urgentes, ainsi que d'importants travaux de réhabilitation et de fiabilisation.

Sur les 59 principaux groupes thermiques que comptait la RDC avant-guerre, seuls 19 seraient aujourd'hui en état de fonctionnement.

Centrale	**Nombre de turbines**		**Capacité totale (MW)**	
	Installées	En état de marche	Installée	Disponible
Pôle Ouest				
Inga I	6	3	351	175
Inga II	8	3	1.424	534
Zongo	5	1	75	13

61 *Idem.*
62 *Idem.*

Mpozo	2	0	2	0
Sanga	6	0	11,5	0
Pôle Sud				
Nseke	4	3	248	186
Nzilo	4	4	108	108
Koni	3	0	42	0
Mwadingusha	6	6	68	68
Kilubi (Kamina)	3	1	10	3
Pôle Est				
Ruzizi I	4	4	29	29
Ruzizi II	2	2	9	9
Autres centrales				
Tshopo (Kisangani)	3	1	18	6
Mobayi & Mbongo (Gbadolite)	3	3	11	11
Kyimbi (Kalemie)	2	1	17	8
Lungudi (Tshikapa)	2	1	1,56	0,78

Electricité - Transport

Le réseau de transport d'électricité a également considérablement souffert, notamment du fait du manque d'entretien et de matériel de remplacement. L'état des principales lignes de transport est résumé dans le tableau suivant.

Ligne	Etat actuel
Inga – Kolwezi à courant continu ([63])	Capacité théorique de 1.120 MW, limitée à 550 MW du fait des convertisseurs (transit actuel 260 MW) ; vol des cornières et fils de mise à terre de pylônes, rupture des fils de garde, cassure des isolateurs, érosion autour des pylônes.
Réseau Ouest	
Inga – Matadi – Boma	Etat délabré des postes, conducteurs vétustes, absence de disjoncteurs de protection.
Inga – Kwilu – Kinshasa – Brazzaville	Ligne saturée, état délabré des postes, conducteurs vétustes, disjoncteurs usés.
Kwilu – Zongo – Kinshasa	Ligne vétuste, isolateurs pollués dans les zones de cimenterie.
Zongo – Kinshasa	Ligne vétuste
Réseau Sud	
Nseke – Kolwezi – Fungurume – Panda – Karavia – Kasumbalesa	Réseau vétuste, vol des cornières.
Nseke – Nzilo – Fungurume – Panda – Kambove – Shilatembo – Lubumbashi	Réseau vétuste, vol des cornières, menaces d'éboulement sur le tronçon Nseke – Nzilo.
Réseau Est	
Bukavu – Bujumbura	-
Bukavu – Goma	Explosions fréquentes des parafoudres.

La faiblesse du réseau de transport est une contrainte, à la fois, pour l'alimentation en énergie de la RDC et pour les exportations d'électricité (source des devises).

Les exportations de la RDC vers le Pool Energétique de l'Afrique australe en particulier sont limitées, entre autres, par les capacités de transport des lignes Inga – Kolwezi et Kolwezi – Karavia – Kasumbalesa.

[63]Un accord d'un montant de 40 millions de dollars a été conclu en octobre 2008, sous l'égide du BCECO, entre la SNEL et une firme pour la réhabilitation de cette ligne.

4. RESSOURCES halieutiques

Le réseau fluvial et lacustre du fleuve Congo est riche en poissons, notamment dans les lacs Tanganyika et Maï-Ndombe, et le bief maritime.

MUTOY MUBIALA indique notamment que « *la biomasse du plus grand lac du bassin, le Tanganyika, est estimée à 2,8 millions de tonnes au minimum et son potentiel de pêche s'évalue entre 300.000 et 1 million de tonnes* »[64].

5. Autres ressources aquatiques

Le bassin du fleuve Congo est une zone à pluviométrie dense. Il existe d'énormes potentialités en vue d'un développement de cultures irriguées qui tiennent compte de l'évolution climatique actuelle et du problème de l'équilibre de l'agriculture vivrière dans les Etats du bassin[65].

Par ailleurs, le sous-sol du lac Kivu notamment contient une réserve considérable de gaz méthane (qui se trouve à des profondeurs de plus de 300 mètres et qui reste inexploité) dont les réserves totales accumulées représentent un volume de 57 milliards de m^3 (50 milliards de m^3 estimés en 1986) qui représenterait un équivalent de 36 millions de tonnes de gasoil (ou d'essence).

Le gaz méthane du lac Kivu se prête à plusieurs possibilités d'utilisation. On peut entrevoir la fourniture de l'électricité à toutes les régions autour du lac par l'érection des centrales thermiques[66].

De plus, le bassin du Congo contient de milliers d'hectares des zones humides, officiellement reprises dans la liste Ramsar, et qui jouent un rôle exceptionnel dans le maintien de l'écosystème et dans l'alimentation en eau des Etats de la région.

Toutes ces potentialités renforcent l'importance du bassin du fleuve Congo tant sur le plan international que sous – régional.

64MUBIALA MUTOY, *L'évolution du droit des cours d'eau internationaux à la lumière de l'expérience africaine, notamment dans le bassin du Congo/Zaïre*, page 69.

65Nations Unies, *Etude de la création d'une Organisation intergouvernementale et l'exploitation du bassin du fleuve Congo/Zaïre*, 1983 – 1984, p. 39.

66 CEA, *Synthèse de l'étude pour un développement intégré de l'industrie de la pêche dans les Etats membres de la CEPGL*, ECA/MULPOC/Gisenyi/041/V/08 septembre 1981, p. 4.

Le bassin du Congo joue entre autres un rôle très considérable dans le domaine environnemental, dans la sauvegarde de l'équilibre de l'écosystème mondial et la protection de la couche d'ozone.

A travers le commerce mondial, les richesses du bassin représentent un atout important objet de négociations notamment dans le cadre de l'OMC et du regroupement ACP – UE

Le bassin du Congo permet également plusieurs possibilités de coopération économique entre pays riverains, pour le développement intégré aussi bien des sous – régions que de l'Afrique entière.

Le réseau de transport électrique de la RDC et qui est à prédominance haute tension (HT) facilite déjà en effet ce cadre :

- Une ligne très haute tension à courant continu de 1 740 Km relie les centrales d'Inga au réseau HT du Katanga qui est interconnecté avec celui de *l'Afrique australe* ;
- Le réseau Ouest (Bas-Congo et Kinshasa) est connecté au réseau de la *République du Congo* ;
- Le réseau Sud (Katanga) est interconnecté au réseau de *la Zambie* ;
- Le réseau Est (Nord et Sud-Kivu) est interconnecté aux réseaux du *Rwanda* et du *Burundi*[54].

Les différentes communautés économiques régionales africaines concernées par le bassin (CEEAC, SADC,...) devraient dès lors rentabiliser cette richesse en encourageant et en développant des politiques appropriées dans le cadre de leurs chartes constitutives respectives[67].

L'Union Africaine, à travers la CEA (Communauté Economique Africaine), et le NEPAD (Nouveau Partenariat pour le Développement de l'Afrique) devrait s'investir dans cette démarche d'exploitation économique des richesses du bassin du fleuve Congo.

---

[67] Dans le cadre de la SADC, plusieurs initiatives sont entreprises :
- le projet Westcor pour lequel la RDC, lors du Conseil des Ministres en charge de l'Energie de la SADC à Maputo en avril 2009, a exprimé son intention d'en prendre le leadership ;
- les projets de production, de transmission et d'interconnexion d'électricité, à mettre en œuvre rapidement avec le concours du Secrétariat Exécutif de la SADC et du Pool Energétique de l'Afrique Australe (SAPP)

Le bassin du Congo, avec ses dix Etats riverains, apparaît comme une occasion de renforcement des liens de bon voisinage en vue d'une intégration de différentes sous-régions.

Etant donné que la République Démocratique du Congo renferme à elle seule plus de 62% de la surface de ce bassin, elle est dès lors appelée à jouer un rôle de leadership dans le resserrement de ces liens, pour une coopération efficace.

Ce leadership peut en outre s'exercer au niveau des *points frontaliers triples*[68].

Les observateurs en Afrique espèrent et attendent que le Congo, ce moteur de développement, étouffé de toutes parts, par des forces négatives de l'Occident et par leurs suppôts locaux, se libère réellement. De sa libération découlera aussi celle des autres pays africains[69].

A l'issue de cet aperçu sur l'internationalisation du bassin du Congo, il serait judicieux de cogiter sur la nationalisation à outrance du bassin du Nil.

II. La nationalisation à outrance du bassin du Nil

Avant de nous pencher sur l'importance à double vitesse du bassin du Nil, il convient dans un premier temps de présenter et d'analyser les différents instruments juridiques régulateurs dudit bassin, négociés antérieurement à la période des indépendances.

A. Les instruments juridiques régulateurs du bassin

Différents accords conclus essentiellement pendant l'époque coloniale tendent à asseoir, jusqu'à nouvel ordre, des droits importants pour l'Egypte, et en partie pour le Soudan, concernant la gestion des eaux du Nil.

Ces droits résultent en particulier de deux accords, à savoir :

- L'Accord du 07 mai 1929 entre l'Egypte et la Grande Bretagne (alors puissance coloniale au Kenya, au Soudan, en Tanzanie et en Ouganda) ;
- L'Accord du 08 novembre 1959 sur l'utilisation des eaux du Nil (signé entre l'Egypte et le Soudan, dénoncé par l'Ethiopie).

---

[68]Expression tirée de NGUYA-NDILA Célestin, in *Frontières et voisinage en RDC.*
[69]SANTIMI Guy-Lambert, *op.cit.*, p. 12.

La Grande Bretagne a conclu dans le passé un certain nombre d'accords avec les puissances européennes du Nil (Allemagne, France, Belgique et Italie) pour les usages autres que la navigation qui se présentaient pour le fleuve Nil, notamment l'agriculture, la culture du coton.

Il convient à présent de se pencher sur chacun des huit accords conclus[70] concernant le Nil.

Il s'agit, successivement, des accords suivants :

- L'accord anglo-germanique du 1er juillet 1890 ;
- Le protocole anglo-italien du 15 avril 1891 ;
- L'accord anglo-belge du 12 mai 1894 ;
- L'accord du 13 décembre 1906 entre la Grande-Bretagne, la France et l'Italie ;
- Le traité anglo-éthiopien d'Addis-Abeba du 15 mai 1902 ;
- L'accord anglo-égyptien du 7 mai 1929 ;
- L'accord de 1949 entre l'Ouganda et l'Egypte ;
- L'accord égypto-soudanais du 8 novembre 1959.

1. Accord Anglo-Germanique du 1er juillet 1890

Cet accord reconnait à l'Allemagne la souveraineté sur le Sultanat de Zanzibar, en échange de la reconnaissance par l'Allemagne du Nil comme zone d'influence britannique.

Ce texte fut critiqué par la France car il ne tenait pas compte d'une précédente promesse faite par la Grande Bretagne qui reconnaissait un contrôle franco-britannique sur Zanzibar[71].

2. Protocole Anglo-Italien du 15 avril 1891

C'est par crainte que l'Italie, ayant des prétentions sur l'Ethiopie, ne procède à la déviation des eaux du Nil et ne réduise le débit de ce fleuve au Soudan et en Egypte, que ce Protocole fut signé.

---

[70]Développements tirés pour l'essentiel de El BATTIUI, *L'eau au Moyen-Orient : entre gestion et instrumentalisation*, Thèse de doctorat, Université Libre de Bruxelles, 2007-2008, pp.55-61

[71]EL BATTIUI, *op.cit.*, pp. 55-61.

Le Protocole a opéré une démarcation des zones d'influence en Afrique orientale, entre l'Ethiopie et la Grande Bretagne. Il a confirmé l'influence italienne sur l'Ethiopie, tout en laissant le bassin du Nil sous influence britannique.

En outre, le *Gouvernement italien s'est engagé à ne construire sur l'Atbara, en vue de l'irrigation, aucun ouvrage qui pourrait sensiblement modifier sa défluence dans le Nil*[72].

3. Accord Anglo-Belge du 12 mai 1894

Par cet accord, le Roi Léopold II, souverain de l'Etat Indépendant du Congo, reconnait le Nil comme zone d'influence britannique et accorde à la Grande Bretagne un corridor de 25 km de long entre les lacs Tanganyika, Albert et Edouard qui garantissait un contrôle ininterrompu de la Grande Bretagne sur cette zone.

En retour, le Roi Léopold II a reçu, sous forme de bail, les deux provinces soudanaises de Bahr el Ghazal et Equatorial.

Cet accord aurait été conclu tout simplement pour empêcher toute avancée française venant de l'ouest du Nil. Les Britanniques avaient besoin d'établir entre le Nil et les possessions françaises d'Afrique « un Etat tampon dont la situation aurait été analogue à celle du Siam, placé entre le Tonkin français et la Birmanie anglaise. L'Etat du Congo était tout indiqué pour remplir cette mission ».

Cependant, les pressions françaises sur le Roi des Belges furent si vives que celui-ci renonça à sa domination sur les deux provinces soudanaises. Un autre Accord fut signé à cet effet entre la France et la Belgique le 14 août 1894 et fit l'objet de protestations de la part de la Grande Bretagne.

En conséquence, l'Etat du Congo signa le 9 mai 1906 un traité de frontière avec les Britanniques, dont l'article 3 stipulait que « *le Gouvernement de l'Etat Indépendant du Congo s'engage à ne pas construire ou permettre la construction d'ouvrages sur* le Semliki *ou l'Isango, ou à proximité, ce qui diminuerait le volume d'eau entrant dans le lac Albert, sauf accord du Gouvernement* soudanais ».

---

[72]*Ibidem*

Il convient de noter cependant qu'en date du 30 mai 2015, le Ministre égyptien de l'eau et de l'irrigation a fait part, à Kinshasa, au Chef de l'Etat de la RDC, de l'intention de son pays de soutenir la RDC en finançant la construction d'un barrage hydraulique sur la rivière Semliki, l'un des cours d'eau qui alimente le Nil. Reste à savoir si le Soudan a consenti à cette démarche aux termes du traité précité.

4. Accord du 13 décembre 1906 entre la Grande Bretagne, la France et l'Italie

Par cet accord, les signataires se sont engagés à ne pas intervenir dans le débit du Nil, ni modifier son cours sans le consentement des riverains de l'aval. Cet engagement est de fait « un point marquant dans l'histoire juridique du Nil : ce n'est plus la liberté de navigation qui va l'emporter, mais c'est le libre écoulement du cours d'eau qui va intéresser les contractants ».

Ainsi, l'Accord stipule : « Dans le cas où les événements viendraient troubler le statu quo prévu par l'article 1er, la France, la Grande Bretagne et l'Italie feront tous leurs efforts pour maintenir l'intégrité de l'Ethiopie (….) elles se concerteront pour *sauvegarder les intérêts de la Grande Bretagne et de l'Egypte dans le bassin du Nil*, et plus spécialement en ce qui concerne la réglementation des eaux du fleuve et de ses affluents »[73].

5. Traité Anglo-Ethiopien d'Addis-Abeba du 15 mai 1902

Par ce traité, le Roi des Ethiopiens Ménélik II s'engageait par devant le Gouvernement de Sa Majesté Britannique « à ne pas construire et à ne pas autoriser la construction d'ouvrages sur le Nil Bleu, le lac Tana ou le Sobat, qui auraient pour effet d'arrêter l'écoulement de leurs eaux dans le Nil, sauf en accord avec le Gouvernement de Sa Majesté Britannique et le Gouvernement du Soudan ».

Cet accord a cependant été considéré comme restreignant l'exercice de la souveraineté absolue de l'Ethiopie sur le Nil, et où l'une des parties se réservait les droits et les privilèges, laissant l'autre sans engagement réciproque et sans compensation.

6. Accord Anglo-Egyptien du 7 mai 1929 (Nile Water Agreement)

Cet accord signé entre l'Egypte et la Grande Bretagne (qui représentait le Soudan, le Kenya, la Tanzanie et l'Ouganda) a permis

[73]Voir l'article 4 de cet Accord.

l'élaboration de règles relatives à la répartition des eaux du Nil entre l'Egypte et le Soudan, en rendant juridique leur quote-part.

Il organise l'usage des eaux du Nil avec pour principal souci la satisfaction des besoins en eau de l'Egypte, et en partie ceux du Soudan : l'Egypte obtenait 48 km^3, et le Soudan 4 km^3 des eaux annuelles du fleuve.

Il affirme notamment que les eaux du lac Victoria ne pourront être utilisées sans l'accord préalable de l'Egypte et qu'aucun ouvrage susceptible de réduire le débit d'eau en Egypte ne sera entrepris sur le Nil ou ses affluents. En outre, l'Egypte possède le droit d'opposer son veto à tout projet de construction en amont qui pourrait affecter ses intérêts, et que, du 29 janvier au 15 juillet (saison sèche), le Soudan n'est pas autorisé à utiliser les eaux du Nil[74].

Cet accord a également permis à l'Egypte d'inspecter et d'enquêter sur toute la longueur du Nil jusqu'aux sources éloignées de ses affluents dans le bassin.

Les termes de l'Accord ont été motivés par le souci de la Grande Bretagne de sauvegarder des intérêts politiques et économiques : la souveraineté égyptienne sur le Soudan, l'évacuation des troupes anglaises de l'Egypte et la révision du régime de capitulation. Ainsi, pour atteindre ces objectifs, la Grande Bretagne n'hésita pas à brader les intérêts d'autres riverains du Nil au profit de l'Egypte, afin d'attirer les bonnes grâces de cet Etat disposé à faire des concessions notamment sur le canal de Suez.

7. Accord de 1949 entre l'Ouganda et l'Egypte

Explicité dans plusieurs mémorandums signés entre le 19 janvier 1949 et le 15 janvier 1953, cet Accord a permis à l'Egypte de construire, à ses propres frais, le barrage Owen.

Complété en 1954, ce barrage est large de 831 mètres et 31 mètres de haut. Il utilise les chutes Owen pour fournir l'électricité à l'Ouganda et à l'ouest du Kenya. Il permet de stocker de l'eau dans le lac Victoria[75].

---

[74]MUTINGA MUTUISHAYI, *Le fleuve Congo et ses affluents : un château d'eau convoité. La guerre de l'eau aux portes de la République Démocratique du Congo*, Kinshasa, Edition Le Potentiel, p. 81.

[75]EL BATTIUI, *op.cit.*

8. Accord Egypto-Soudanais du 8 novembre 1959

Cet accord porte sur un nouveau partage des eaux du Nil, l'aménagement et les travaux de contrôle de ces eaux. Il vient amender celui signé entre la Grande Bretagne et l'Egypte en 1929 et qui fixaient des droits acquis à 48 milliards de m^3 pour l'Egypte et 4 milliards de m^3 pour le Soudan par an mesurés à Assouan.

L'Accord de 1959 a tenté de corriger cette forte inégalité de départ en adoptant un système de partage à la suite de la construction du haut barrage d'Assouan. Ainsi, la part des eaux du Nil allouées à l'Egypte est de 55,5 milliards de m^3 contre 18,5 milliards de m^3 pour le Soudan.

En son article 2, l'Accord stipule que les deux parties consentiraient à la construction du haut barrage par l'Egypte « dans le but de régulariser les eaux du fleuve et de contrôler son écoulement dans la mer », et la construction par le Soudan « de tout ouvrage » qu'il « jugera nécessaire pour l'utilisation de sa part d'eau ».

En son article 3, *l'Accord reconnaît explicitement le droit des autres riverains* et précise que *chaque fois qu'une revendication est faite par les riverains non signataires, celle-ci doit être prise en considération par l'Egypte et le Soudan. Tout volume d'eau que les deux Gouvernements alloueront aux nouveaux demandeurs sera déduit à parts égales des attributions de l'Egypte et du Soudan telles qu'elles seront mesurées à Assouan.*

Cette clause paraît fondamentale car elle ouvre la voie à un règlement multilatéral.

Quoiqu'il en soit, dans un cours d'eau qui touche plus de dix Etats, un accord intervenu entre deux d'entre eux ne peut constituer un règlement définitif. Un règlement durable du régime juridique des eaux du Nil exige une confrontation générale de tous les riverains. Car, comme le note Wolform, « la gestion d'un cours d'eau comme le Nil doit tenir compte de la situation d'ensemble de tous les Etats riverains du cours afin qu'à *l'unité hydrologique* corresponde une certaine *unité juridique* »[76].

A l'issue du survol des instruments juridiques régulateurs du bassin du Nil, il convient d'apprécier son importance.

B. L'importance à double vitesse du bassin du Nil

[76] EL BATTIUI, *op.cit.*, p.61

Riche en ressources hydroélectriques, aquatiques, minières, pétrolières, et bois d'œuvre, le bassin du Nil permet des exploitations variées allant de l'agriculture par l'irrigation, au commerce et à la navigation, pour aboutir aux nécessités industrielles partant de différents barrages érigés sur son cours.

Presque l'Egypte seule, au détriment d'autres Etats, semble tirer profit des eaux du bassin du Nil à l'heure actuelle, et ce, essentiellement dans le domaine énergétique.

A plus de 90%, l'Egypte vit du Nil. D'où cet « accaparement du Nil », considéré comme une « nécessité de survie » de tout un peuple, et qui entraîne une double vitesse dans la gestion des ressources du Nil.

Depuis peu, les autres riverains du Nil semblent se réveiller, par un sursaut nationaliste, pour réclamer aussi un rôle prépondérant dans cette gestion. C'est le cas de l'**Ethiopie** qui s'attèle à construire le barrage dit Grande Renaissance sur les eaux du Nil coulant sur son territoire.

Par ailleurs, plus de 62% des zones équipées pour l'irrigation en Ethiopie sont situées dans la vallée du Rift alors que 29% le sont dans le bassin du Nil éthiopien. Les 9% restants sont situés dans le bassin de Shebelli-Juba.

Presque 100% des terres cultivées en Ethiopie sont irriguées par des eaux de surface alors que l'utilisation des eaux souterraines a commencé il y a peu d'années à petite échelle dans l'Est d'Amhara. L'irrigation par aspersion utilisée pour la production de la canne à sucre n'est pratiquée que sur près de 2% tandis que l'agriculture localisée a été introduite récemment dans les régions de Tigré et d'Amhara.

L'une de grandes richesses du bassin du Nil reste par ailleurs de milliers d'hectares *de zones humides*, reprises dans la liste Ramsar, que regorgent les Etats du bassin.

Importance particulière des eaux du Nil pour l'Egypte

La compréhension de la question de la gestion de l'eau du Nil par l'Egypte tient compte aussi de la démographie de ce peuple et de l'utilisation rationnelle projetée pour cette eau (besoin industriel ou besoin agricole).

Deux dilemmes majeurs sont dès lors à résoudre : d'une part, la non augmentation depuis des années de la superficie des terres arables à l'opposé de l'accroissement de la population égyptienne ; et d'autre part, le fait que l'agriculture soit beaucoup plus consommatrice d'eau que le secteur industriel.

Avant de commenter cette assertion, il convient de prendre note de ces quatre tableaux rapportés en 2009 par John Waterbury, expert du rapport entre population, production agricole et besoins en eau d'irrigation en Egypte, et au regard de données agricoles 1993 de la Banque Mondiale[77]:

Tableau A : Evolutions parallèles de la population égyptienne et des superficies cultivées

Année	Population	Superficie cultivée (ha)	Surface cultivée par habitant (ha)
1821	4 230 000	1 282 000	0, 303
1846	5 290 000	1 581 000	0, 299
1897	9 717 000	2 076 000	0, 214
1917	12 718 000	2 230 000	0, 175
1937	15 921 000	2 231 000	0, 140
1960	26 085 000	2 478 000	0,094
1975	37 000 000	2 394 000	0,065
2000	67 200 000	3 246 000	0,048

Tableau B : Projection de l'évolution de la population égyptienne

Année	Hypothèse basse (passage de 1,9% à 0,9%)	Hypothèse haute (passage de 1,9% à 1,5%)
2001	68 476 000	68 476 000
2005	75 539 000	75 230 000
2010	79 219 000	82 086 000
2015	84 289 000	89 127 000
2020	89 737 000	96 581 000

77 PRUNIER Gérard, *L'Ethiopie contemporaine*, Paris, Karthala, 2007, pp 203-205

Tableau C : Evolution de principales productions agricoles égyptiennes (en milliers de tonnes)

Produit agricole	**1952**	**1980**	**1985**	**1990**
Haricots	249,3	240	359,4	426,7
Maïs	1505,3	3227, 1	3697,8	4811,1
Riz	516	2379	2272,7	2949,7
Sucre	3249,9	8652,6	9438,1	11126,6
Légumes	1810	5675	8351	8717
Patates douces	0	1214	1478	1638
Blé	1089,4	1790,1	1873,3	4269

Tableau D : Rendements égyptiens moyens (t/ha)

Produits	**1952**	**1980**	**1985**	**1990**
Haricots	2,05	2,07	2,52	2,95
Maïs	2,10	4,03	4,60	5,80
Riz	3,28	5,83	5,85	6,77
Canne à sucre	84,11	81,43	89,53	96,69
Blé	1,85	3,21	3,76	5,2

De ces tableaux, il y a lieu de constater l'accroissement massif de la population sur une terre agricole qui non seulement ne s'accroit guère mais où, au départ, les conditions géographiques sont des plus rudes.

Bien que l'Egypte dispose d'une surface totale de 1.001.449 km^2, elle est pour l'essentiel constituée de sols désertiques et, même en calculant large, il n'y a guère que 5% du pays qui soient cultivables[78].

Dans les années 1970-1975, l'Egypte semblait être parvenue à son niveau maximum de production agricole en fonction tant des surfaces en culture que des rendements obtenus.

Ce progrès n'était cependant pas dû à l'extension des surfaces cultivées (+ 8OO.000 ha) ni à un usage plus important de l'irrigation, mais tout simplement à ce que les agronomes américains travaillant en Inde dans les années 1960 avaient baptisé « la révolution verte », c'est-à-dire la sélection des semences, un usage plus important et plus rationnel

78PRUNIER Gérard, *op.cit.*, p. 203.

des engrais et aussi un large emploi des pesticides (efficace mais polluant)[79].

La production agricole égyptienne a donc pu s'accroître dans des proportions impossibles vers 1975, mais cet accroissement ne peut être infini. D'autre part, l'accroissement de la production agricole a été moins rapide que celui de la population. Le résultat est que l'Egypte n'a plus aujourd'hui la capacité de produire suffisamment de nourriture pour pouvoir nourrir sa population : elle importe 60% de sa consommation de blé, 25% de sa consommation de maïs et 35% de sa consommation de sucre (Chiffres de la Banque Mondiale, 1993)[80].

Ce problème n'est cependant pas trop menaçant. En effet, la situation financière de l'Egypte s'est améliorée depuis la fin des années 1980. La balance des paiements, qui accusait un déficit de 2 à 3 milliards de dollars par an au début des années 1980, est passée à un solde positif de l'ordre de 2,3 à 2,5 milliards de dollars en moyenne à partir de 1987. Sans même tenir compte des programmes d'aide américains massifs, l'Egypte n'a guère de mal, au prix mondial des céréales, à acheter ce dont elle a besoin à l'étranger. Ce qui pose bien-sûr la question de la rationalité de l'utilisation agricole de l'eau. La population égyptienne va continuer à croître même si elle pourrait se stabiliser en dessous de 100 millions d'habitants[81].

L'Egypte a perdu son autosuffisance alimentaire depuis la deuxième guerre mondiale. En plus, le rendement du volume d'eau investi (c'est-à-dire la valeur marginale ajoutée par unité d'eau utilisée) est nettement plus faible dans l'agriculture que dans l'industrie. Parmi les pays du bassin du Nil, l'Egypte est le seul pays industrialisé.

Avec une valeur de 12 milliards de dollars en 1998, la production industrielle égyptienne est sans commune mesure avec celle des autres pays du bassin(le pays suivant étant le Kenya avec 1,75 milliards de dollars).

Avec 31,6% du PNB, la valeur produite par l'industrie égyptienne dépasse de loin celle de l'agriculture (17,3% du PNB). Or, en termes de quantités, l'industrie utilise 6 milliards de m^3 par an contre 56 milliards de

[79]PRUNIER Gérard, *op.cit.*, p.205.
[80]PRUNIER Gérard, *op.cit.*, p. 206.
[81]PRUNIER Gérard, *op.cit.*, p. 206.

m^3 pour l'agriculture[82]. Ce qui veut dire qu'en termes de rendement du volume d'eau utilisé, l'industrie est environ 18 fois plus efficace que l'agriculture[83].

Si l'on combine cela avec la difficulté pour l'agriculture de retrouver l'autosuffisance alimentaire perdue vers 1960, on voit se dégager la *contradiction majeure de la situation hydropolitique égyptienne* : en dépit d'un bilan hydrique négatif à moyen terme, Le Caire continue à se cramponner à une vue passéiste de sa situation et à tenter de produire un maximum de produits agricoles sans tenir compte du rendement marginal des unités d'eau utilisées.

Pour parler autrement, il serait de bien meilleure logique hydropolitique pour l'Egypte « *d'accélérer une industrialisation fortement productrice de valeur et faiblement consommatrice d'eau et d'acheter sa nourriture à l'étranger, plutôt que de pousser une extension plus ou moins artificielle de l'agriculture, faiblement productrice de valeur, forte consommatrice d'eau et incapable d'assurer l'autosuffisance alimentaire quel que soit le volume des investissements qui lui seront attribués* ».

Le coût de production de l'agriculture égyptienne, même sans tenir compte de la rareté de l'eau ; en fait l'une des plus chères du monde et son développement ne correspond pas à une rationalité financière défendable[84].

Or, les plans agro-hydrauliques égyptiens montrent qu'on ne s'engage pas dans la direction idéale.

En effet, depuis quelques années, Le Caire a lancé la création d'une « Nouvelle Vallée » dans la dépression de Wadi Rayan, au nord-ouest du lac Nasser. Il s'agit d'un projet véritablement gigantesque qui doit créer une oasis à Toshka, permettant d'irriguer entre 200 et 250.000 ha mais consommant au moins 5 milliards de m^3 d'eau par an[85].

Le projet mentionne le fait que l'eau doit être « obtenue du contingent déjà existant par un accroissement de l'efficacité dans l'utilisation ». Cet

[82]En outre, l'industrie utilise largement les 1,8 milliards de m^3 d'eau souterraine non-nilotique et recycle une grande partie d'eau qu'elle utilise de manière à en faire usage deux ou même trois fois (ce qui explique un bilan hydrique largement supérieur aux 55,5 milliards de m^3 d'eau du Nil attribués à l'Egypte selon le traité de 1959).

[83]Gérard PRUNIER, idem.

[84]PRUNIER Gérard, *op.cit.*, p.207

[85] PRUNIER Gérard, *op.cit.*, p.207.

accroissement de productivité est pour le moment un simple postulat que rien ne vient confirmer.

En revanche, les investissements, eux, sont bien réels. Le canal d'accès permettant d'aller du Nil jusqu'à la dépression doit faire 68 km. Et comme la dépression est à plus forte altitude que le niveau de la vallée, toute l'eau devra être élevée par pompage. Le gouvernement égyptien et les bailleurs de fonds arabes qui soutiennent le projet ont déjà investi 1,2 milliards de dollars et le budget prévisionnel estime à environ 5,6 milliards les investissements encore nécessaires pour terminer le chantier.

Or les bénéfices attendus de ce gigantesque projet sont relativement modestes : une augmentation de 10 à 15 % de la production agricole d'ici 2020 et l'installation de 250 000 personnes dans la « Nouvelle Vallée »[86].

Toshka n'est que le plus visible et le plus coûteux des divers projets d'irrigation égyptiens. Il y a en outre le projet des trois oasis (Farafra, Dakhla, Kharga), au sud-ouest du delta, qui doit permettre d'irriguer 100 à 130 000 ha avec de l'eau souterraine ; le « Canal de la Paix », long de 150 km, qui pompe de l'eau dans le Nil pour l'emmener à El-Arish dans le Sinaï[87] et qui doit permettre d'irriguer 170.000 ha et de fixer une importante population ; le projet d'El-Oweinat, qui doit permettre d'irriguer 80.000 km avec de l'eau souterraine et qui doit être réalisé par de grandes compagnies agroalimentaires[88].

Si ces trois projets ont des logiques différentes, dont certaines sont défendables (souci de créer une « barrière stratégique » face à Israël dans le Sinaï en augmentant la densité de la population pour le projet d'El-Arish, souci de faire revivre des zones déprimées dont la population émigre dans le cas des Trois Oasis), le projet de Toshka reste discutable.

Ainsi s'achève le premier chapitre de la première partie de cette réflexion, et qui a porté sur le caractère incomplet et ambivalent du cadre juridique des bassins fluviaux africains. Le second chapitre s'appesantit spécialement sur le caractère ambigu du statut et du régime juridique des deux fleuves en étude.

---

86 PRUNIER Gérard, *op.cit.*

87 En passant sous le canal de Suez, ce qui représente un travail appréciable d'ingénierie

88 PRUNIER Gérard, *op.cit.*, p. 208.

CHAPITRE II
L'AMBIGÜITE DES STATUTS ET DES REGIMES JURIDIQUES DES FLEUVES CONGO ET NIL

Ce chapitre résume les principaux problèmes juridiques qui entourent la question du statut et du régime juridique des deux fleuves en étude, lesquels cours d'eau comportent des bassins aux dimensions sous-continentales.

En trois sections distinctes, il sera question d'examiner tour à tour :

- L'impressionnante proportion des bassins fluviaux du Congo et du Nil (section 1) ;
- Le statut juridique controversé des fleuves Congo et Nil (section 2) ;
- L'incontournable hybridité des régimes juridiques du Congo et du Nil (section 3).

Section 1. L'impressionnante proportion des bassins fluviaux du Congo et du Nil

Les bassins du Congo et du Nil figurent, en superficie, parmi les cinq premiers grands bassins fluviaux au monde. Il convient ainsi d'en apprécier la consistance avant d'analyser le régime juridique de ces fleuves.

I. Présentation du fleuve Congo et délimitation du bassin du Congo

Après avoir défini le fleuve (point A), il sera question de décrire sa navigabilité (point B), en présentant en outre ses principaux affluents (point C). La maîtrise exacte de l'itinéraire du fleuve Congo aura sans doute un lien direct avec la détermination de son statut juridique (point D). Les Etats riverains du bassin du Congo seront aussi répertoriés (point E).

A. Définition du fleuve

De manière sommaire, et sans pour autant revenir sur les considérations générales faites au niveau de l'Introduction de ce travail, il y a lieu de distinguer, d'une part, les fleuves nationaux et, d'autre part, les fleuves internationaux.

Les fleuves, qui prennent leur source et coulent jusqu'à l'embouchure sur le sol d'un même Etat, sont *nationaux* et constituent le domaine fluvial de l'Etat. Sur ces fleuves, l'Etat exerce en principe un droit de surintendance, un droit de propriété au point d'en interdire même l'accès aux navires étrangers.

Quant aux fleuves *internationaux*, ce sont des cours d'eau qui, dans leurs parties naturellement navigables, séparent (fleuves contigus) ou traversent (fleuves successifs) des territoires dépendant de plusieurs Etats et servent avant tout à la navigation commerciale. Cette définition retenue par la doctrine dominante s'inspire de grandes Conventions internationales ayant réglementé l'utilisation des fleuves qui arrosent plusieurs territoires appartenant à différents Etats souverains ([89]).

Les fleuves internationaux obéissent ainsi à des règles particulières formant un régime d'internationalisation.

B. Itinéraire et navigabilité du fleuve Congo

Constatant que le Congo était le seul chemin pratique à suivre pour pénétrer au cœur du continent, soulignant les inconvénients du monopole par une seule puissance du commerce et de la navigation, déplorant enfin la conception privative des cours d'eau en Afrique – chacune des tribus interdisant aux autres de trafiquer sur ses eaux – M.G. MOYNIER préconisa un système d'internationalisation et de neutralisation. Le but poursuivi, disait-il, est la liberté pour tout le monde de naviguer, soit sur le Congo lui-même, soit sur ses affluents directs et ses autres tributaires, et d'y trafiquer pacifiquement en tout temps. On vise à ce que le droit de circuler sur ce vaste réseau fluvial ne puisse pas devenir l'objet d'un monopole, à ce que l'accès en soit toujours permis, à ce qu'aucune entrave ne soit mise à l'activité civilisatrice d'un projet quelconque dans ses parties navigables[90].

Le fleuve Congo a une longueur de 5.100 km[91]. Mais son réseau navigable comporte plus de 12.OOO km selon YAKEMTCHOUK.

---

[89]NGUYA-NDILA MALENGANA, *Droit international public*, page 47.

[90]YAKEMTCHOUK Romain, *Le régime international des voies d'eau africaines*, in RBDI, n°2, 1969, p. 486.

[91]D'autres sources parlent tantôt de 4.650 km (YAKEMCHOUK), tantôt de 4.700 km (MAGRIN).

Le cours du fleuve présente de nombreux rapides et chutes qui déterminent trois biefs navigables (*maritime, moyen et supérieur*).*Le bief maritime ou le cours inférieur* du fleuve est navigable de l'Océan à Matadi sur 148 km avec des tirants d'eau de 23 à 26 pieds. Le bief maritime ou cours inférieur du fleuve Congo comporte trois sections :

- *La section Matadi-Boma* : longue de 60 km, elle est caractérisée par une forte pente et des courants forts. Le fleuve y coule dans une vallée encaissée et fort étroite, avec des profondeurs variant entre 20 et 50 m et atteignant parfois plus de 100 m. Sa largeur oscille entre 500 et 2000 mètres.
- *La section Boma-Malela* : longue de 60 km et large de 2 à 20 km, avec des profondeurs à l'état naturel de 4 à 5 m. Le fleuve y traverse une plaine alluvionnaire qui constitue une zone de dépôt important des sédiments venant de l'amont.

Suite aux faibles pentes naturelles, des méandres divagants s'y développent. Cette portion du fleuve dénommée à juste titre « *région divagante* » est aussi caractérisée par des érosions latérales des rives ainsi que des mouvements des bancs de sables, d'îles et d'îlots.

Cette région divagante du bief maritime du fleuve Congo est un véritable obstacle naturel à la navigation des navires desservant les ports de Boma et de Matadi situés respectivement à 90 et 150 km de l'Océan Atlantique.

La route de navigation subit régulièrement dans cette section du bief maritime des modifications dues à la rapidité et à la nature des phénomènes naturels qui s'y développent. Le chenal de navigation y est aménagé grâce aux importants travaux de dragage, de balisage et de l'hydrographie, dont l'ampleur physique et les coûts financiers sont sans commune mesure avec les travaux d'aménagement des voies d'accès des autres ports de l'Afrique de l'Ouest et du Centre.

- *La section Malela-Banana* : longue de 30 km, on y enregistre des profondeurs très grandes, souvent supérieures à 100 m. Le fleuve y coule dans une fosse géologique.

Le bief moyen est navigable de Brazzaville à Kinshasa jusqu'à Kisangani sur 1.740 km, avec des tirants d'eau de 1m 30 à 2m[92].

Dans le bief supérieur, appelé Lualaba, la navigation est possible de Kindu à Ubundu (320 km) et de Kongolo à Bukavu (620 km), l'absence de navigabilité des passes Kisangani-Ubundu et Kindu-Kongolo étant palliée par des voies ferrées[93].

Une étude technique renseigne que la RDC comporte un réseau de 16.238 km de voies navigables et 40 ports fluviaux, notamment sur le fleuve Congo (divisé par deux séries de chutes en trois biefs navigables, dont le bief moyen, de 1.734 km entre Kinshasa et Kisangani, est le plus important), ses affluents et les lacs Tanganyika, Maindombe, Kivu, etc[94].

Une autre étude spécialisée indique que le réseau des voies navigables en RDC comporte plus de 20.000 km de voies. Les voies de navigation sont classées en trois catégories :

- Première catégorie : navigation pour une profondeur de 2m en hautes eaux et 1m 30 en basses eaux ; pousseur jusqu'à 2000 CV, barges pour un tonnage supérieur à 4000 tonnes ;
- Deuxième catégorie : navigation pour une profondeur de 1m 30 en hautes eaux et 1m en basses eaux ; petits pousseurs et baleinières avec un tonnage jusqu'à 500 tonnes ;
- Troisième catégorie : navigation pour une profondeur de 1m en hautes eaux et 0,5 m en basses eaux ; baleinières et petites embarcations (pirogues) jusqu'à 150 tonnes[95].

Différents facteurs rendent cependant difficile la navigabilité du fleuve : le régime des participations, le niveau des eaux, la morphologie du fond du lit des rivières, l'influence des crues exceptionnelles ; l'ensablement et l'entrave de la navigation par la végétation[96]. C'est pourquoi l'entretien des voies navigables est très important pour assurer une meilleure rentabilité du fleuve.

92Le bateau ITB Kokolo de la RDC a repris, vingt ans après, ses navettes sur le tronçon Kinshasa-Kisangani sur le fleuve Congo au mois de mai 2015.

93MUBIALA (M.), *op.cit.*, p. 68

94Document P.M.P.T.R, p. 48

95NDALA Benjamin, *La navigation sur le fleuve Congo*, étude, Paris, 29 novembre 2005, P. 6.

96www.congoline.com (2 juin 2007).

Ainsi, l'entretien et l'aménagement des voies navigables du bassin Congo-Oubangui-Sangha sont assurés par la Régie des Voies Fluviales (RVF) en RDC et par le SCEVN en RCA et en République du Congo.

Le Protocole d'Accord tripartite relatif à l'entretien des voies navigables d'intérêt commun du réseau Inter Etats pour le fleuve Congo et ses affluents signé à Bangui le 21 juillet 1978 entre la RCA, la RDC et la République du Congo, fixe les modalités de cet entretien.

Parmi les difficultés rencontrées dans l'entretien des voies navigables, il y a lieu de relever[97] :

- L'inadéquation entre les moyens mis à disposition des services d'entretien et l'ampleur des travaux à exécuter ;
- La vétusté et l'insuffisance des unités de servitude (dragues, baliseurs, vedettes hydrographiques,...) ;
- L'insuffisance de dragage et de balisage ;
- L'ensablement des Ports au niveau du Pool Malebo ;
- La diminution du plan d'eau sur l'Oubangui
(Actuellement, 7 mois de navigation sur 12) ;
- La présence du seuil rocheux de Zinga à 60 km en aval du port de Bangui ;
- Les épaves qui jonchent les passes de navigation et les accès portuaires.

Pour clore ce point, il est intéressant de noter la nuance entre la RVF et la RVM[98].

C. Principaux affluents du fleuve Congo

Le fleuve Congo comporte plusieurs affluents tant au niveau de sa rive gauche qu'au niveau de la rive droite. Au niveau de la rive gauche, il y a lieu de citer : le Kwa-Kasai, la Tshuapa, la Lomani. Au niveau de la rive droite, il convient de mentionner : l'Aruwimi, l'Oubangui, la Sangha.

---

[97]NDALA Benjamin, *op.cit.*, p. 10.

[98]La RVF (Régie des Voies Fluviales) est chargée des travaux de dragage et de balisage (en régie) et de la cartographie des cours d'eau pour les biefs moyen et supérieur du fleuve Congo et pour ses affluents.

La RVM (Régie des Voies Maritimes) est responsable du dragage des navires dans le bief maritime du fleuve à partir de Banana (sur l'océan), ainsi que de l'entretien des accès portuaires. Depuis 2002, la RVM intervient aussi dans la mer territoriale.

La pratique internationale est divisée sur la question du régime juridique des *affluents* d'un fleuve international et la doctrine est aussi partagée.

Ainsi, pour *ORBAN*, dans l'ouvrage Droit fluvial international, « lorsqu'un fleuve dépend de souverainetés différentes, ses affluents navigables seront, fussent-ils exclusivement nationaux, soumis au même régime juridique que lui ; le fleuve et ses affluents navigables doivent être considérés comme formant un système unique »[99].

De même, l'Acte de navigation du Congo de 1885 déclare que tous les affluents du Congo seront soumis à tous égards au même régime que le fleuve dont ils sont tributaires. L'article 2 de l'Acte général de Berlin précise à cet effet que tous les pavillons, sans distinction de nationalité, auront libre accès à toutes les eaux du Congo et de ses affluents.

Pour M. WINIARSKI, les accords bilatéraux soumettent les affluents au même régime juridique que le cours principal du fleuve : le Traité du 2 décembre 1851 entre l'Autriche et la Bavière a ouvert à la libre circulation le Danube et ses affluents navigables sur le territoire de ces deux Etats[100].

Par contre, certains auteurs soutiennent que les affluents d'un fleuve international doivent être considérés en eux-mêmes et dès lors traités comme des voies d'eau distinctes en ce qui concerne leur régime juridique.

D'après l'Acte final du Congrès de Vienne, les affluents d'un fleuve international ne sont soumis au principe de la liberté de navigation que dans la mesure où ils sont eux-mêmes internationaux. Cela signifie que les affluents entièrement nationaux ne sont pas ouverts à la circulation de tous les pavillons[101].

WINIARSKI indique que les conventions plurilatérales considèrent les affluents comme des cours d'eau séparés qui doivent répondre aux critères des fleuves internationaux pour être soumis au même régime que

---

[99]BUKASA Joseph, *Thèse citée*, pp. 158-160.
[100]Idem.
[101]BUKASA Joseph, *idem*.

le fleuve dont ils sont tributaires : le Statut de Barcelone du 30 avril 1921 a écarté les affluents du régime d'internationalisation[102].

A ce sujet, FAUCHILLE souligne : « au point de vue de la navigation, le Statut de Barcelone a considéré que les affluents devaient être considérés comme des voies d'eau séparées, ne formant pas avec eux un système unique ».

De plus, d'après la résolution de l'I.D.I prise à sa session de Paris de 1934, le principe de la libre navigation ne s'applique qu'aux affluents qui, individuellement, traversent ou séparent deux ou plusieurs Etats[103].

Bref, en réalité, la soumission des affluents aux règles qui régissent la navigation du fleuve Congo par l'Acte général de Berlin avait particulièrement pour but de garantir la pénétration européenne dans le Bassin du Congo. C'est du reste pour cette raison que l'on a étendu la liberté de circulation même aux voies terrestres considérées comme dépendances du fleuve Congo[104].

D. Situation du bassin du Congo

Le rapport de la Commission Economique des Nations Unies pour l'Afrique (CEA/ONU) constate que le bassin du fleuve Congo est le plus grand du continent africain et le deuxième du monde après celui de l'Amazone. Sa surface est d'environ 3.700.000 Km² et concerne dix pays[105].

Comme signalé plus haut, la longueur du fleuve est de 5.100 Km ; il a pour source la rivière CHAMBECHI située en Zambie au Sud du lac Tanganyika. La Chambechi (ou Chambezi) s'écoule dans le lac Bangwelo (5.000 Km²) qui alimente la Luapula qui se déverse dans le lac Moero (4.340 Km²) qui alimente la Luvua, laquelle rejoint la Lualaba, principal affluent de ce fleuve[106].

De manière précise, le lac Tanganyika (35.000 Km², altitude 775 m) fait partie du bassin ; la Lualaba reçoit ses eaux à travers la Lukaya. Le lac Kivu (2.700 Km², altitude 1.460 m) se déverse dans le Tanganyika par la

[102] BUKASA Joseph , *ibidem.*

[103] Développements tirés de BUKASA Joseph, *Thèse citée*, pp. 158 à 160.

[104] BUKASA Joseph, *op.cit.,* P. 161.

[105] Nations Unies, *Etude de la création d'une Organisation intergouvernementale et l'exploitation du bassin du fleuve Congo/Zaïre*, 1983 – 1984, doc. ECA/TRANS/43, 1974, p. 4.

[106] *Idem.*

Ruzizi. Les principaux affluents de la rive gauche du fleuve Congo sont : le Kwa – Kasaï, la Tshuapa, la Lomami et ceux de la rive droite sont l'Aruwimi, l'Oubangi et la Sangha[107].

Le fleuve coule vers l'océan Atlantique à travers des gorges étroites et 32 chutes, l'ensemble étant appelé zone des cataractes, et constituant une des plus grandes concentrations d'énergie hydraulique du monde[108].

En effet, le bassin du fleuve Congo est semi-enclavé. Seul un étroit couloir d'environ 150 Km de large et de 400 Km de long le relie à l'Océan Atlantique à l'Ouest ; le bassin est donc continental à 98%([109]).

La CICOS a décrit, pour sa part, de façon particulière, le Bassin du Congo, à travers les détails suivants[110] :

« *Le bassin versant du Congo a une superficie de 3.700.000 km² environ. Un tiers environ du bassin se trouve dans l'hémisphère Nord, les deux tiers dans l'hémisphère Sud. Il représente le système hydrologique le plus large en Afrique centrale et fournit la moitié des eaux que le Continent africain déverse dans l'Océan Atlantique.*

L'Oubangui est l'un de ses principaux affluents et le principal en rive droite. Il prend son nom à la jonction de deux rivières : l'Uélé et le Mbomou entre Ouango et Limassa. En ce point, l'Oubangui est à 1.100 km de son confluent avec le Congo, mais l'ensemble Uélé-Oubangui dépasse 2.200 km de longueur.

L'Uélé, dont le cours est entièrement en RDC, est le principal affluent de l'Oubangui. Il prend sa source vers 1700 m d'altitude ; sur l'interfluve Congo-Nil. Sa longueur est de l'ordre de 1.170 km.

Le Mbomou a une longueur de 966 km. Il prend sa source à la frontière entre le Soudan, la RDC et la RCA, à une altitude d'environ 720 m.

La Sangha est un des principaux affluents de la rive droite du fleuve Congo. Son confluent est situé à 465 km en amont de Brazzaville. Le bassin versant de la Sangha est entièrement situé au Nord de l'Equateur. A son confluent deltaïque avec le fleuve Congo, elle draine un bassin de 240.000 km². L'affluent important de la Sangha est la N'goko ou le Dja. C'est un affluent de la rive droite de la Sangha ; son

---

[107] *Ibidem.*
[108] NGUYA-NDILA MALENGANA, *op.cit.*, p. 72.
[109] Voir BEYA TSHIMANGA, Mémoire cité, page 13.
[110] Voir Décision n°06/CICOS-CM.07 du 14 janvier 2010 du Comité des Ministres de la CICOS.

confluent est situé à 4,5 km en amont de Ouesso. Il coule Ouest-Est sur une longueur de 188 km jusqu'à Ngbala et sert de frontière entre le Congo et le Cameroun[111].

La majeure partie du fleuve est navigable, mais il est coupé par des rapides en amont avant Kisangani et en aval entre Kinshasa, Brazzaville et l'Atlantique.

Le bassin de l'Oubangui a une superficie totale de 643.900 km², dont 352.000 km² sont sur le territoire de la RCA (soit 55 %), 254.800 km² sur le territoire de la RDC (soit 39 %), 37.900 km² en République du Congo (soit 6%).

La rivière Oubangui qui apporte 15% des eaux du fleuve Congo a des étiages annuels sévères. Pour que la navigation soit assurée au passage du seuil rocheux de Zinga (situé à environ 65 km en aval de Bangui), la limite inférieure économique admise du niveau de la rivière Oubangui correspond à un tirant d'eau de 0,90 m à ce seuil.

La navigabilité de l'Oubangui s'est fortement détériorée au cours de dernières décennies. En effet, depuis 1971, l'étiage de l'Oubangui a atteint des niveaux jamais connus, entrainant des arrêts de navigation toujours plus longs :

- *4 jours par an de 1935 à 1971*
- *40 jours par an de 1972 à 1982*
- *107 jours par an de 1983 à 1989*
- *Plus de 100 jours par an depuis 2002 »*[112].

Il est important d'apprécier, en définitive, comment s'est faite la délimitation du bassin du Congo (et même son extension) lorsqu'il s'est agi de réglementer la liberté du commerce dans ce bassin à l'époque.

L'article 1er de l'Acte général de Berlin du 26 février 1885 disposait en effet : « Le commerce de toutes les nations jouira d'une complète liberté :

1° *Dans tous les territoires constituant le bassin du Congo et de ses affluents. Ce bassin est délimité par les crêtes des bassins contigus, à savoir notamment les bassins du Niari, de l'Ogowé, du Schari et du Nil, au Nord ; par la ligne de faîte orientale des affluents du lac Tanganyika, à l'Est ; par les crêtes des bassins du Zambèze et de la Logé, au Sud. Il embrasse, en conséquence, tous les territoires drainés par le Congo et ses affluents, y compris le lac Tanganyika et ses tributaires orientaux.*

---

[111]Voir Décision n°06/CISCO-CM-07 précitée.

[112]Décision CISCO, *op.cit.*

2° Dans la zone maritime s'étendant sur l'Océan Atlantique depuis le parallèle situé par 2° 30' de latitude Sud jusqu'à l'embouchure de la Logé.

La limite septentrionale suivra le parallèle situé par 2° 30', depuis la côte jusqu'au point où il rencontre ***le bassin géographique du Congo****, en évitant le bassin de l'Ogowé auquel ne s'appliquent pas les stipulations du présent Acte.*

La limite méridionale suivra le cours de la Logé jusqu'à la source de cette rivière et se dirigera vers l'Est jusqu'à la jonction avec le bassin géographique du Congo.

3° Dans la zone se prolongeant à l'Est du bassin du Congo, tel qu'il est délimité ci-dessus, jusqu'à l'Océan Indien, depuis le cinquième degré de latitude Nord jusqu'à l'embouchure du Zambèze au Sud ; de ce point la ligne de démarcation suivra le Zambèze jusqu'à cinq mille en amont du confluent du Shiré et continuera par la ligne de faîte séparant les eaux qui coulent vers le lac Nyassa des eaux tributaires du Zambèze, pour rejoindre enfin la ligne de partage des eaux du Zambèze et du Congo.

Il est expressément entendu qu'en étendant à cette zone orientale le principe de la liberté commerciale, les Puissances représentées à la Conférence ne s'engagent que pour elles-mêmes et que ce principe ne s'appliquera aux territoires appartenant actuellement à quelque Etat indépendant et souverain qu'autant que celui-ci y donnera son consentement.

Les Puissances conviennent d'employer leurs bons offices auprès des Gouvernements établis sur le littoral Africain de la mer des Indes afin d'obtenir ledit consentement et, en tout cas, d'assurer au transit de toutes les nations les conditions les plus favorables[113]. »

Le régime de liberté de navigation établi à Berlin concerne d'abord ***le bassin géographique du fleuve Congo*** (article 15, alinéa 1). Mais il fut décidé d'adjoindre à ce bassin géographique ***deux zones*** maritimes à l'Ouest et à l'Est. Cette extension avait pour but d'assurer au bassin du fleuve Congo des voies d'accès sur les océans Atlantique et Indien. Car les cours d'eau compris dans ces deux annexes devaient être soumis également au régime de navigation (article 15, al. 2).

Toutefois, les attributions de la Commission Internationale du Congo ne devaient s'étendre sur ces cours d'eau que moyennant l'accord des Etats sous la souveraineté desquels ils seraient placés.

---

[113]Voir article 1er de l'Acte général de Berlin.

C'est donc l'ensemble constitué par le bassin géographique du fleuve Congo et les deux zones maritimes annexes que l'on appelle ***Bassin conventionnel du Congo***. Celui-ci couvrait au total les territoires des Etats voisins : la RDC, la RCA, le Sud du Soudan et de l'Ethiopie, l'Ouganda, le Kenya, la Somalie, le Rwanda, le Burundi, le Tanganyika, la Zambie, le Nord de la colonie de Mozambique, le Nord de la colonie de l'Angola, la République Populaire du Congo, le Gabon et le Sud du Cameroun. Mais ce grand ensemble n'enlève rien de son importance au bassin géographique du Congo proprement dit ([114]).

CORNEVIN note ainsi que le statut du bassin conventionnel du Congo comprend :

- Sur le plan politique : l'occupation territoriale effective et la neutralité des territoires définis par la conférence [de Berlin] ;
- Sur le plan économique : la liberté de commerce et de navigation sur le Congo ;
- Sur le plan social : l'interdiction de l'esclavage, répression de la traite en Afrique et sur mer, enfin l'engagement d'améliorer les conditions morales et matérielles des indigènes[115].

E. Etats riverains du bassin du Congo

Ainsi précisée plus haut, la surface du bassin du fleuve Congo est de près de 3.700.000 Km² et concerne dix pays, à savoir : Angola, Burundi, Cameroun, Gabon, RCA, Congo Brazzaville, Rwanda, Tanzanie, Zambie et République Démocratique du Congo ; avec 2.310.000 Km² pour la République Démocratique du Congo, 408.000 Km² pour la RCA, 285.000 Km² pour l'Angola,248.400 km² pour la République du Congo, 176.600 km² pour la Zambie, 166.800 km² pour la Tanzanie, 98.900 Km² pour le Cameroun, 13.300 Km² pour le Burundi, 4.800 Km² pour le Rwanda, 1.146 km² pour le Gabon…[116]

Le pourcentage du bassin par pays se présente ainsi :

- Angola : 7,7% ;
- Burundi : 0,36% ;
- Cameroun : 2,7% ;

[114]BUKASA Joseph, *op.cit.*, pp. 77 – 78.

[115]CORNEVIN Robert, *Histoire du Congo Léopoldville – Kinshasa*, Paris, Ed. Berger Levrault, 1966, P. 115.

[116] Pour ces chiffres, voir Rapport CICOS, *op.cit.*

- Congo : 6,9% ;
- Gabon : 0,03% ;
- RCA : 10,9% ;
- Rwanda : 0,13% ;
- Tanzanie : 4,5% ;
- République Démocratique du Congo : 62,1% ;
- Zambie : 4, 7%.

Il résulte de ces estimations que la RDC, à elle seule, occupe plus de la moitié du Bassin, par rapport aux neuf autres Etats.

Après avoir présenté brièvement le fleuve et le bassin du Congo, il convient de décrire pour le moment le Nil.

II. Présentation du fleuve Nil et délimitation du bassin du Nil

Le cours total du Nil est de 6.825 km[117] si l'on part de l'affluent le plus lointain, à savoir la Luvironza en Tanzanie. Mais le cours du Nil proprement dit, depuis le lac Victoria, est de 6.058 Km.

La particularité de l'embouchure du fleuve Nil est qu'il se jette dans la mer Méditerranée sous la forme d'un delta avec deux bras : le bras de Rosette/Rachid à l'Ouest et le bras de Damiette à l'Est.

L'approche de la question de la navigabilité du fleuve Nil nous permet par ailleurs d'apprécier la mise en œuvre des principes classiques de liberté de navigation, voire de commerce, au regard des instruments universels de droit fluvial.

Dans les lignes subséquentes, il sera question de présenter :

- Les Etats riverains du Nil ;
- Les branches principales du Nil ;
- L'hydrologie du Nil.

---

[117]Entre le Nil et l'Amazone, le plus long est sujet à débat. Le consensus actuel est de considérer que l'Amazone est le plus important en volume et que le Nil est le plus long. Néanmoins, les mesures varient entre 6.259 km et 6.800 km pour l'Amazone et 6.499 km et 6.718 km pour le Nil. Pour le dictionnaire Hachette (Nil : 6.671 km et Amazone 6.280 km) ; dictionnaire Larousse (Nil : 6.700 km et Amazone 7.000 km depuis les sources du Rio Apurimac) ; Robert encyclopédique (Nil : 6.671 km et Amazone 6.762 km). Ces différences proviennent des méthodes de mesures et de différentes définitions de la source et de l'estuaire d'une rivière.

A. Les Etats riverains du Nil

Le bassin du Nil draine 3.100.000 Km^2 (selon d'autres sources 3.254.555 km^2ou 3.349.000 km^2) répartis entre onze pays :

- La Tanzanie ;
- Le Kenya : quelques petites parties du pays, à l'Ouest ;
- Le Burundi : quasi-totalité du pays ;
- Le Rwanda : quasi-totalité du pays ;
- L'Ouganda : totalité du pays ;
- Le Soudan : quasi-totalité du pays ;
- Le Soudan du Sud : quasi-totalité du pays ;
- L'Ethiopie : tiers occidental du pays ;
- L'Erythrée : sud-ouest du pays ;
- L'Egypte : bien que ne couvrant pas la totalité du pays par son bassin versant, le Nil est le seul cours d'eau permanent d'Egypte ;
- La République Démocratique du Congo : toute petite partie du pays, à l'Est, autour des lacs Edouard et Albert.

Au regard de la superficie couverte, le bassin du Nil est le 3ème plus grand bassin versant du monde (après l'Amazone et le Congo). L'ensemble des cours d'eau contribuant à alimenter le bassin a une longueur totale de 37.500 km.

Les différents lacs sur son cours (Victoria, Kyoga, Edouard, Albert et Tana) sont autant de déversoirs naturels et couvrent une surface de 81.500 km^2 tandis que les zones marécageuses permanentes (hors inondation saisonnière dans le Sud) occupent 69.700 km^2.

L'Egypte, principal utilisateur des eaux du Nil, ne contribue pas à son alimentation.

B. Les branches principales du Nil

Le système du bassin est réparti en deux grands ensembles : le Nil Blanc provenant du lac Victoria et le Nil Bleu provenant du lac Tana. Avec une surface de 69.485 km^2, le lac Victoria est le deuxième lac du monde après le lac Supérieur en Amérique du Nord et il constitue un gigantesque réservoir naturel de 2.910 milliards de m^3.

Le Nil Blanc a un cours relativement précipité en Ouganda et une fois entré au Soudan, il lui reste 450 m d'altitude pour propulser plus de

20 milliards de m^3 d'eau sur plus de 5.000 km ; ce qui en fait un fleuve extrêmement lent et débordant très facilement d'un lit qui en est à peine un[118].

En revanche, **le Nil Bleu** a une pente très vigoureuse qui lui fait perdre 1.200 m en 9OO km pour un débit énorme de 56 milliards de m^3, avant d'acquérir un profil de type Nil Blanc en franchissant la frontière soudanaise. C'est ce cours torrentueux et puissant qui va donner au Nil Bleu sa principale caractéristique : un alluvionnement massif qui arrache chaque année 200 millions de tonnes de sol meuble à l'Ethiopie pour les déposer au Soudan et, jusqu'à la construction du barrage d'Assouan en Egypte[119].

Depuis 1964, cette énorme quantité d'alluvions s'empile régulièrement derrière le barrage et, si une fraction des particules lourdes envase peu à peu le lac de retenue (lac Nasser), une masse considérable de particules plus légères flotte jusqu'au barrage proprement dit et menace d'en engorger les turbines hydroélectriques à l'horizon 2020 à 2030[120].

Au regard de la détermination de la source du fleuve, des différences de longueur apparaissent selon différents écrits[121]. La source du Nil (Nil Blanc) est parfois considérée comme étant le lac Victoria, mais le lac lui-même a des eaux importantes qui l'alimentent. La rivière la plus éloignée émerge de la forêt de Nyungwe au Rwanda, par l'intermédiaire du Rukarara, du Mwogo, du Nyabarongo et du Kagera, avant de couler dans le lac Victoria en Tanzanie près de la ville de Bukoba.

Le Nil quitte le lac Victoria aux chutes de Ripon, près de Jinja en Ouganda ; il porte le nom de « Nil Victoria ». Il coule pendant approximativement 500 km, par le lac Kyoga, jusqu'à atteindre le lac Albert. Après avoir quitté ce lac, le fleuve est connu sous le nom de « Nil Albert ». Il coule alors au Soudan, où il est connu comme le Nahr el Jabal (rivière de la montagne). Au confluent du Nahr el Jabal et du Bahr el Ghazal (720 km de long), le fleuve est connu sous le nom de Nahr al Abyad ou **Nil Blanc**, ce nom lui venant de *l'argile blanchâtre* en suspension dans ses eaux. De là ; le fleuve coule vers Khartoum.

118PRUNIER Gérard, *op.cit.*

119PRUNIER Gérard, *idem.*

120PRUNIER Gérard, *ibidem*, pp 178-180

121Selon les découvertes les plus récentes, la source la plus lointaine du Nil se trouverait dans la forêt de Nyungwe au Rwanda. Cette source porte ainsi la longueur du fleuve à 6.718 km au lieu de 6.611 km précédemment établis.

Quant au Nil Bleu, il jaillit du lac Tana dans les montagnes éthiopiennes. Le Nil bleu coule sur environ 1.400 km vers Khartoum, où le Nil bleu et le Nil blanc se rejoignent pour former le Nil proprement dit[122].

C. L'hydrologie du Nil

Outre la question importante de la source, celle relative à l'hydrologie (*le débit du fleuve et ses implications*) mérite d'être soulignée car, nous permettant de comprendre les tenants et aboutissants de l'enjeu de l'eau du Nil dans cette partie du continent.

En effet, après la confluence du Nil bleu et du Nil blanc, le seul affluent principal restant est la rivière Atbara, qui provient du Nord de l'Ethiopie du lac Tana, et coule sur approximativement 800 km. Il rejoint le Nil à environ 300 km après Khartoum. Le Nil a ainsi comme particularité que son dernier affluent le rejoint à mi-chemin de la mer. Après cet endroit, le *débit du Nil diminue en raison de l'évaporation très importante lors de la traversée du Sahara.*

C'est ce qui rend le bassin du Nil complexe car le débit en n'importe quel point le long du fleuve dépend de beaucoup de facteurs comprenant la météorologie, les déviations, l'évaporation (au niveau du Sahara) ou l'évapotranspiration, et l'écoulement d'eaux souterraines.

Le Nil Blanc contribue approximativement à 30% du débit annuel du Nil.

Cependant, pendant la saison sèche (de janvier à juin), le Nil Blanc contribue à hauteur de 70% voire 90% de tout le débit du Nil. Pendant cette période, le débit du Nil bleu peut descendre jusqu'à 113 m^3/s, bien que les barrages en amont règlent l'écoulement du fleuve. Pendant la période sèche l'écoulement de l'Atbara est pratiquement nul[123].

Le Nil Bleu contribue approximativement à 70% du débit du Nil. Le débit du Nil Bleu change considérablement au cours de l'année. C'est ce qui provoque principalement les grandes variations du débit du Nil. Pendant la saison des pluies, le débit maximum du Nil Bleu excède souvent 5.663 m^3/s fin août (multiplication par 50 du débit normal).

---

122 Données compilées sur le Net, 24 novembre 2014.

123 Données compilées, *op.cit.*

Avant la construction de barrages sur le fleuve, le débit annuel pouvait passer de 1 à 15 à Assouan. Les débits maxima de plus de 8.212 m^3/s se produisent fin août-début septembre et les débits minima d'environ 552 m^3/s ont lieu vers la fin avril-début mai.[124]

Section 2. Le statut juridique controversé des fleuves Congo et Nil

Avant de qualifier le statut juridique proprement dit des fleuves Congo et Nil, il convient de s'appesantir sur l'examen de différentes doctrines de souveraineté sur les fleuves internationaux que brandissent les Etats.

I. La concurrence des doctrines de souveraineté sur les fleuves

Pour justifier leurs prétentions, les Etats ont développé des doctrines coutumières différentes.

Si des Etats font parfois référence à l'une ou l'autre de ces doctrines au gré de leurs intérêts, leur caractère simpliste fait qu'aucune d'elles n'a jamais servi de base à un droit international de l'eau accepté par tous. La doctrine qui s'est imposée est en effet celle de la « *souveraineté territoriale limitée* »[125].

Il convient de parcourir les doctrines suivantes :

- La doctrine de la souveraineté territoriale absolue ou doctrine Harmon ;
- La doctrine de l'intégrité territoriale absolue ;
- La doctrine de la première appropriation ;
- La doctrine de la souveraineté territoriale limitée.

A. La doctrine de la souveraineté territoriale absolue ou doctrine Harmon[126]

Cette doctrine soutient que l'Etat est en termes tant de droits de propriété que d'utilisation maîtresse de toutes les eaux, souterraines ou

---

124 Idem.

125 L'Eau et son Droit, Etudes et documents du Conseil d'Etat français, Rapport public 2010, Paris, 2010, p.360

126 Judson Harmon est l'attorney général qui a formulé cette doctrine en 1895 dans le cadre du règlement du litige opposant les Etats-Unis au Mexique au sujet du détournement des eaux du Rio Grande à des fins agricoles.

de surface, présentes sur son territoire, ce qui revient à reconnaître l'avantage à l'Etat d'amont.

Elle a été exprimée pour la première fois à l'occasion du différend opposant de 1880 à 1906 les Etats-Unis et le Mexique sur la question de l'utilisation des eaux du Rio Grande, fleuve qui prend sa source aux Etats-Unis et y coule sur un tiers de sa longueur avant de constituer la frontière avec le Mexique[127].

La doctrine de la « *souveraineté territoriale absolue* », également appelée doctrine Harmon, consiste à reconnaitre à l'entité étatique, l'entière souveraineté sur les ressources hydriques présentes sur le territoire dont elle assure l'administration. Cette doctrine affirme la souveraineté absolue d'un Etat sur la portion du fleuve international traversant son territoire. La souveraineté territoriale absolue proclame qu'un Etat peut user des eaux sur son territoire de la façon qu'il estime la plus conforme aux intérêts nationaux, indépendamment des conséquences externes[128].

Cette doctrine devrait normalement s'effacer au profit de la « *souveraineté limitée* » impliquant que le droit souverain pour un Etat d'utiliser les eaux situées dans son territoire est limité par le devoir de ne pas porter préjudice de ce fait à d'autres Etats.

Rendu le 12 décembre 1895 sous la forme d'une note de neuf pages, l'avis juridique d'Harmon affirme en quelques paragraphes que les Etats-Unis n'avaient, à l'égard du Mexique, aucune obligation de limiter leur exploitation des eaux du Rio Grande puisque leur « *souveraineté territoriale absolue* » leur donnait le droit de disposer des eaux situées sur leur territoire comme ils le souhaitaient, quelles qu'en soient les conséquences pour le Mexique.

Cette doctrine n'a jamais obtenu le moindre soutien au niveau international et n'a jamais été appliquée. Les Etats-Unis eux-mêmes ne

---

[127]A partir de 1880, le détournement pour l'essentiel par les fermiers américains à des fins d'irrigation, des eaux du fleuve au détriment du Mexique donna lieu à des affrontements diplomatiques entre les deux pays. Dans leur échange de lettres de 1894-1895, l'ambassadeur Matias Romero demanda au Secrétaire d'Etat Walter Q. Gresham une « division équitable » des eaux de la rivière, invoquant la survie même des communautés mexicaines frontalières. Le Secrétaire d'Etat sollicita alors de Judson Harmon un avis sur la valeur juridique des revendications mexicaines.

[128]Christine A. ISKANDAR BOCTOR, *La coopération multilatérale et la question de l'eau au bassin du Nil*, DEA en relations internationales, 2002, mémoire on line, www.memoireonline.com/07/10/3772/m, 24/11/2014.

lui ont jamais été fidèles puisque leur différend avec le Mexique fut finalement résolu par un traité du 21 mai 1906 dans lequel ils affirmaient leur attachement théorique à la doctrine Harmon (articles IV et V) tout en recherchant, en pratique, avec leur voisin, une « *répartition équitable* » des eaux du Rio Grande, prenant pleinement en compte les intérêts de l'Etat d'aval[129] et s'engageant à leur garantir une distribution régulière de ces eaux.

La doctrine Harmon a été *abandonnée* vers les années 1950 et n'est plus invoquée que dans les situations de perturbations diplomatiques. Dès lors que l'Etat abandonne une partie de cette souveraineté territoriale absolue, il entre dans une logique de restriction acceptée à sa souveraineté, faisant de l'eau une ressource partagée ; émerge alors le principe d'un « *usage raisonnable et équitable* » qui revient à considérer que les Etats ne peuvent faire qu'une « *utilisation non dommageable de leur territoire* »[130].

La mise en œuvre de la doctrine Harmon est généralement défendue par les Gouvernements des pays en amont, tels que la Turquie ou l'Ethiopie, qui reconnaissent dans cette doctrine le meilleur moyen d'éviter toute ingérence dans leurs affaires internes. Pour le moment, la Turquie défend le droit de « souveraineté absolue de Harmon » sur l'eau présente sur son territoire tandis qu'en aval, la Syrie et l'Irak, parlent de « droits historiques » et de « cours d'eau naturel ». Le litige entre la Turquie d'un côté et la Syrie et l'Irak de l'autre concerne le Tigre et l'Euphrate.

La doctrine Harmon introduit dans l'utilisation des eaux internationales un germe d'incertitude, voire d'anarchie. Car la souveraineté d'un riverain s'oppose à celle d'un voisin. Totalement opposée à cette thèse, se trouve celle de l'intégrité territoriale, favorable à l'Etat d'aval.

B. La doctrine de l'intégrité territoriale absolue

Cette doctrine protège les droits de l'Etat situé en aval en lui garantissant le bénéfice des eaux dans des conditions naturelles de débit.

Symétrique du principe de souveraineté territoriale absolue, celui d'intégrité territoriale absolue précise que chaque Etat doit permettre aux

---

[129]Cfr. Préambule, article I, II et III du Traité de 1906.
[130]Christine A.ISKANDAR, *op.cit.*

cours d'eau de poursuivre leur cours ; ils ne peuvent en interrompre le flot, ni en augmenter ou en réduire le débit. Cette doctrine favorise, bien entendu, les Etats d'aval, qui se voient investis d'un droit de surveillance des activités des pays d'amont sur le cours des fleuves[131].

Elle reprend la doctrine Harmon à la nuance près que l'Etat d'aval se voit reconnaître le droit d'exiger la permanence de l'écoulement naturel des eaux provenant d'autres pays riverains. Elle garantit aux Etats en amont le droit d'exploiter les ressources en eau passant sur leur territoire à la condition de ne pas en altérer ou en modifier le débit.

Cette doctrine fait l'objet de nombreuses critiques, contradictoires : elle favoriserait trop l'Etat d'amont, dont l'engagement à ne pas détourner les ressources d'un cours d'eau ne l'empêcherait pas pour autant de procéder à un pompage démesuré qui ne manquerait pas de porter préjudice à l'Etat d'aval ; elle serait trop favorable à l'Etat d'aval, entrainant un immobilisme total quant aux aménagements éventuels qui pourraient être envisagés par l'Etat d'amont[132].

L'*Egypte* préfère la doctrine de *l'intégrité territoriale* selon laquelle le pays a un droit indiscutable à un débit fixe, et refuse celle de Harmon pour les raisons suivantes :

- Politiquement, elle provoque des perturbations dans les relations des pays riverains ainsi que dans les intérêts nationaux divergents ;
- Techniquement, c'est impossible de l'appliquer dans le cas de produire de l'électricité d'un bassin international qui forme les frontières entre deux pays ou plusieurs ;
- Cette doctrine est contre le principe de l'égalité entre les pays riverains d'un seul fleuve, ainsi que celui de la justice ;
- Elle ignore la réalité de l'interdépendance entre les riverains d'un seul fleuve, et ne convient pas avec le besoin de coopérer[133].

C. La doctrine de la première appropriation

Reposant sur l'antériorité de l'exploitation, elle soutient que le droit de propriété et d'exploitation d'une ressource d'eau dépend non pas de sa

---

131Lasserre Frédéric et Brun Alexandre, La gestion par bassin versant : un outil de résolution des conflits ?, in Lex electronica, vol.12 n°2 2007, p.9.
132 L'Eau et son Droit, *op.cit.*, p.361.
133 Christine A.ISKANDAR, *op.cit.*

localisation géographique mais plutôt de l'antériorité de son exploitation[134].

Cette doctrine, qui fait force de loi dans la plupart des Etats de l'Ouest américain sans avoir reçu de consécration internationale, faisait valoir le droit de propriété sur la ressource du premier à avoir mis en valeur l'eau. La propriété ne dépendait ainsi *non pas de la position géographique*, mais de la *chronologie de la mise en valeur*. L'usage doit être constant, et le droit de propriété peut être annulé s'il est prouvé que le propriétaire ne fait pas usage de l'eau[135].

Le Mexique s'était référé dans un premier temps à cette doctrine dans son différend avec les Etats-Unis, citant l'utilisation du Rio Grande à des fins d'irrigation par les habitants de Ciudad Juarez (ex- Paso del Norte) depuis 1659, mais aucune mention n'en a finalement été faite dans le traité du 21 mai 1906. Ce principe est encore invoqué, mais en vain, par les Etats arabes dans leurs conflits hydrauliques avec Israël.

En effet, ce principe est invoqué implicitement par des Etats comme la Syrie, l'Irak et l'Egypte, au nom d'une très ancienne mise en valeur des eaux de la Mésopotamie et du Nil. Hillel Shuval, Professeur à l'Université hébraïque de Jérusalem, estime lui aussi qu'Israël bénéficie d'un titre de première appropriation des eaux du bassin du Jourdain, après avoir mené tous les travaux de mise en valeur des nappes aquifères et du fleuve. Cependant, cette doctrine est très contestée sur la scène internationale et n'est pas reprise dans les textes formellement négociés sous l'égide des Nations Unies[136].

D. La doctrine de la « souveraineté territoriale limitée »[137]

Le droit international de l'eau reconnaît la souveraineté des Etats sur leurs ressources en eau mais cette souveraineté tend à être de plus en plus limitée sur les eaux limitrophes et sur les bassins partagés entre

[134]Cette doctrine présente une conséquence juridique importante : en cas de cessation de l'exploitation, le droit de propriété peut être révoqué et transféré à un autre titulaire. Ainsi, au Wyoming, toute source d'eau non exploitée pendant cinq ans peut faire l'objet d'un recours en transfert de propriété (Frédéric Lasserre, L'Eau, enjeu mondial. Géopolitique du partage de l'eau, Le Serpent à plumes, 2003, p.121).

[135]Lasserre Frédéric et Brun Alexandre, *op.cit.*, p.9.

[136]Lasserre Frédéric et Brun Alexandre, *idem.*

[137]L'Eau et son Droit, *op.cit.*, pp 249-250.

Etats riverains. Son application est par ailleurs susceptible de soulever deux difficultés incidentes, d'ampleur inégale.

La définition du fleuve international : « *un cours d'eau navigable reliant au moins deux Etats à la mer* », selon l'Association de Droit International, n'est en premier lieu pas considérée par tous comme parfaitement claire.

En second lieu, les cours d'eau et lacs pouvant servir de frontière entre Etats riverains, les critères pour déterminer l'emplacement exact de cette frontière sont multiples ; plusieurs méthodes de délimitation sont couramment employées à cet effet :

1. Le thalweg ou chenal principal

C'est la méthode la plus répandue. Ici : « *La frontière des Etats séparés par un fleuve est marquée par le thalweg* (ligne médiane du chenal ; passage ouvert à la navigation dans le lit d'un fleuve) ».

La Cour Internationale de Justice (CIJ) a relevé à cet égard que « *les traités ou conventions qui définissent des frontières dans les cours d'eau désignent généralement aujourd'hui le thalweg comme frontière lorsque le cours d'eau est navigable et la ligne médiane entre les deux rives lorsqu'il ne l'est pas, sans que l'on puisse toutefois constater l'existence d'une pratique totalement cohérente en la matière* »[138] et a conclu en 2005 que la frontière entre le Bénin et le Niger suivait le chenal navigable principal du fleuve Niger tel qu'il existait à la date des indépendances de ces deux pays[139].

2. La ligne médiane

Les conventions définissant des frontières dans des cours d'eau peuvent désigner la ligne médiane comme frontière entre les deux rives.

3. La limite à la rive

Pour les cours d'eau dont la limite est fixée à la rive, la frontière se situe sur l'une des rives, l'un des Etats riverains exerçant sa souveraineté sur l'ensemble du lac ou du fleuve, alors que l'autre en est exclu. Cette

---

138 Affaire relative à l'île Kasikili (Botswana/Namibie), 1999, rec.CIJ 1999, p.1062, &24.

139 Affaire du différend frontalier (Bénin/Niger), 12 juillet 2005, §103. Saisie par compromis en 2002, la CIJ a constitué à cet effet une chambre de cinq Juges.

méthode de délimitation peut être génératrice de tensions entre les pays riverains[140].

4. Les autres méthodes de délimitation

Les lignes astronomiques ou les lignes droites peuvent constituer des méthodes valables de délimitation des frontières.

Ces deux méthodes ont été utilisées pour délimiter par des traités bilatéraux conclus à l'époque coloniale entre l'Allemagne, la France et la Grande Bretagne les frontières sur le lac Tchad, actuellement partagé entre le Cameroun, le Tchad, le Niger et le Nigéria.

Ces méthodes ayant été contestées devant la CIJ, le Cameroun a invoqué le respect des traités conclus à l'époque coloniale tandis que le Nigéria a soutenu que la délimitation restait indéterminée dans la région du lac et que cette indétermination devait être levée par la Commission du bassin du lac Tchad. La Cour a jugé que, même si les méthodes utilisées à l'époque coloniale n'étaient pas précises, elles établissent néanmoins une délimitation de cette région du lac[141].

En recourant à l'une ou l'autre doctrine, les Etats ne s'empêchent à déclarer leur souveraineté politique sur le fleuve international qui traverse leur territoire avant de se jeter dans la mer ou l'océan. Avant d'y arriver, ces Etats se préoccupent d'établir le statut juridique réel des fleuves concernés.

II. L'affirmation politique d'un statut spécifique au regard des réalités physiques : des fleuves hybrides

Nous allons examiner, d'une part, le statut du fleuve Congo et, de l'autre, le statut du fleuve Nil.

A. Statut du fleuve Congo

Fleuve national, international, internationalisé : autant des qualificatifs qui, à première vue, s'excluent mais qui, dans le cas d'espèce, semblent

---

140Mauritanie et Sénégal à propos du fleuve Sénégal en 1990 ; Nicaragua et Costa Rica à propos du fleuve San Juan (Affaire du différend relatif à des droits de navigation et des droits connexes, Costa Rica/Nicaragua, CIJ, 13 juillet 2009).

141Affaire de la frontière terrestre et maritime entre le Cameroun et le Nigéria (Cameroun c/Nigéria. Guinée équatoriale, intervenant), 10 octobre 2002, §325.

tous être appliqués au fleuve Congo. Bref, c'est un fleuve hybride, sui generis.

1. Fleuve national

Le fleuve Congo, prenant sa source et coulant jusqu'à l'embouchure sur le sol d'un même Etat, peut être considéré comme national. Il appartient à la RDC et, en conséquence, la réglementation nationale s'applique à ce fleuve.

2. Fleuve international

Dans sa partie séparant la RDC et la République du Congo, le fleuve Congo revêt un caractère international (fleuve contigu), ainsi que le proclament les Congolais de la République du Congo.

Pour la RDC, le fleuve Congo lui appartient en totalité. Jusqu'à ce jour, les deux Etats n'ont pas encore établi, de commun accord, un régime juridique spécifique du fleuve qui les sépare :

- l'assistance mutuelle des unités navales fluviales relève des deux Etats et naviguant sur le Congo et sur l'Oubangui ;
- les modalités d'entretien des voies navigables s'effectuent par les Etats riverains.

Le bief maritime RDC-Angola est par ailleurs régi par l'arrangement de Kinshasa de 1978.

3. Fleuve internationalisé

A l'instar du fleuve Niger, le fleuve Congo a été internationalisé par l'Acte général de Berlin.

A ainsi été adopté un Acte de navigation du Congo qui, en tenant compte des circonstances locales, étend à ce fleuve, à ses affluents et aux eaux qui leur sont assimilées, les principes généraux énoncés dans l'Acte final du Congrès de Vienne[142] et destinés à régler, entre les puissances signataires de cet Acte, la libre navigation des cours d'eau navigables qui séparent ou traversent plusieurs Etats.

---

[142]Voir les articles 108 à 116 de cet Acte final.

L'Acte général de Berlin stipule par ailleurs[143]:

« La navigation du Congo, sans exception d'aucun des embranchements ni issues de ce fleuve, est et demeure entièrement libre pour les navires marchands, en charge ou sur lest, de toutes les nations, tant pour le transport des marchandises que celui des voyageurs. Elle devra se conformer aux dispositions du présent Acte de navigation et aux règlements à établir en exécution du même Acte.

Dans l'exercice de cette navigation, les sujets et les pavillons de toutes les nations seront traités, sous tous les rapports, sur le pied d'une parfaite égalité, tant pour la navigation directe de la pleine mer vers les ports intérieurs du Congo, et vice-versa, que pour le grand et le petit cabotage ainsi que pour la batellerie sur le parcours de ce fleuve.

En conséquence, sur tout le parcours et aux embouchures du Congo, il ne sera fait aucune distinction entre les sujets des Etats riverains et ceux des non-riverains, et il ne sera concédé aucun privilège exclusif de navigation, soit à des sociétés ou corporations, soit à des particuliers.

Ces dispositions sont reconnues par les Puissances signataires comme faisant désormais partie du droit public international ».

Pour la République Démocratique du Congo, l'Acte général de Berlin n'est plus en vigueur par abrogation comme le cas du fleuve Niger, mais plutôt par caducité.

La cause de la caducité invoquée par l'Etat congolais n'est cependant pas précisée (clause résolutoire, arrivée d'un terme, disparition des Etats signataires en tant que souverains baignés par ce fleuve… ?) et le traité ancien n'est pas remplacé par un nouveau traité recouvrant l'ensemble du fleuve.

Cette ambigüité de statut rend de même imprécis le régime juridique du fleuve Congo[144], tel qu'il sera examiné plus loin.

Qu'en est-il à présent du statut du fleuve Nil ?

---

143 Voir article 13 de l'Acte général de Berlin.

144 NGUYA-NDILA, *op.cit.*, p.55.

B. Statut du Fleuve Nil

A l'instar du statut du Congo, celui du Nil revêt aussi un caractère hybride, nageant entre le national et l'international, selon les nuances ci-dessous.

1. Fleuve national

Etant donné que 85 % des eaux du Nil proviennent de l'Ethiopie, ce pays a adopté une double tactique :

a) Ne jamais reconnaitre au Nil le statut de « fleuve international » de manière à se réserver la possibilité d'un aménagement unilatéral du Nil bleu et d'autres affluents qui prennent leur source, comme lui, dans le territoire éthiopien.
b) Refuser systématiquement les accords de partage des eaux du fleuve, notamment ceux de 1959 et les différentes propositions en vue d'une gestion collective.

L'Ethiopie invoque le fait que le Nil n'est pas navigable sur toute sa longueur pour lui refuser le statut de fleuve international. Il s'agirait donc *d'un fleuve national éthiopien*, du moins la partie coulant sur le territoire de ce pays.

Ainsi, l'Ethiopie estime avoir le droit d'aménager et d'exploiter la partie du fleuve qui traverse son territoire sans en référer aux Etats de l'aval (Egypte et Soudan). Ce fleuve ne serait par ailleurs national égyptien que sur la partie traversant l'Egypte jusqu'en Méditerranée.

2. Fleuve international

L'Egypte et le Soudan ont toujours considéré, quant à eux, le Nil comme un « *fleuve international* » en se basant sur le fait qu'il est navigable sur plusieurs parties de son cours (Voir plus loin les développements sur la « navigation » sur le Nil).

Si donc le Nil est reconnu comme fleuve international, l'Ethiopie est tenue de respecter les « droits acquis » de chacun des Etats de l'aval du fleuve (Egypte, Soudan) ainsi que les accords de 1959.

Ces controverses sur le statut juridique du Nil entrainent des répercussions réelles sur le régime juridique applicable, régime devenu *hybride*, surtout qu'aucun Etat du bassin du Nil n'a déjà adhéré à la

Convention du 21 mai 1997 sur le droit relatif aux cours d'eau internationaux.

Quant à nous, nous estimons, avec Frédéric LASSERRE[145], que le caractère ou le statut international d'un fleuve, loin de se déclarer ou d'être proclamé, se constate déjà. Et, qu'en outre, la Convention du 21 mai 1997 reconnaît le régime de « souveraineté limitée » dans la gestion d'un cours d'eau international.

Lasserre Frédéric et Brun Alexandre estiment en effet que la Convention de 1997 sur le droit relatif aux utilisations des cours d'eau internationaux à des fins autres que la navigation *constitue un effort d'instaurer des principes juridiques homogènes et cohérents destinés à pallier la multiplicité des théories juridiques concurrentes* (que nous avons analysées ci-dessus).

Cette Convention reprend pour l'essentiel le principe 21 de la déclaration de Stockholm en obligeant les Etats à prendre les mesures appropriées pour prévenir les dommages qui peuvent être infligés aux autres Etats par leur utilisation des ressources en eau[146].

Elle reprend également le principe 24 en exigeant que les Etats d'un bassin coopèrent sur une base d'égalité, d'intégrité, de bénéfices mutuels et de bonne foi.

Les deux auteurs concluent, en notant que le principe retenu par les législateurs de la CDI est qualifié de « *principe de souveraineté territoriale réduite* » : l'Etat est libre de concevoir des projets de mise en valeur de l'eau qui coule sur son territoire, mais il doit s'efforcer de ne pas porter atteinte aux intérêts des autres pays riverains du même cours d'eau et de ses affluents[147].

La nature hybride du statut des deux fleuves influence à coup sûr leur régime juridique.

Section 3. L'incontournable hybridité des régimes juridiques

Autant la RDC, pays de souveraineté principale sur le fleuve Congo, agit avec souplesse et flexibilité dans la coopération avec les autres

---

[145]Entretien scientifique avec l'auteur (voie électronique), mars 2015.

[146]Voir article 7 de la Convention.

[147]LASSERRE Frédéric et BRUN Alexandre, *op.cit.*, p.12

riverains, autant l'Egypte et le Soudan se comportent de façon rigide et rigoureuse dans l'exercice de leurs prérogatives (souveraineté) sur le fleuve Nil, estimant y avoir des droits acquis contrairement à d'autres riverains.

I. Régime juridique du fleuve Congo : régime hybride à souveraineté nationale souple (fluidité de la RDC dans la négociation avec les riverains)

Trois points seront analysés dans ce volet et seront consacrés à la navigation dans le bassin du Congo (A), à la remise en cause de l'ordre juridique ancien (B) et au régime juridique du bassin Congo-Oubangui-Sangha (C).

A. La navigation dans le bassin du Congo

Afin de mieux cerner la question de la navigation dans le bassin du Congo, deux aspects seront abordés, à savoir :

- Le régime juridique du fleuve Congo et son évolution ;
- La pratique du commerce dans le bassin.

1. Régime juridique du fleuve Congo et son évolution

Il sera question ici d'analyser le principe de la liberté de navigation du Congo aussi bien avant la période des indépendances qu'après cette période.

a) Avant l'accession des Etats riverains à la souveraineté internationale

Le principe de la **liberté** de navigation a été consacré dans l'Acte général de Berlin de 1885. Il ressort en effet de cet Acte, que la « navigation du Congo, sans exception d'aucun des embranchements ni issues de ce fleuve, est et demeurera entièrement libre pour les navires marchands, en charge ou sur lest, de toutes les nations, tant pour le transport des marchandises que celui des voyageurs. Elle devra se conformer aux dispositions du présent Acte de navigation et aux règlements à établir en exécution du même Acte »[148].

Il s'agit d'une *liberté très complète* qui a été édictée sur le fleuve Congo. Les navires jouissent non seulement de la liberté de circuler, d'accoster et

[148] Article 13 alinéa 1er de l'Acte général de Berlin.

de profiter des aménagements portuaires mais aussi de la liberté de charger et de décharger les passagers et les marchandises. Tous les pavillons peuvent exercer le grand et le petit cabotage sur le fleuve Congo et ses affluents. La libre navigation est par ailleurs prévue même en temps de guerre[149].

Etant donné, en principe, que les embranchements et issues font partie du domaine fluvial national de chaque Etat riverain (exemple : les embouchures du Rhin et celles du Danube), l'article 9 de la Convention de Saint Germain-en-Laye en 1919 a amendé Berlin en admettant que les parties du fleuve dont l'utilisation ne serait pas nécessaire à plusieurs Etats ne seraient pas soumises au régime international.

La question des bénéficiaires de cette liberté revêt une grande importance. L'article 13 précité prévoit que la navigation sera entièrement libre *pour les navires de toutes les nations*, Etats riverains et Etats non riverains. Les principes ainsi édictés font partie du droit public international et dépassent le régionalisme européen du régime du Danube.

Ce caractère *universaliste* de l'Acte de navigation du Congo ressort plus nettement à l'article 37 de l'Acte général de Berlin qui laisse la possibilité à tous les Etats signataires ou non signataires d'adhérer à la Charte de 1885.

Ainsi, le *régime de liberté* de navigation profite aux navires de tous les Etats du monde qui le désireraient. Car leur simple adhésion à l'Acte de Berlin emporte « de plein droit l'acceptation de toutes les obligations et l'admission à tous les avantages stipulés » par cet Acte.

Un tel régime de liberté de navigation fluviale suscita des *problèmes*. Ainsi, lorsque l'EIC, par décret du 30 avril 1887, obligea les navires étrangers naviguant sur le fleuve Congo d'arborer le pavillon congolais, le Gouvernement américain protesta. Car ayant signé l'Acte (sans le ratifier par la suite), il soutenait que le fleuve Congo était ouvert aux navires de tous Etats, qu'ils aient été parties à l'Acte général de Berlin ou non[150].

L'on confondait ainsi le principe de la liberté de navigation du Congo avec la liberté de navigation en haute mer.

149Article 22 de l'Acte général de Berlin.

150BUKASA Joseph, *thèse citée*, p. 173

Le principe de relativité n'ayant pas été respecté en 1885 sur le fleuve Congo, c'est en 1919 que les Etats établis dans le bassin du Congo exigeront et obtiendront que *la liberté de navigation soit réservée « aux seuls ressortissants des Puissances signataires et des Etats membres de la SDN qui deviendront parties à la Convention de Saint Germain– en – Laye ».*

b) Après l'indépendance des Etats du bassin

Depuis leur accession à l'indépendance, la RDC et la République du Congo ont perçu différemment le principe ancien de liberté de navigation. Les deux Etats n'ont pas réussi à établir de commun accord un nouveau régime du fleuve qui les sépare. La RDC, déclarant en 1967 et 1971 caduque la Convention de Saint Germain-en-Laye, n'admettait pas le caractère international de son fleuve.

Dès lors, la navigation dans les eaux internationales du fleuve Congo connaîtra des difficultés.

Parmi les incidents relatifs à la navigation qui se sont produits, deux cas particuliers peuvent être relevés[151] :

1°) L'arrestation de 12 piroguiers ressortissants du Congo-Kinshasa par les autorités du Congo-Brazzaville le 26 avril 1970 sur le fleuve Congo

L'arrestation a eu lieu pendant que les pirogues circulaient à hauteur de Lukolela, à 400 km environ au Nord-est de Kinshasa.

Pour justifier cette arrestation, le gouvernement de Brazzaville déclarait que, en circulant sur les eaux territoriales, les ressortissants de Kinshasa ont violé son territoire national. En réalité, il s'agissait d'une mesure de représailles car le 1er avril le gouvernement de Brazzaville annonçait l'enlèvement par les soldats de Kinshasa de huit de ses ressortissants qui se rendaient en pirogue à l'île Bamu pour leurs activités commerciales. Le 27 avril 1970 le Ministre des Affaires Etrangères de la RDC (Monsieur ADOULA) protesta contre cette arrestation en considérant qu'il n'existe pas d'eaux territoriales dans cette partie du fleuve en raison de la frontière mobile de celui-ci[152].

151Développements tirés, pour l'essentiel, de BUKASA Joseph, *thèse citée*, pp. 359-360.
152. BUKASA Joseph, *op.cit.*, pp. 359-360.

En fait, il s'agit de la section du fleuve où aucune ligne frontière n'a été fixée par le traité de délimitation qui déclare que c'est le fleuve lui-même qui forme la frontière.

En tout état de cause, l'Acte général de Berlin stipulant la liberté de navigation pour la batellerie sur le parcours du fleuve Congo, reconnaît ainsi aux pirogues des populations riveraines le droit de circuler librement.

Cette liberté existe encore à l'heure actuelle car elle fait partie des « droits coutumiers » des populations riveraines sur l'utilisation du cours d'eau.

Elle peut même s'exercer au-delà de la ligne frontière, lorsque celle-ci existe, sous réserve de se conformer à la réglementation de l'autorité territoriale[153].

2°) L'arraisonnement d'un bateau centrafricain par la RDC

Le 6 décembre 1968, un commando de la marine marchande de la RDC a procédé à l'arraisonnement d'un bateau-école centrafricain sur le fleuve Congo.

Cette opération est intervenue au moment où ce bateau naviguait dans les eaux internationales du Congo, à 60 km en amont de Brazzaville. L'équipage centrafricain a été forcé de diriger le bâtiment dans le port de Kinshasa. Deux barges centrafricaines faisant partie du même convoi ont aussi été saisies.

Le 7 décembre, après vérification des identités, les 18 élèves et le Chef mécanicien ont été relâchés et transférés à Brazzaville pour rejoindre Bangui.

La RDC justifia son acte non sur le terrain du droit fluvial (la liberté de navigation des navires des autres Etats riverains) mais sur un terrain purement commercial.

En effet, la RDC n'évoqua pas l'arraisonnement mais plutôt la simple récupération de son bien (la RCA n'ayant pas satisfait à son engagement

153. BUKASA Joseph, *idem.*

de payer un bateau, deux pontons et un avion DC 3 reçus à crédit de la part d'OTRACO et AIR CONGO)[154].

Après examen de ces deux incidents de navigation, il serait indiqué de dire un mot sur la pratique du commerce dans le bassin du Congo.

2. Pratique du commerce dans le bassin

L'Acte général de Berlin a consacré, dès son article 1er, le principe de la liberté de commerce. Des dispositions particulières ont réglé le régime des marchandises (circulation, taxes, exonérations).

Il convient de relever que l'Acte général de Berlin insiste, particulièrement en son article 3, sur l'interdiction de tout traitement différentiel à l'égard des navires comme des marchandises.

Les alinéas 1ers respectivement des articles 3 et 4 de l'Acte général de Berlin indiquent ce qui suit :

- « Les marchandises de toute provenance importées dans ces territoires, sous quelque pavillon que ce soit, par la voie maritime ou fluviale ou par celle de terre, n'auront à acquitter d'autres taxes que celles qui pourraient être perçues comme une équitable compensation de dépenses utiles pour le commerce et qui, à ce titre, devront être également supportées par les nationaux et par les étrangers de toute nationalité ».

- « Les marchandises importées dans ces territoires resteront affranchies de droits d'entrée et de transit ».

Plus tard, avec l'Acte général de la Conférence de Bruxelles du 2 février 1890, les droits de douane à l'importation ainsi autorisés avaient un caractère fiscal ; mais on remarquera aussi que, pour les alcools, leur effet était de limiter un commerce internationalement contrôlé[155].

Par ailleurs, la Convention de Saint Germain-en-Laye du 10 septembre 1919 donne l'impression d'avoir allégé les entraves à l'exercice du pouvoir par le souverain territorial. Une règle domine le nouveau régime du bassin du Congo : *l'égalité de traitement.* Elle suppose que la *liberté du commerce* et de la *navigation* est maintenue, mais elle est seulement

---

[154]BUKASA Joseph, *op.cit.*
[155]BUKASA Joseph, *op.cit.*

une limite au principe nouveau : la liberté pour l'autorité coloniale de réglementer l'exercice du commerce et de la navigation (article 8)[156].

B. La remise en cause de l'ordre juridique ancien

En deux points spécifiques, il y a moyen de résumer le débat sur la remise en cause de l'ordre juridique ancien prévalant sur le Congo.

- D'une part, en évoquant la question des causes de la caducité des instruments juridiques coloniaux (1);
- D'autre part, en spécifiant les assises juridiques du régime actuel(2).

1. Les causes de la caducité des instruments juridiques coloniaux

La plupart des colonies riveraines du bassin du Congo ont accédé à l'indépendance vers les années 60. Dès lors, la naissance de nouveaux Etats souverains pose désormais le problème de succession d'Etats.

Le fleuve Congo étant internationalisé par l'Acte général de Berlin, il se pose la question de la continuité ou non des dispositions issues des conventions coloniales sur le régime juridique applicable pour sa navigation.

Une volonté manifeste de rompre avec l'ordre juridique ancien et de se libérer du passé colonial a été constatée de la part des autorités de la RDC qui, en 1967 et en 1971, ont déclaré caducs l'Acte général de Berlin et la Convention de Saint-Germain-en-Laye.

Comme nous l'avons signalé plus haut, *deux problèmes* se présentent : la cause de caducité invoquée par l'Etat congolais n'est pas précisée ; de même le traité ancien n'est pas remplacé par un nouveau traité recouvrant l'ensemble du fleuve[157].

Parmi les causes de caducité des engagements coloniaux, la RDC pourrait s'appuyer sur celle relative à la « disparition des Etats signataires en tant que souverains baignés par le fleuve » pour fonder son argumentation.

De plus, dans le préambule de l'accord du 06 novembre 1999 portant régime fluvial uniforme, il est clairement indiqué « *la nécessité de substituer*

[156] NGUYA-NDILA, *thèse citée*, P. 73.
[157]NGUYA-NDILA, *op.cit*, P. 55.

aux anciennes règles régissant la navigation, des nouvelles règles plus positives et adaptées ». Toutefois, cet accord ne couvre pas l'ensemble du fleuve.

2. Les assises juridiques du régime actuel

Partant des analyses précédentes, il y a lieu de noter que le régime juridique actuel du fleuve Congo se veut « sui generis » et se présente de la façon suivante :

- *Régime juridique international* pour le bief maritime (RDC-Angola) conformément à l'arrangement de Kinshasa du 25 octobre 1978 ;
- *Régime juridique national* pour le cours moyen et supérieur du fleuve, sous réserve des obligations (bien que issues de Berlin 1885 et de Saint Germain-en-Laye) ayant une valeur coutumière ;
- *Régime fluvial uniforme (harmonisé)* pour l'axe Congo-Oubangui-Sangha, conformément à l'accord de Brazzaville du 06 novembre 1999 conclu entre la RDC, la République du Congo, la RCA et le Cameroun ; accord complété par un additif.

Il y a lieu de détailler ce dernier volet dans le point suivant.

C. Le régime juridique du Bassin Congo-Oubangui-Sangha

Le Bassin Congo-Oubangui-Sangha est régi par des principes fondamentaux, d'une part, et par des dispositions spéciales, d'autre part. Il conviendrait par ailleurs de relever les innovations contenues dans l'Additif à l'Accord de Brazzaville de 1999.

1. Les principes fondamentaux

Trois principes fondamentaux guident la mise en valeur du Bassin Congo-Oubangui-Sangha, à savoir :

- La liberté de navigation ;
- L'égalité de traitement des usagers ;
- Le droit de participation équitable et raisonnable aux avantages tirés de l'utilisation durable des eaux.

a) La liberté de navigation

L'accord de 1999 stipule :

« La navigation sur les voies navigables visées à l'article 3 est entièrement libre et ouverte aux bateaux de toutes les nations pour le transport de marchandises et de personnes, directement ou avec transbordement, à condition de se conformer aux dispositions contenues dans le présent Accord, notamment les règlements communs édictés en vue d'assurer la sécurité de la navigation sur le Bassin Congo-Oubangui-Sangha.

Nonobstant les dispositions du paragraphe précédent, les conditions de transport entre deux points situés sur le territoire d'un même Etat contractant par des bâtiments d'un autre Etat contractant sont déterminées par des accords à conclure entre les Etats concernés »[158].

Cette liberté de navigation s'applique sur les voies de navigation du bassin Congo-Oubangui-Sangha situées sur le territoire des Etats contractants (notamment le Cameroun, le Congo, la RCA et la RDC).

L'Accord reconnaît toutefois, à l'issue d'une certaine date qui sera déterminée par la Commission internationale du bassin, que les dispositions de l'Accord s'appliqueront à l'ensemble des voies d'eau intérieures déclarées ouvertes à la navigation internationale par la Commission au fur et à mesure des besoins d'intégration[159].

Il faut noter que les bateaux appartenant à la navigation définis à l'article 3 sont autorisés à effectuer des transports de marchandises et de personnes dans l'ensemble du réseau navigable du Bassin[160].

L'Accord réserve aussi aux Etats riverains *le droit de percevoir des frais rémunératoires* pour prestations fournies aux usagers, notamment des droits, taxes et redevances destinés à couvrir d'une manière équitable et raisonnable les dépenses de construction, de maintien et d'amélioration de la voie navigable et de ses accès, ainsi que de la construction d'ouvrages faits dans l'intérêt de la navigation (article 6, alinéa 2). Les frais relatifs aux travaux de dragage, de balisage, de construction, d'entretien et le fonctionnement des routes, chemins de fer, canaux latéraux et ouvrages de jonction sont assimilés à de telles dépenses (article 6, alinéa 3).

158. Article 4 de l'Accord.
159 Article 3 al. 3 de l'Accord de 1999.
160 Article 5 al. 1 de l'Accord de 1999.

b) L'égalité de traitement des usagers

Les usagers des voies navigables du Bassin Congo-Oubangui-Sangha doivent être les ressortissants des Etats contractants.

Les bâtiments des Etats tiers ne sont autorisés à effectuer de tels transports que dans les conditions déterminées par la Commission (article 5, alinéa 4).

L'article 5, alinéa 5 indique que le traitement national, sous tous rapports, sera accordé aux bâtiments appartenant à la navigation sur le Bassin Congo-Oubangui-Sangha et à leurs cargaisons.

Le *traitement national*, mieux *l'égalité de traitement* est accordée aux bâtiments appartenant à la navigation et à leurs cargaisons. Est par conséquent considéré comme appartement aux voies navigables définies à l'article 3, *tout bateau ayant le droit de battre pavillon d'un des Etats contractants et pouvant justifier ce droit au moyen d'un document délivré par l'autorité compétente de cet Etat* (article 5, alinéa 2).

c) Le droit de participation équitable et raisonnable aux avantages tirés de l'utilisation durable des eaux

Le concept de l'utilisation équitable et raisonnable signifie que chaque Etat a le droit d'utiliser au maximum les eaux arrosant son territoire, ce droit étant toutefois limité par celui des autres Etats riverains d'utiliser également ces mêmes eaux. Cette règle consacre une égalité des droits entre Etats contractants[161].

Les utilisations du Bassin Congo-Oubangui-Sangha sont celles relatives notamment à la navigation, à l'irrigation, à l'aménagement en vue de la production hydroélectrique ainsi qu'à l'utilisation industrielle[162].

A la question de savoir laquelle de toutes ces utilisations est prioritaire par rapport à l'autre, la Convention des Nations Unies du 21 mai 1997 stipule que « en l'absence d'accord ou de coutume en sens contraire, aucune utilisation d'un cours d'eau international n'a en soi priorité sur d'autres utilisations.

---

161 MUBIALA (M.), *op.cit.*, p. 41.
162 BEYA TSHIMANGA, *op.cit.*, p. 27.

En cas de conflit entre des utilisations d'un cours d'eau international, le conflit est résolu eu égard aux articles 5 à 7, une attention spéciale étant accordée à la satisfaction des besoins humains essentiels »[163].

L'article 10 de l'Accord de Brazzaville du 6 novembre 1999 souligne ce qui suit : « Les Etats contractants coopèrent, selon que de besoin, pour répondre à la nécessité ou pour exploiter les possibilités de réguler le débit des eaux des voies navigables communes définies à l'article 3.

A moins qu'il n'en soit convenu autrement, les Etats contractants participent sur une base équitable à la construction et à l'entretien ou au financement des ouvrages de régulation qu'ils ont convenu d'entreprendre.

Aux fins du présent article, le terme « régulation » s'entend de l'utilisation d'ouvrages hydrauliques ou toute autre mesure employée de façon continue pour modifier, faire varier ou contrôler d'une manière ou d'une autre, le débit des eaux des voies navigables définies à l'article 3 ». Cette disposition rend compte de l'intention des Etats riverains de développer au maximum le potentiel des voies d'eau du Bassin Congo-Oubangui-Sangha.

Les articles 5 alinéa 2 et 6 de la Convention des Nations Unies de 1997 précisent également ce qui suit :

« Les Etats du cours d'eau participent à l'utilisation, à la mise en valeur et à la protection d'un cours d'eau international de manière équitable et raisonnable. Cette participation comporte à la fois le droit d'utiliser le cours d'eau et le devoir de coopérer à sa protection et à sa mise en valeur comme prévu dans les présents articles »[164].

« L'utilisation de manière équitable et raisonnable d'un cours d'eau international au sens de l'article 5 implique la prise en considération de tous les facteurs pertinents dont :

a) Les facteurs géographiques, hydrographiques, hydrologiques, climatiques,… ;
b) Les besoins économiques et sociaux des Etats du cours d'eau intéressés ;

163Article 10 de la Convention.
164 Article 5, al. 2 de la Convention du 21 mai 1997.

c) La population tributaire du cours d'eau dans chaque Etat du cours d'eau ;
d) Les effets de l'utilisation du cours d'eau dans un Etat du cours d'eau sur d'autres Etats du cours d'eau ;
e) Les utilisations actuelles et potentielles du cours d'eau ;
f) La conservation, la protection, la mise en valeur et l'économie dans l'utilisation des ressources en eau du cours d'eau ainsi que les coûts des mesures prises à cet effet,... »[165].

Bien que tous ces facteurs ne soient pas identiques dans les pays de l'axe Congo-Oubangui-Sangha, l'heure est à la coopération et à l'intégration des Etats riverains du bassin. C'est pourquoi ces derniers ont prévu, pour l'utilisation des cours d'eau, *l'établissement progressif d'un système de gestion intégrée* qui devra tendre vers l'utilisation optimale des eaux navigables définies à l'article 3[166].

J.P. PANCRACIO soutient en définitive que « toutes les utilisations nouvelles (irrigation, alimentation en eau potable, exploitation hydroélectrique) ont conduit les Etats riverains des fleuves internationaux et des grands bassins fluviaux continentaux à établir des règles de partage de cette ressource naturelle »[167].

A part les principes fondamentaux relevés ci-haut pour la gestion du Bassin Congo-Oubangui-Sangha, il existe également des principes particuliers dits dispositions spéciales.

2. Les dispositions spéciales

Elles se dégagent des articles 11 à 15 de l'Accord de Brazzaville de 1999.

L'article 11 traitant des cas d'urgence stipule :

« Tout Etat contractant informe sans retard et par les moyens les plus rapides disponibles, les autres Etats qui risquent d'être touchés ainsi que la Commission et toutes Organisations Internationales concernées de toute situation d'urgence survenant sur les voies navigables définies à l'article 3.Tout Etat contractant sur le territoire duquel survient une situation d'urgence prend immédiatement, en coopération avec la

[165]Article 6 de la Convention du 21 mai 1997.
[166]Voir article 15 alinéa 1er de l'Accord de 1999.
[167]Cité par BEYA TSHIMANGA, *op.cit.*, P. 28

Commission et les Etats qui risquent d'être touchés ainsi que, le cas échéant, les Organisations Internationales concernées, toutes les mesures pratiques possibles que dictent les circonstances pour prévenir, atténuer et éliminer les conséquences dommageables de la situation d'urgence.

En cas de nécessité, la Commission élabore, conjointement avec les Etats concernés, des plans d'urgence pour faire face aux situations d'urgence ».

Quant à la mise en œuvre des mesures, l'Accord précise :

« Si la mise en œuvre des mesures projetées est d'une extrême urgence pour la protection de la santé ou de la sécurité publique ou d'autres intérêts vitaux, l'Etat qui projette ces mesures peut procéder immédiatement à leur mise en œuvre. L'Etat concerné communiquera à la Commission, dans les meilleurs délais, les éléments justifiant le caractère d'urgence des mesures prises »[168].

L'article 13 traite du fleuve et de ses dépendances en période de conflit armé. Cette disposition prévoit ce qui suit :

« Les voies navigables définies à l'article 3 et les installations, aménagements et autres ouvrages connexes bénéficient de la protection accordée par les règles et principes du droit international applicables aux conflits armés internationaux et non internationaux et ne sont pas utilisés en violation de ces règles et principes ».

S'agissant de la question de la non-discrimination, l'Accord stipule :

« Un Etat contractant ne fait pas de discrimination fondée sur la nationalité, le lieu de résidence ou le lieu où le préjudice a été subi dans l'octroi aux victimes, conformément à son droit interne, de l'accès aux procédures juridictionnelles et autres ou bien d'un droit à indemnisation ou autre forme de réparation au titre d'un dommage causé par de telles activités menées sur son territoire »[169].

Enfin, relativement au bénéfice de la solidarité, l'Accord de 1999 énonce :

« Pour l'application du présent chapitre, les Etats contractants tiennent compte du fait que les avantages consentis dans le présent

---

[168] Article 12 de l'Accord de 1999.
[169] Article 14 de l'Accord de 1999.

Accord par chacun des Etats contractants font partie intégrante de l'établissement progressif d'un *système de gestion intégrée.*

Celui-ci devra tendre vers l'utilisation optimale des eaux des voies navigables définies à l'article 3 et sont de ce fait inséparablement liées à la communauté d'intérêts existants, aux institutions et structures communes créées ainsi qu'à l'octroi des mêmes avantages par tous les autres Etats contractants »[170].

Outre l'existence des principes fondamentaux et des dispositions spéciales, le régime de gestion du Bassin Congo-Oubangui-Sangha bénéficie de nouvelles règles ou innovations issues de l'Additif de 1999, dont ci-dessous le contenu.

3. Les innovations résultant de l'Additif à l'Accord de Brazzaville de 1999.

Un Additif à l'Accord instituant un régime fluvial uniforme et créant la CICOS a été signé à Kinshasa le 22 février 2007 entre la RDC, le Congo, le Cameroun et la RCA.

Diverses préoccupations ont motivé les quatre Etats à adopter cet Additif de 23 articles, notamment :

- La baisse constante du niveau des eaux engendrée par les effets combinés des variations climatiques et des prélèvements ; l'érosion hydrique dans le bassin et la sédimentation qui en résulte dans les cours d'eau ;
- L'importance des fonctions que remplissent les ressources en eau douce aux plans économique, social et environnemental ;
- Le fait que *le fleuve Congo et ses affluents* constituent une base de ressource essentielle au développement durable des pays riverains, qui doit être gérée en la considérant *comme un ensemble* et en tenant compte du cycle de l'eau, des besoins sectoriels et multisectoriels, et de la vulnérabilité des zones humides et des écosystèmes aquatiques qui en dépendent ;
- L'accroissement des besoins en eau ainsi que la multiplicité et la diversité des usages, fonctions et rôles de l'eau ;
- Le besoin de promouvoir *la gestion intégrée* des ressources en eau garante d'une politique d'utilisation optimale et durable de la ressource ;
- la nécessité de donner un cadre à la fois *durable* et *évolutif* à la communauté des intérêts entre les Etats riverains du fleuve Congo et

---

[170]Article 15 de l'Accord de 1999.

ses affluents, et de garantir à chaque Etat et à chaque usager du fleuve et de ses affluents un avantage raisonnable et équitable de l'utilisation des eaux, conformément aux principes régissant le droit des eaux partagées.

Conformément aux termes de l'Additif[171], « l'usage de l'eau vise à satisfaire de manière équitable, équilibrée et durable :

- Les besoins en eau potable ;
- Les besoins de l'assainissement ;
- Les besoins en eau pour le bon fonctionnement hydrologique des zones humides et pour la préservation des écosystèmes ;
- Les besoins en eau pour l'agriculture, la sylviculture, l'élevage, la pêche et la pisciculture ;
- Les besoins en eau pour l'industrie ;
- Les besoins en eau pour la production d'énergie ;
- Les besoins en eau pour la navigation ;
- Les besoins en eau pour les activités sportives, les activités récréatives, le tourisme et l'aménité des paysages ;
- Et plus généralement, les besoins en eau pour toutes autres activités légalement exercées ».

Il convient de noter que les différentes dispositions de cet Additif s'appliquent à titre supplétif à l'Accord de 1999 et à tout ce que les législations nationales ne prévoient pas[172].

En résumé, le mandat confié à la CICOS repose sur deux missions essentielles, à savoir :

- La promotion de la navigation intérieure (objet de l'Accord de 1999) ;
- La gestion intégrée des ressources en eau (objet de l'additif de 2007).

Après avoir parcouru le régime hydride du fleuve Congo, il importe à présent d'examiner celui du fleuve Nil, en tirant les conséquences y attachées.

---

171 Article 8 de l'Additif de 2007.

172Lire l'article 20 de l'Additif de 2007.

II. Régime juridique du fleuve Nil : régime hybride à souveraineté nationale rigide (de la part de l'Egypte et du Soudan estimant avoir des droits acquis)

Pour mieux circonscrire le régime juridique du Nil, il importe d'analyser successivement la navigation dans le bassin du Nil (A), la remise en cause de l'ordre juridique ancien (B) et le régime juridique spécifique actuel fondé sur trois piliers (C).

A. La navigation dans le bassin

Le Nil est navigable sur plusieurs parties de son cours.

- A son extrémité sud, c'est seulement la partie entre le lac Albert et la Nimulé, entièrement en Ouganda, qui est navigable.
- De Nimulé jusqu'à Radjaf, le Nil ne se prête pas à la navigation à cause de son lit étroit, et de ses rives élevées et de nombreux rapides qui le traversent. C'est seulement depuis Radjaf jusqu'à Khartoum que le fleuve est utilisable pour la navigation.
- D'autre part, le Nil bleu est uniquement navigable sur l'étendue entre Roseires et Sennar. Après Khartoum, le Nil devient impraticable pour la navigation à cause des cataractes qui traversent son cours entre la capitale soudanaise et Wadi Halfa, ville frontalière entre le Soudan et l'Egypte.
- De Wadi Halfa au Shellal en Egypte, le fleuve est ouvert à la navigation. Au-delà du Shellal et du barrage d'Assouan, le Nil devient l'un des moyens les plus importants pour le transport de la Haute Egypte à la Méditerranée[173].

Bref, comme on le constate, le Nil n'est pas navigable que sur une portion interétatique.

B. La remise en cause de l'ordre juridique ancien

L'ordre juridique ancien régissant le Nil est constitué de différents traités conclus entre les Etats colonisateurs de la vallée du Nil à la fin du 19ème siècle et au début du 20ème siècle.

Les Etats riverains du Nil, selon le cas, ont constamment méconnu ces traités anciens. C'est le cas notamment de l'Ethiopie qui a refusé de

[173] Données compilées sur le Net.

reconnaitre la validité des accords de 1902, dénoncé ceux de 1929 et considéré ceux de 1959 comme nuls et non avenus[174]

Toutefois, en l'absence d'un règlement conventionnel particulier entre les Etats riverains du Nil et leurs prédécesseurs Anglais, Français et Belges, l'on est appelé à recourir aux solutions prévues dans la Convention de Vienne de 1978 sur la succession d'Etats en matière des traités ainsi que dans les Résolutions onusiennes sur le « principe de souveraineté permanente des Etats sur leurs richesses et leurs ressources naturelles », principe qui habilite les Etats souverains à « dénoncer des accords antérieurs » et à « s'assumer ».

C. Le régime juridique spécifique actuel fondé sur trois piliers

Ce régime allie à la fois les nécessités de l'internationalisation du fleuve et certains droits acquis nationaux.

Il transparaît à travers trois instruments juridiques concurrents : le traité sur l'Initiative du bassin du Nil ; l'Accord-cadre de coopération sur le bassin du fleuve Nil ainsi que la Déclaration tripartite de principes sur le barrage éthiopien.

1. Le traité sur l'Initiative du Bassin du Nil

Conclu en février 1999, il regroupe dix pays, auxquels s'est ajouté le Soudan du Sud.

L'Initiative du Bassin du Nil (IBN) est un arrangement transitionnel qui aide à passer vers un cadre permanent de coopération.

L'IBN relève de la coopération multilatérale, mais à un niveau purement technique. Il n'aborde pas les questions juridiques liées aux anciens accords passés. Aussi, d'aucuns ont-ils estimé que « c'est l'absence de l'aspect juridique de l'Initiative de 1999 qui va la remettre en cause »[175].

Le cadre institutionnel de l'IBN comprend les Organes suivants :

- Le Conseil des Ministres du Nil (Nile-COM) ;
- Le Comité Consultatif Technique (Nile-TAC) ;

---

174 WONDIMNET T., 1979, cité par EL BATTIUI, *op.cit.*, p.67.

175 Christine ABDALLA ISKANDAR BOCTOR, *Le développement durable et le droit de l'environnement : la sécurité nationale hydraulique au Moyen-Orient*, Thèse de doctorat de droit public, Université d'Artois, soutenue le 6 février 2012, p.174.

- Le Secrétariat du Bassin du Nil (Nile-SEC), basé à Entebbe.

Différents projets sont pilotés au niveau de l'IBN, et suivis par les Structures suivantes :

- Consortium International pour la Coopération dans le Bassin du Nil (ICCON) ;
- Cartel des Fonds du Bassin du Nil (NBTF).

« *Du Désaccord à la Coopération : depuis l'engagement en 1999 de la coopération pour l'Initiative du Bassin du Nil, les discussions entre les dix pays signataires ont fait preuve d'un esprit de coopération et non de conflit* », a relevé M. Mohamed HAGOS, Président du Comité Technique Consultatif.

Il a en outre ajouté : « *nous travaillons sur une base d'intérêts communs contrairement à l'esprit antérieur* ».

Cette Initiative a bien profité de la volonté politique, ce qui manquait dans les précédents exemples de coopération. Cette Initiative discute les problèmes liés à l'environnement, à la conservation de l'eau, aux priorités de développement de la région nilotique (ex : la sécurité alimentaire), à la gestion des eaux transfrontalières, à la restauration de la paix et de la solidarité ainsi qu'à l'établissement des aspects institutionnels.

Du point de vue du Dr Abd El Malek OUDA, l'accord de 1959 a réussi au niveau bilatéral pendant la période de la Guerre froide, mais dès la fin de cette dernière, l'Accord a été remis en cause et en question.

L'Initiative, lancée à Dar' Es-Salam, en Tanzanie, en février 1999, s'inscrit à l'occasion du prolongement des efforts antérieurs de coopération[176].

Pour la première fois de leur histoire, les pays riverains ont sérieusement pris conscience de la nécessité d'agir conjointement. Ils se sont mis d'accord pour organiser leur coopération jusqu'à la mise en place d'un cadre institutionnel permanent.

L'Initiative procède de la volonté partagée de « promouvoir un développement économique durable pour une utilisation équitable des

---

[176]En mai 1999, elle a été reconnue officiellement sous le nom de *l'Initiative du Bassin du Nil (IBN)*.

eaux du bassin du Nil, avec une juste répartition des avantages de cette ressource commune ».

L'IBN poursuit les **objectifs** suivants :

- Développer les ressources du bassin du Nil d'une façon durable et équitable pour réaliser la prospérité, la sécurité et la paix ;
- Garantir une gestion efficace de l'eau selon une coopération entre tous les pays riverains du fleuve ;
- Assurer la coopération et l'action conjointe entre les pays riverains dans le but de voir chacun des acteurs tirer profit de cette coopération ;
- Lutter contre la pauvreté et réaliser l'intégration économique de tous les partenaires ;
- Garantir la transformation de ses programmes de la planification vers l'application.

Aujourd'hui, le bassin du Nil est caractérisé par la pauvreté, l'instabilité, la croissance démographique galopante et la dégradation environnementale. Il y a quatre pays du Bassin parmi les dix pays les plus pauvres du monde, avec un revenu annuel de 100 à 200 dollars par personne. Bref, le Bassin a besoin de ce développement selon une gestion coopérative entre tous les riverains.

Les dix pays visent à réaliser une *vision commune* pour *tout le bassin du Nil.* Cette vision commune cherche à effectuer un « développement socio-économique durable selon une utilisation équitable des ressources pour bien profiter de ces ressources communes en eau du Bassin ».

Pour traduire la vision commune en un plan d'action, les pays riverains ont développé un *Programme d'Action Stratégique*, fondé sur deux idées complémentaires : Vision commune (au sommet) et plan d'action (sur le terrain). De la vision commune sort un cadre d'actions concrètes pour bien la réaliser. Pour bien appliquer le plan d'action, l'Initiative a mis en place **deux** programmes complémentaires : un Programme de Vision Commune (SVP) et un Programme d'Action Subsidiaire (SAP).

Pendant l'étape de la mise en œuvre du Programme d'Action Stratégique, il convient d'apprécier l'implication des gouvernements du Danemark, de la Finlande, de l'Allemagne, de l'Italie, des Pays-Bas, de la Hollande, de la Norvège, de la Suède, de la Grande-Bretagne et des Etats-Unis, avec l'OAA /FAO et la Banque Mondiale.

Le *Programme de Vision Commune* vient de finaliser des fiches de projets tant au niveau national qu'au niveau sous régional dans *sept secteurs* jugés prioritaires, ainsi que le domaine de la communication. Ils visent à établir un cadre coopératif entre tous les riverains nilotiques. Ce cadre coopératif, qui a pour but le développement du bassin du Nil, est fondé sur les *mécanismes* suivants :

- Etablir le dialogue et la confiance entre tous les nilotiques ;
- Mettre en œuvre des stratégies communes et des cadres d'analyses ;
- Construire les capacités humaines et institutionnelles ;
- Adopter des moyens d'application et de démonstration.

A côté de ce Programme de Vision Commune, il existe un *Programme d'Action Subsidiaire* pour développer les *sous-bassins.* Ce programme se décompose en deux *sous-programmes* de travail :

a) *Le Programme d'Action Subsidiaire de l'Est du Nil* qui regroupe l'Egypte, le Soudan et l'Ethiopie. Ils ont distingué *sept* sous-projets dont les responsables investissent dans la gestion des ressources de l'eau, la gestion des inondations, l'interconnexion de l'énergie, l'irrigation et le drainage.
b) *Le Programme d'Action Subsidiaire des Lacs Equatoriaux du Nil, qui* regroupe le Burundi, la RDC, l'Egypte, le Kenya, le Rwanda, la Tanzanie, le Soudan et l'Ouganda. Ces pays se sont mis d'accord sur *douze* sous-projets pour investir dans la lutte contre la pauvreté, le développement économique, le développement agricole et le développement de l'énergie hydraulique.

2. L'Accord-cadre sur la coopération dans le bassin du fleuve Nil.

Il a été signé par six pays, à savoir : Ethiopie, Kenya, Ouganda, Burundi, Rwanda, Tanzanie. Il remet en cause le traité de 1929 amendé en 1959.

L'Accord-cadre sur la coopération dans le bassin du fleuve Nil, conformément à son article 40, devait être ouvert à la signature de tous les Etats sur le territoire desquels est située une partie du bassin du fleuve Nil, du 1er août 2009 au 1er août 2011 à Entebbe (OUGANDA). Et, en vertu de l'article 42, l'Accord devrait entrer en vigueur le 60è jour suivant la date du dépôt du 6è instrument de ratification ou d'adhésion auprès de l'Union Africaine.

Suite à la délicatesse des négociations, cet Accord fut finalement ouvert à la signature le 14 mai 2010 jusqu'au 1er août 2011. Le Burundi a été le 6è Etat à avoir signé ce traité en date du 28 février 2011.

Jusqu'en 2012, ce texte n'était pas encore entré en vigueur ; la procédure de ratification au niveau des Etats respectifs se poursuivant.

L'Accord-cadre s'applique à l'utilisation, au développement, à la protection, à la conservation et à la gestion du bassin du fleuve Nil ainsi que de ses ressources et établit un mécanisme institutionnel pour la coopération des Etats du bassin du fleuve Nil[177].

Il énonce 15 principes généraux qui doivent être observés par les Etats parties, à savoir :

- La coopération ;
- Le développement durable ;
- La subsidiarité (planifier les besoins à l'échelon le plus bas possible) ;
- L'utilisable équitable et raisonnable ;
- La prévention de la survenance de dommages significatifs ;
- Le droit des Etats du bassin du fleuve Nil d'utiliser l'eau sur leur territoire ;
- La protection et la conservation ;
- Les informations relatives aux mesures planifiées ;
- La communauté d'intérêt ;
- L'échange de données et d'informations ;
- L'évaluation d'impact environnemental et audits ;
- Le règlement pacifique des différends ;
- L'eau comme ressource limitée et vulnérable ;
- L'eau a une valeur économique et sociale ;
- La sécurité de l'eau.

Cet Accord détermine par ailleurs les droits et obligations des Etats parties.

Au titre *de droits*, l'Accord indique[178] que les Etats du bassin du fleuve Nil utilisent les ressources en eau du système du fleuve Nil et du bassin du fleuve Nil d'une manière équitable et raisonnable sur leurs territoires

177 Article 1er de l'Accord-cadre.
178 Article 4 de l'Accord-cadre.

respectifs. Et ce, en tenant compte de tous les facteurs et circonstances pertinents, notamment :

- Des facteurs d'ordre géographique, hydrographique, hydrologique, climatique, écologique et autres facteurs de caractère naturel ;
- Des besoins sociaux et économiques des Etats du bassin concernés ;
- De la population dépendante des ressources en eau dans chaque Etat du bassin ;
- Des effets de l'utilisation ou des utilisations des ressources en eau dans un Etat, dans les autres Etats du bassin ;
- Des utilisations éventuelles et existantes des ressources en eau ;
- De la conservation, la protection, l'économie et du développement de l'utilisation des ressources en eau et des coûts des mesures prises à cet effet ;
- De l'existence d'alternatives, de valeur comparable à une utilisation particulière prévue ou existante ;
- *De la contribution de chaque Etat du bassin aux eaux du système du fleuve Nil* ;
- De l'ampleur et de la proportion du secteur de drainage sur le territoire de chaque Etat du bassin.

Au titre *d'obligations*, l'Accord exige des Etats du bassin, lorsqu'ils utilisent les ressources en eau du système du fleuve Nil sur leurs territoires, de prendre toutes les mesures appropriées afin de ne pas causer de dommages significatifs à d'autres Etats du bassin[179].

Ces Etats ont également l'obligation de protéger et de conserver le bassin du fleuve Nil et ses écosystèmes. Dans ce sens : la protection et l'amélioration de la qualité de l'eau ; la prévention de l'introduction d'espèces étrangères ou nouvelles ; la protection et la conservation de la diversité biologique et des zones humides dans le bassin du fleuve Nil[180].

Il est à noter qu'une structure institutionnelle est mise en place par l'Accord, à savoir la « **Commission du Bassin du Nil** », et dont le siège est situé à *Entebbe* en Ouganda. Elle est ici dénommée la « Commission ».

Aux termes de l'article 17 de l'Accord, la Commission comprend cinq Organes, à savoir :

- La Conférence des Chefs d'Etat et de Gouvernement ;

---

179 Article 5 de l'Accord-cadre.

180 Article 6 de l'Accord-cadre.

- Le Conseil des Ministres (en l'occurrence les Ministres en charge des ressources en eau) ;
- Le Comité Consultatif Technique (CCT) ;
- Les Comités Consultatifs Sectoriels (CCS) ;
- Le Secrétariat, dirigé par un Secrétaire Exécutif nommé par le Conseil pour 3 ans.

La Commission a le statut juridique d'une Organisation intergouvernementale. Elle jouit de la personnalité juridique internationale[181].

L'Accord-cadre contient en outre deux dispositions particulières qu'il importe d'examiner ici : *l'article 13 et l'article 31*.

L'article 13 porte sur la protection du bassin du fleuve Nil et de ses infrastructures en période de conflit armé. A ce sujet, il précise clairement que « le système du fleuve Nil et les infrastructures, installations et autres ouvrages connexes, ainsi que les installations contenant des forces dangereuses dans le bassin du fleuve Nil sont protégés par les principes et les règles du droit international applicables en cas de conflit armé international et non international, en particulier par les règles du droit international humanitaire, et ne doivent pas être utilisés en violation de ces principes et règles ».

Cet article[182] tombe en effet à point nommé eu égard au cycle de belligérance qui émaille la plupart des Etats de ce bassin ; cycle qui oblige la communauté internationale à continuer à avoir un regard sur ces Etats à travers notamment la signature d'un Accord à Addis-Abeba le 24 février 2013 pour la paix en RDC et dans la région des Grands Lacs et le renouvellement du mandat de la MONUSCO en RDC pour une durée d'une année, à travers la Résolution 2211 du 26 mars 2015 du Conseil de Sécurité des Nations Unies.

Quant à l'article 31, il porte sur la *« succession de la Commission du Bassin du fleuve Nil à l'Initiative du Bassin du Nil (IBN) »*, problématique assez délicate compte tenu des positions tranchées de certains Etats de l'IBN, notamment l'Egypte et le Soudan.

---

181 Article 19 de l'Accord-cadre.

182 Article 13 de l'Accord-cadre.

Cet article est ainsi libellé, de manière forte :

« *A l'entrée en vigueur du présent Accord, la Commission succédera à l'Initiative du Bassin du Nil(IBN) pour tous les droits, obligations et patrimoine* ».

Lorsque l'on sait que l'entrée en vigueur de ce traité n'est réalisée qu'avec six des onze Etats du bassin, n'aurait-il pas été prudent de conditionner ladite succession à un accord unanime de tous les membres de l'IBN ?

Par ailleurs, la possibilité d'émettre une « réserve » à l'Accord-cadre n'est pas admise[183].

Toutefois, un Etat peut se retirer de l'Accord après l'écoulement d'un délai de deux ans à compter de l'entrée en vigueur de cet Accord à son égard[184].

Aucun consensus n'a été trouvé à la fin des négociations sur l'article 14(b) de cet Accord-cadre qui stipule : « de ne pas affecter considérablement la sécurité de l'eau de tout autre Etat du bassin du fleuve Nil », formulation acceptée par tous les pays sauf l'Egypte et le Soudan.

Pour sa part, l'Egypte a proposé que l'article 14(b) soit reformulé de la manière suivante : « de ne pas affecter défavorablement la sécurité de l'eau ainsi que sur les usages et **droits actuels** de tout autre Etat du bassin du fleuve Nil ».

En conséquence, la réunion extraordinaire du Conseil des Ministres du Nil tenue à Kinshasa en date du 22 mai 2009 a décidé que l'article 14(b) soit *annexé et résolu par la* **Commission du Bassin du Nil** dans les six mois de l'installation de cette Institution.

Après cet aperçu de principales dispositions de l'Accord-cadre, il importe de cogiter brièvement sur une subtilité juridique qui commence à faire école dans les relations internationales, en matière de révision des traités ou même de reniement voilé des engagements souscrits.

En effet, *la technique juridique utilisée pour conclure l'Accord-cadre de 2010 sur la coopération dans le bassin du fleuve Nil (lequel accord vide en réalité la substance du compromis IBN de 1999 nonobstant le principe de l'Estoppel et remet fondamentalement en cause les dispositions juridiques de 1959) semble, selon nous, se*

183 Article 38 de l'Accord-cadre.

184 Article 39 de l'Accord-cadre.

rapprocher de celle usitée lors de la conclusion de l'Accord de New York du 28 juillet 1994 relatif à l'application de la partie XI, texte qui a courcircuité la Convention de Montego Bay du 10 décembre 1982 et ce, trois mois avant l'entrée en vigueur de cette dernière.

Cependant, si pour le régime de la « Zone internationale des fonds marins » ce sont les « puissants » qui se sont désolidarisés d'un accord global, pour le régime du « bassin du Nil » la démarche provient plutôt des « faibles ».

Dans un article appréciable publié dans les Mélanges Bedjaoui[185], Professeur Sayeman Bula-Bula use des expressions fortes pour expliquer la délicatesse et les contours de cette gymnastique juridique.

En effet, tout en argumentant à bon escient, il évoque tantôt une « greffe juridique particulière », tantôt une véritable « acrobatie juridique ».

Parlant d'une « *greffe juridique particulière* » (et non d'une manipulation génétique), il note que les juristes ont éprouvé un malaise devant cette « révision insolite » de la Convention de Montego Bay. Il indique qu'il faudrait remonter à la *genèse* de cette entreprise discutable pour mieux appréhender la transplantation des conceptions particulières des nantis dans une œuvre à vocation universelle, tant il apparait que la bonne foi douteuse a prohibé et continue d'interdire des puissants du monde à consentir à des concessions majeures.

A propos justement de cette genèse, l'auteur se résume ainsi : « l'adoption et la signature de la Convention, entre autres, ont montré, sans omettre des nuances sinon des différences d'ordre formel entre certains Etats développés, que l'immense majorité des puissances industrialisées n'était guère disposée à s'engager dans le traité. Le défaut de participation de ces dernières, à l'exception d'une poignée d'Etats avancés de la Périphérie, a aussi pour cause la mondialisation poussée de leur économie dont les sociétés transnationales constituent l'un des instruments les plus efficients[186] ».

Abordant par ailleurs la dimension « *acrobatie juridique* », Professeur Bula-Bula renseigne avec les détails suivants : « L'Accord du 28 juillet

---

185BULA-BULA Sayeman, L'odyssée du droit de la mer dans les abysses, in *Liber Amicorum Mohamed Bedjaoui*, Kluwer Law International, Netherlands, 1999, pp. 95-99.
186 BULA-BULA Sayeman, *op.cit.*

1994 relatif à « l'application » de la partie XI donne les allures d'une mini-Convention sur la Convention du 10 décembre 1982. Non pas au sens d'une Convention en miniature ou du condensé de cette dernière comprimé dans une disposition conventionnelle. Il se présente plutôt comme un traité nouveau amendant la partie XI.

A bon droit, de nombreux commentateurs ont soutenu cette interprétation avant de qualifier de « diplomatiques » les termes de l'intitulé. L'un des caractères insolites de cette modification est qu'elle intervient non seulement antérieurement à l'entrée en vigueur de la charte des mers mais aussi en contradiction avec les dispositions de cette dernière relatives à la révision »[187]

Pour sa part, Professeur Basue Babu Kazadi [188]tient simplement à rappeler les règles qui président à la modification ou à l'amendement d'un traité mettant en place une Organisation Internationale, en l'occurrence l'IBN pour ce qui nous concerne ici.

Il souligne qu'il faut, de prime abord, distinguer selon que l'acte constitutif est muet quant à la question ou la réglemente.

En cas de silence de l'acte constitutif d'une OI, il est possible d'amender, de modifier et de réviser ce dernier (article 39 de la Convention de Vienne de 1969). Dans ce cas, l'unanimité des Etats parties n'est pas requise, ni une forme particulière.

La réglementation des procédures d'amendement et de révision des actes constitutifs d'OI se présentent sous diverses formes. Certains traités interdisent tout amendement pendant la période qu'il détermine ;[189] d'autres par contre exigent une acceptation unanime pendant que pour d'autres, il suffit que l'acceptation soit majoritaire.

Toutefois, nonobstant cette réglementation, il peut arriver que le traité soit amendé ou modifié en violation des règles prévues pour l'amendement ou la modification. La validité d'amendements adoptés dans ce cas est à examiner selon que la procédure d'amendement telle

[187]BULA-BULA Sayeman, L'odyssée du droit de la mer dans les abysses, in *Liber Amicorum Mohammed Bedjaoui*, Kluwer Law International, Netherlands, 1999, pp.95-99.

[188]BASUE BABU KAZADI, *Organisations Internationales*, Kinshasa, PUIC, 2012, pp.45-46.

[189]Tel le cas évoqué à l'article 95 alinéa 3 du traité CECA.

que prévue dans le texte n'est confiée qu'aux Etats ou qu'elle fait intervenir d'autres entités que les Etats.

Dans le premier cas, on fait application des principes généraux relatifs à la modification des traités, tandis que dans la seconde hypothèse, l'accord des Etats ne suffit pas à faire la loi[190].

De tout ce qui précède, est-on en droit de nier une quelconque validité juridique à l'Accord-cadre de coopération sur le Nil signé en 2010 par une partie des Etats membres de l'Initiative sur le Bassin du Nil de 1999 et qui n'est, en réalité, qu'une révision voilée (et hors procédure) de ce dernier traité ?

3. La Déclaration de principe du 23 mars 2015 sur le barrage éthiopien dénommé « Grande Renaissance »

La Déclaration de principe concernant le barrage Grande renaissance d'Ethiopie garantit la part de l'Egypte en eaux du Nil, a noté le Ministre des affaires étrangères égyptien, Sameh Chokry, à l'occasion de la signature de cette déclaration par l'Egypte, l'Ethiopie et le Soudan.

Cette déclaration permettra au peuple d'Egypte de vivre sans inquiétudes et au peuple d'Ethiopie de réaliser le progrès et le développement désirés, a déclaré M. Chokry[191].

Le chef de la diplomatie a démenti qu'une concession quelconque ait été faite dans cette déclaration, approuvée à l'unisson par le Haut Comité de l'eau présidé par le Premier ministre égyptien Ibrahim Mahlab. Ce Comité qui regroupe des représentants de tous les ministères et institutions concernées, a travaillé en tenant compte de l'intérêt suprême de l'Etat, a-t-il fait savoir.

Cet accord est intervenu après des années de gel et de tension ayant pesé sur les relations bilatérales et engendré un lourd crédit de méfiance, de doute et d'inquiétudes entre les deux peuples. Cette déclaration est une feuille de route pour l'avenir et pose les bases qui consolideront les droits égyptiens et qui rétabliront la confiance dans un cadre politique, juridique et technique autant que possible.

---

[190] BASUE BABU KAZADI, *op.cit.*, pp. 45-46.

[191] Interview accordée à l'intéressé à Addis-Abeba le 24 mars 2015 par le PDG de la MENA Alaa Heidar et les rédacteurs en chef des journaux El-Akhbar, El-Ahram et El-Goumhoureya.

L'accord de principe porte essentiellement sur l'édification du barrage Grande Renaissance et n'a aucun rapport avec l'accord-cadre d'Entebbe sur les eaux du Nil, a noté le Ministre égyptien. Et d'ajouter que des pays riverains du Nil avaient fait part de leur volonté de rouvrir ce dossier pour régler tous les problèmes qui troublent les relations[192].

La déclaration de principe établit un calendrier pour la conclusion d'un accord définitif sur trois grandes questions, celle de la retenue du barrage, celle de son fonctionnement annuel et celle du mécanisme de coopération entre les trois pays.

Le côté technique ne comprend aucune clause contraignant l'Ethiopie à respecter des études, a précisé le Ministre, qui souligne tout de même la volonté politique d'exécuter l'accord. Les dix dispositions de l'accord sont puisées dans le droit international, en ce qui concerne les fleuves internationaux, raison pour laquelle la signature de cette déclaration par les Présidents des trois pays et l'approbation des parlements de ces mêmes Etats est la plus grande garantie de l'exécution de l'accord, a-t-il poursuivi.

La visite du Président égyptien en Ethiopie et son souci de s'adresser au peuple éthiopien depuis son parlement confirment le soutien de l'Egypte aux aspirations de ce peuple au développement et son attachement à renforcer ses relations avec l'Ethiopie, a-t-il conclu.

La signature de cette déclaration de principes sur le barrage éthiopien la Renaissance, a été pourtant qualifiée par la confrérie des Frères musulmans égyptiens de "haute trahison". Elle a rejeté cette déclaration en disant qu'elle bradait les droits de l'Egypte sur l'eau du Nil et qu'elle ne respectait pas le droit international. En outre, cette Déclaration de principes sur le barrage de La Renaissance « ne contraint pas l'Ethiopie à respecter les droits de l'Egypte sur les eaux du Nil » et cherche à « assoiffer le peuple égyptien », a-t-elle noté.

Cependant d'autres personnalités publiques d'Egypte ont exprimé leur soutien à la démarche égyptienne en publiant un document appelant à s'aligner sur la position des autorités dans ce dossier.

La déclaration de principes sur la construction du barrage éthiopien "la Renaissance" a été signée le 23 mars 2015 à Khartoum, la capitale soudanaise, par les deux présidents de l'Egypte et du Soudan,

---

192 Voir interview précitée.

respectivement Abdel Fattah al Sissi et Omar al Bachir, ainsi que par le chef du gouvernement d'Ethiopie, Haile Mariam Dessalegn.

Le Président égyptien a déclaré dans l'allocution qui a suivi la signature de la Déclaration de principe : « Si le Nil et le barrage la Renaissance représentent pour l'Ethiopie une source de développement, le Nil constitue pour l'Egypte la source de la vie ».

Dans un communiqué de presse, le Ministre égyptien de l'Irrigation, Hossam Maghazi, a indiqué que la Déclaration de principes sur le barrage la Renaissance, signée par le Soudan, l'Egypte et l'Ethiopie, stipule que « les Etats lésés doivent être dédommagés ».

L'Egypte s'inquiète des conséquences du barrage de la Renaissance construit par l'Ethiopie sur le Nil, sur sa part annuelle des eaux du fleuve qui s'élève à 55,5 milliards de m^3. L'Ethiopie affirme de son côté que le barrage lui sera utile, en particulier pour la production d'électricité, sans affecter négativement le Soudan et l'Egypte.

Les *dix principes*[193] convenus dans cette déclaration tripartite sont les suivants :

a) Principle of cooperation

- Cooperation based on mutual understanding, common interest, good intentions, benefits for all, and the principles of international law;
- Cooperation in understanding the water needs of upstream and downstream countries across all their lands.

b) Principle of development, regional integration and sustainability

The purpose of the Renaissance Dam is to generate power, contribute to economic development, promote cooperation beyond borders, and regional integration through generating clean sustainable energy that can be relied on.

c) Principle of not causing significant damage.

- The three countries will take all the necessary procedures to avoid causing significant damage while using the Blue Nile (the Nile's main river).

193A défaut de la traduction officielle en français, il s'est avéré judicieux de reprendre ici la version authentique en anglais du document signé.

- In spite of that, in case significant damage is caused to one of these countries, the country causing the damage (…), in the absence of an agreement over that (damaging) action, (is to take) all necessary procedures to alleviate this damage, and discuss compensation whenever convenient.

d) Principle of fair and appropriate use

- The three countries will use their common water sources in their provinces in a fair and appropriate manner.
- To ensure fair and appropriate use, the three countries will take into consideration all guiding elements mentioned below :

1°) The geographic, the geographic aquatic, the aquatic, the climatical, environmental elements, and the rest of all natural elements;

2°) Social and economic needs for the concerned Nile Basin countries ;

3°) The residents who depend on water sources in each of the Nile Basin countries ;

4°) The effects of using or the uses of water sources in one of the Nile Basin countries on another Nile Basin country ;

5°) The current and possible uses of water sources;

6°) Elements of preserving, protecting, (and) developing (water sources) and the economics of water sources, and the cost of the procedures taken in this regard ;

7°) The extent of the availability of alternatives with a comparable value for a planned or a specific use ;

8°) The extent of contribution from each of the Nile Basin countries in the Nile River system;

9°) The extent of the percentage of the Nile Basin's space within the territories of each Nile Basin country.

e) Principle of the dam's storage reservoir first filling, and dam operation policies

- To apply the recommendations of the international technical experts committee and the results of the final report of the Tripartite National Technical Committee during different stages of the dam project.
- The three countries should cooperate to use the final findings in the studies recommended by the Tripartite National Technical Committee and international technical experts in order to reach:

1°) An agreement on the guidelines for different scenarios of the first filling of the Grand Ethiopian Renaissance Dam reservoir in parallel with the construction of the dam.

2°) An agreement on the guidelines and annual operation policies of the Renaissance Dam, which the owners can adjust from time to time.

3°) To inform downstream countries, Egypt and Sudan, on any urgent circumstances that would call for a change in the operations of the dam, in order to ensure coordination with downstream countries' water reservoirs.

- Accordingly the three countries are to establish a proper mechanism through their ministries of water and irrigation.
- The timeframe for such points mentioned above is 15 months from the start of preparing two studies about the dam by the international technical committee.

f) Principle of building trust Downstream countries will be given priority to purchase energy generated by the Grand Ethiopian Renaissance Dam.

g) Principle of exchange of information and data Egypt, Ethiopia and Sudan will provide the information and data required to conduct the studies of the national experts committees from the three countries in the proper time.

h) Principle of dam security.

- *The three countries appreciate all efforts made by Ethiopia up until now to implement the recommendations of the international experts committee regarding the safety of the dam.*
- *Ethiopia will continue in good will to implement all recommendations related to the dam's security in the reports of the international technical experts.*

i) *Principle of the sovereignty, unity and territorial integrity of the State.*

- *The three countries cooperate on the basis of equal sovereignty, unity and territorial integrity of the state, mutual benefit and good will, in order to reach the better use and protection of the River Nile.*

j) Principle of the peaceful settlement of disputes;

- *The three countries commit to settle any dispute resulting from the interpretation or application of the declaration of principles through talks or negotiations based on the good will principle. If the parties involved do not succeed in solving the dispute through talks or negotiations, they can ask for mediation or refer the matter to their heads of states or prime ministers.*

Tels sont les dix principes convenus par l'Egypte, l'Ethiopie et le Soudan dans la Déclaration tripartite qu'ils ont signée le 23 mars 2015.

CONCLUSIONS DE LA PREMIERE PARTIE

1. Les principaux instruments juridiques internationaux régissant les fleuves internationaux ne sont ni signés ni ratifiés par aucun des 21 Etats africains riverains des bassins du Congo et du Nil.
2. Les instruments juridiques spécifiques sont tantôt signés par quelques Etats, tantôt ignorés par d'autres.
3. L'arsenal juridique africain ne s'est pas encore approprié, de manière particulière, selon les thématiques, les domaines connexes à la protection de l'eau (zones humides, biodiversité).
4. Les textes juridiques régissant les eaux des bassins du Congo et du Nil demeurent empreints de la marque coloniale, de surcroits inféodés aux systèmes étrangers.
5. L'inexistence d'un organe juridique exécutif au niveau mondial pour résoudre, de manière autoritaire (indépendamment de l'accord des Etats en conflit), les conflits liés aux fleuves internationaux, n'encourage les Etats riverains desdits fleuves à être astreints à respecter une orthodoxie juridique particulière dans la gestion de ces fleuves.
6. La CICOS doit aboutir à l'inclusivité juridique de tous les Etats du bassin du Congo, pour éviter l'implosion des accords bilatéraux avec risque de contradictions avec les principes déjà admis au niveau de la plate-forme.
7. La RDC, au niveau du bassin du Congo, et l'Egypte, au niveau du bassin du Nil, doivent chacun jouer un rôle moteur pour fédérer le développement des Etats des bassins respectifs. Pour ce faire, ces deux pays doivent se réarmer juridiquement et économiquement. Un entretien efficace des voies navigables (plus de 20.000 km pour le bassin du Congo) permettra de mieux rentabiliser les fleuves sur le plan économique.
8. Les atermoiements juridiques pour la gestion du bassin du Nil conduisent à la dispersion, à la multiplicité et à la contrariété des accords ; le principe de l'estoppel est battu en brèche ; les Etats riverains semblent ainsi naviguer à vue, sans boussole.
9. La non inclusivité du texte juridique de 2010 régissant le Nil conduit à la signature, à tout bout de champs, des accords sectoriels, au fur et à mesure que les revendications d'autres riverains se présentent. Aujourd'hui c'est la réclamation éthiopienne, demain ça sera un autre Etat.

En réalité, ces accords sectoriels tirent leur substance de l'Accord de 1959 ; raison pour laquelle la demande éthiopienne ne pouvait être traitée qu'en présence de l'Egypte et du Soudan, considérés comme « chefs coutumiers » du bassin du Nil (cfr en effet l'Accord tripartite Ethiopie-Egypte-Soudan du 23 mars 2015).

10. La RDC semble être en conflit d'identité pour différents textes juridiques régissant les eaux partagées : elle négocie des accords mais, in fine, n'arrive pas à les signer. Cas de l'Accord-cadre sur la coopération pour le bassin du Nil et du Protocole de la SADC sur les eaux communes.
11. En outre, des clauses juridiques insérées subtilement dans l'un ou l'autre accord privent la RDC de jouir de ses propres eaux alimentant notamment le bassin du Nil (voir notamment l'accord entre l'EIC et la Grande Bretagne du 9 mai 1906 et l'accord anglo-égyptien du 7 mai 1929), sans que cet Etat ne puisse s'en émouvoir.

Il est temps de mettre un terme à ce dysfonctionnement juridique afin que les conflits de l'eau disparaissent ou soient harmonieusement résolus ; une saine coopération pour le développement et l'intégration des Etats et de l'Afrique en dépend.

La deuxième partie de cette étude s'attèle ainsi à démontrer de quelle façon les bassins fluviaux du Congo et du Nil permettent d'atteindre cette intégration.

DEUXIEME PARTIE

LES BASSINS FLUVIAUX DU CONGO ET DU NIL COMME VECTEURS D'INTEGRATION DES ETATS RIVERAINS ET NON RIVERAINS

« *L'eau et le développement durable* »

(Thème international retenu pour la Journée mondiale de l'eau, 22 mars 2015)

DEUXIEME PARTIE

LES BASSINS FLUVIAUX DU CONGO ET DU NIL COMME VECTEURS D'INTEGRATION DES ETATS RIVERAINS ET NON RIVERAINS

Dès le préambule[194] de sa Résolution 2211(2015) du 26 mars 2015 sur la situation en République Démocratique du Congo, le Conseil de Sécurité des Nations Unies a réaffirmé son ferme attachement à la souveraineté, l'indépendance, l'unité et l'intégrité territoriale de la RDC et de tous les Etats de la Région, et a souligné qu'il importe de respecter pleinement les principes de non-ingérence, de bon voisinage et de *coopération régionale.*

De là ressort l'importance qu'attache la communauté internationale à la coopération, facteur indispensable pour le développement et l'épanouissement des peuples.

Plus que la coopération, les Etats devraient surtout tendre *vers l'intégration.*

La RDC est appelée à jouer un rôle déterminant dans la coopération tant au niveau du bassin du Congo que celui du Nil, avec l'Egypte. Sa position géostratégique au cœur de l'Afrique amplifie son attractivité au monde.

Parlant de la vocation africaine du Congo, Professeur NDESHYO RURIHOSE précise qu'« elle semble être, géopolitiquement, géo stratégiquement et politiquement obligée : une donnée géographique, historique et géopolitique, à cause aussi de la dimension sous-continentale, de son voisinage (neuf pays frontaliers) et, partant, de ses populations transnationales »[195].

L'auteur poursuit en disant : « Le Congo, fidèle à la stratégie d'intégration de l'Union Africaine, est membre de trois communautés économiques régionales (la SADC, le COMESA et la CEEAC) et membre fondateur d'une communauté économique sous-régionale (CEPGL). Il a été l'initiateur d'autres regroupements africains, tels que l'Union de l'Afrique Centrale(UAC) en 1968, dont le siège était à Bangui

---

194 Paragraphe 3 du préambule.

195NDESHYO RURIHOSE Oswald, La RDC dans le système institutionnel et communautaire africain, in *Mélanges Nguya-Ndila*, 2012, pp.1132-1133.

(RCA), de la Conférence des Etats de l'Afrique orientale et centrale et de plusieurs tripartites (Congo-Zambie-Tanzanie et Congo-Rwanda-Burundi, avant la création de la CEPGL). Il était aussi membre de l'OCAM, en 1964, à l'époque du Gouvernement Tshombe ; il a donné le siège statutaire à plus de quatre Organisations internationales : l'Union africaine des chemins de fer, l'Union panafricaine des télécommunications, la Commission internationale du Bassin du Congo, d'Oubangui et de la Sangha, en plus d'autres institutions spécialisées fluviales et des Chambres de compensation »[196].

Non seulement la RDC partage ses frontières avec neuf pays, mais aussi elle appartient, en tant que pôle structurant, à quatre polarités ou sphères d'influence différentes : l'Afrique centrale, la Région des Grands Lacs, l'Afrique australe et le Golfe de Guinée.

De ce fait, elle est à la jonction de l'Afrique minière (du Cap à Libreville) ; de l'Afrique pétrolière (de Luanda à Lagos) ; de l'Afrique forestière (cœur du Bassin du Congo, elle couvre 45 % de la forêt équatoriale, soit 6 % des réserves tropicales mondiales) ; de l'Afrique de savane dite agricole et pastorale (de Dar-Es-Salaam à Asmara)[197].

Tout compte fait, la flexibilité des prétentions de souveraineté de la RDC au niveau du bassin du Congo (à l'opposé de la rigidité des prétentions de souveraineté de l'Egypte sur le bassin du Nil) conduit à ce qu'aujourd'hui « la coopération entre les riverains du Congo semble être plus développée et structurée que celle devant exister entre les riverains du Nil ».

Professeur NGUYA-NDILA, parlant de la consolidation du régionalisme africain, relève entre autres les aspects suivants : « On peut noter que, après les indépendances des Etats africains, le lien entre la sécurité, la stabilité et la coopération pour le développement a, quoique tardivement, fini par retenir la conviction des Africains : ce fut l'objet de la déclaration de la Conférence sur la sécurité, la stabilité, le développement et la coopération en Afrique (CSSDCA) adoptée à Lomé en juillet 2000, de la déclaration sur le « Nouveau Partenariat pour le

---

196NDESHYO RURIHOSE, *op.cit.*, pp.1136-1137.
197MWAYILA TSHIYEMBE, *op.cit.*, p.64.

Développement de l'Afrique (NOPADA ou NEPAD) adoptée à Lusaka en juillet 2001 »[198].

Outre ces aspects, les bassins fluviaux peuvent valablement constituer des vecteurs importants pour l'intégration des Etats riverains. Et ce, en développant une coopération renforcée dans divers domaines repris au sein d'un cadre juridique cohérent et inclusif, une Organisation internationale qui reprendrait clairement les droits et obligations réciproques, ainsi que les Organes de gestion des ressources.

Cette deuxième Partie est ainsi subdivisée en trois chapitres, précédés d'un chapitre liminaire, portant respectivement sur :

- La nécessaire implication des populations et ethnies dans l'appropriation des bassins du Congo et du Nil (chapitre liminaire) ;
- L'harmonisation des bassins fluviaux africains en vue de l'intégration continentale (chapitre 1) ;
- La nécessité d'un cadre de coopération fédérateur des intérêts divergents (chapitre 2) ;
- Les perspectives d'affranchissement du cadre juridique néocolonial des bassins du Congo et du Nil : pour un droit international africain d'intégration par les bassins fluviaux et lacustres africains (chapitre 3).

198NGUYA-NDILA MALENGANA, La sécurité collective en RDC : de l'Acte général de Berlin de 1885 au Pacte de Nairobi de 2006, in *Mélanges NGUYA-NDILA*, 2012, p.520.

CHAPITRE LIMINAIRE

LA NECESSAIRE IMPLICATION DES POPULATIONS ET ETHNIES DANS L'APPROPRIATION DES BASSINS DU CONGO ET DU NIL

Les ressources en eau sont abondantes dans le monde. Toutefois, sans leur utilisation rationnelle et équitable, le pas vers la carence, voire le stress hydrique[199], est vite franchi. Les populations des Etats riverains sont appelées à s'impliquer dans la gestion, le partage et la coopération autour de cette richesse. L'existence de plusieurs ethnies dans les régions des bassins du Congo et du Nil devrait être un élément rassembleur des populations et non diviseur ; la réussite de la coopération interétatique et de l'intégration en dépend.

Ce chapitre liminaire comprend ainsi trois sections, à savoir :

- Les objectifs de la coopération en matière de l'eau et les domaines potentiels de partenariat (section 1) ;
- La configuration des ethnies : bombe à retardement à redimensionner (section 2) ;
- Les causes de la faiblesse de la coopération et les défis à relever (section 3).

Section 1. Les objectifs de la coopération en matière de l'eau et les domaines potentiels de partenariat

Deux points seront examinés dans cette section. Ils portent sur :

- Les objectifs de la coopération ;
- Les domaines potentiels de partenariat.

I. Les objectifs de la coopération

Tous les textes juridiques mettant en place des Organismes de gestion des bassins fluviaux insistent, en premier lieu, sur la « coopération » entre les Etats du bassin.

---

[199]Des prélèvements de plus de 20% de l'alimentation en eau renouvelable ont été utilisés comme indicateur du stress hydrique. A ce sujet, l'indicateur de Falkenmark indique le début d'un stress hydrique lorsque la quantité d'eau disponible est inférieure à 1.700 m^3 par habitant et par année, et ce stress devient grave lorsque cette quantité est inférieure à 1.000 m^3. Lire MOVA SAKANYI Henri, *Praxis internationale pour une gestion stratégique de l'eau*, in *Revue Dounia*, Paris, L'Harmattan, juillet 2009, p.47

D'autres font même apparaitre ce concept dès l'intitulé de la Convention. Le cas de « l'Accord-cadre sur **la coopération** dans le bassin du fleuve Nil » du 14 mai 2010.

Et, sur les 15 principes généraux sur lesquels repose cet Accord, le principe de coopération est cité en premier et détaillé de la manière suivante quant aux objectifs poursuivis par cette coopération :

- Atteindre une utilisation optimale, une protection adéquate et la conservation du bassin du fleuve Nil ;
- Promouvoir des efforts communs afin de réaliser le développement économique et social des Etats du bassin.

Pour sa part, la Convention des Nations Unies du 21 mai 1997 sur le droit relatif aux utilisations des cours d'eau internationaux à des fins autres que la navigation relève aussi, dès son préambule, la nécessité de la coopération :

« Affirmant l'importance de la coopération internationale et du bon voisinage dans ce domaine »[200].

Quant à l'article 8 de la même Convention, il détaille « *l'obligation générale de coopérer* » dans les termes ci-après :

- Les Etats du cours d'eau coopèrent sur la base de l'égalité souveraine, de l'intégrité territoriale, de l'avantage mutuel et de la bonne foi en vue de *parvenir à l'utilisation optimale et à la protection adéquate du cours d'eau international*[201] ;
- Pour arrêter les modalités de cette coopération, les Etats du cours d'eau peuvent, s'ils le jugent nécessaire, envisager de créer des mécanismes ou commissions mixtes en vue de faciliter la coopération touchant les mesures et procédures appropriées compte tenu de l'expérience acquise à la faveur de la coopération dans le cadre des mécanismes et commissions existant dans diverses régions[202].

En définitive, il convient de conclure que la coopération en matière de l'eau contribue à :

200Paragraphe 6 du préambule de cette Convention.
201Alinéa premier de l'article 8.
202Alinéa deux de l'article 8.

A. Raffermir la sécurité, la lutte contre la pauvreté, la justice sociale et l'égalité entre les sexes

Une bonne gouvernance et une coopération entre différents groupes favorisent en effet l'accès à l'eau, la lutte contre les pénuries d'eau et contribuent à faire reculer la pauvreté. Elles permettent aussi d'améliorer les conditions d'existence et les possibilités éducatives, notamment pour les femmes et les enfants.

B. Créer des bénéfices économiques

Toutes les activités économiques sont dépendantes de l'eau. La coopération permet une utilisation plus efficace et durable des ressources en eau et se traduit par des bénéfices mutuels et de meilleures conditions de vie.

C. Préserver les ressources en eau et à protéger l'environnement

La coopération dans le domaine de l'eau favorise le partage des connaissances scientifiques, qu'il s'agisse de l'échange de données, des stratégies de gestion ou des bonnes pratiques. Elle permet aussi le partage des connaissances relatives au rôle de l'eau en matière de préservation des écosystèmes et du développement durable.

D. Construire la paix

L'accès à l'eau peut être à l'origine de conflits mais peut aussi être facteur de paix. La coopération peut permettre de dépasser les tensions culturelles, politiques et sociales et établir la confiance entre les personnes, les communautés, les régions ou les pays.

II. Les domaines potentiels de partenariat

Parlant des domaines de coopération, Mwayila Tshiyembe invite à la distinction qu'il convient toujours d'établir entre « les intérêts vitaux » d'un Etat et « les intérêts non vitaux », lesquels sont susceptibles d'un partenariat, d'une coopération.

Par *intérêts vitaux*, il entend les intérêts non négociables, inhérents à la souveraineté, sinon à l'existence même de l'Etat en tant que communauté politique.

Entrent dans cette catégorie : le territoire et son pendant la biodiversité, la population (diversité ethnique, culturelle, identitaire), le pouvoir politique[203].

Quant aux *intérêts non vitaux*, ils concernent toutes les ressources naturelles, du sol et du sous-sol, en tant qu'outils de progrès économique, social, culturel, dont le mode d'exploitation doit être efficace pour les transformer en richesses réelles, accessibles aux populations.

Ainsi, *la mise en valeur des forêts, des eaux (fleuve, affluents, lacs,* mer territoriale, zone économique exclusive et plateau continental), du sol et du sous-sol exige des partenariats publics et privés, avec des opérateurs internationaux (Etats et multinationales) détenteurs des capitaux, de nouvelles technologies et de savoir-faire[204].

Il ressort de l'article 5 alinéa 1er de l'Additif à l'Accord-cadre sur la CICOS que l'utilisation des ressources en eau par les Etats contractants doit tenir compte de leur disponibilité et se fonder notamment sur la « *coopération sous-régionale* ».

Cette *coopération sous-régionale* s'attache entre autres :

- A la sécurité et à l'amélioration des revenus des populations ;
- A la préservation et à l'utilisation durable des zones humides et des ressources naturelles qui en dépendent ;
- A la lutte contre l'exode rural ;
- A la réduction de la pauvreté et à la sécurité alimentaire ;
- Au développement quantitatif et qualitatif de la production énergétique ;
- Au maintien et à l'amélioration de la navigabilité ;
- *Au développement intégré* grâce aux infrastructures réalisées en commun.

Au regard des particularités des bassins du Congo et du Nil, ceux-ci présentent des possibilités d'intégration de leurs riverains essentiellement dans six domaines que sont :

- Navigation, commerce et transport fluvial ;
- Irrigation agricole ;

---

203 MWAYILA TSHIYEMBE, *op.cit.*, pp.62-63.
204 MWAYILA TSHIYEMBE, idem.

- Production de l'énergie et production industrielle ;
- Echange d'informations ;
- Mise en place des systèmes communs d'observation scientifique ;
- Exploration et exploitation d'autres ressources halieutiques.

S'agissant notamment de *la navigation, commerce et transport fluvial*, les voies navigables du bassin Congo-Oubangui-Sangha constituent un paramètre important et donnent des indications très édifiantes sur le rôle que joue ce réseau dans la vie économique de l'Afrique centrale.

Ce bassin représente un véritable maillon de la chaîne de transport multimodal où la complémentarité Rail-Route-Voie d'eau met en évidence l'interdépendance des modes de transport et le renforcement de la solidarité entre les Etats de la sous-région.

Tous les principaux terminaux du réseau de navigation intérieure de la CICOS constituent en même temps les interfaces d'intégration du réseau.

Dans son exposé tenu à Paris en date du 29 novembre 2005, Monsieur Benjamin NDALA, Secrétaire Général de la Commission Internationale du Bassin Congo-Oubangui-Sangha (CICOS) renseigne sur les éléments suivants[205] :

- Le Bassin dispose d'une flotte très importante estimée à plus de 10.000 unités. A ce jour, la CICOS a répertorié 4.125 de ces unités flottantes. Cette flotte est destinée au transport des marchandises, tel que les grumes, les hydrocarbures, les conteneurs, le bétail sur pied et les produits agricoles. Cependant, le bassin ne dispose plus de barges pour le transport des passagers.
- Les principales lignes de desserte au sein du Bassin sont :

❖ Le corridor de transit Inter Etats :

1. Transit inter Etats : Brazzaville/Kinshasa-Bangui (Corridor transéquatorial) : 1.200 km ;
2. Brazzaville-Ouesso-Nola : 1.238 km ;
3. Brazzaville-Ouesso-Moloundou.

❖ Les lignes de desserte Inter Etats :

---

[205] NDALA Benjamin, *op.cit.*, PP. 32, 34, 35, 36 et 43.

A. RCA-RDC

1. Bangui-Zambi (Libenge) : 141 km ;
2. Bangui-Dongo : 200 km ;
3. Bangui-Imesse : 275 km.

B. CAMEROUN-REPUBLIQUE DU CONGO

1. Mokounounou et Tala tala-Sembe ;
2. Kika-Ouesso ;
3. Pokola et Bela-Libongo Sangha.

C. RCA-REPUBLIQUE DU CONGO

1. Bangui-Betou : 158 km ;
2. Bangui-Dongou : 287 km ;
3. Bangui-Impfondo : 336 km.

❖ Les dessertes Inter-rives :

1. Brazzaville (RC)-Kinshasa (RDC) ;
2. Bangui (RCA)-Zongo (RDC) ;
3. Mobaye Banga (RCA)-Mobaye Bongo (RDC);
4. Bema (RCA)-Yakoma (RDC) ;
5. Possel (RCA)-Pandu (RDC) ;
6. Zinga (RCA)-Batanga (RDC) ;
7. Mongoumba (RCA)-Libenge (RDC) ;
8. Lindjombo (RCA)-Bella (CAMEROUN) ;
9. Bomadjoko (RCA)-Libongo (CAMEROUN) ;
10. Socambo (CAMEROUN)-Ngatango (RC).

❖ Les lignes de desserte nationales (cabotage)

Telle est l'illustration de l'intégration des Etats du bassin du Congo par la navigation, le commerce et le transport fluvial. Cette intégration étant par ailleurs facilitée par les peuples, voire les ethnies, des Etats concernés. Cet aspect sera analysé dans la section suivante.

Section 2. La configuration des ethnies : bombe à retardement à redimensionner[206]

L'approche ethnique paraît essentielle dans la quête de l'intégration africaine. Autant les ethnies peuvent constituer un déterminant important dans la réalisation de l'harmonie entre peuples, autant elles peuvent constituer un facteur de déstabilisation des pays concernés dans le cas où ladite donne serait mal gérée.

Les Etats des bassins fluviaux du Congo et du Nil rassemblent des peuplades qui se retrouvent concomitamment dans l'un et l'autre pays, du fait d'une transhumance historique ou forcée, de suite des contraintes économiques ou liées aux conflits armés récurrents notamment dans la région des Grands Lacs.

L'intégration de l'Afrique par les bassins fluviaux devrait dès lors tenir compte de cette dimension et capitaliser positivement l'harmonie devant exister entre ethnies concernées afin de permettre à ces différents peuples de mettre à profit cette main d'œuvre pour l'essor économique de la région.

Nous prônons donc la compénétration ethnique positive, condition sine qua non pour solidifier la démarche institutionnelle pour une co-gestion harmonieuse et inclusive des deux bassins fluviaux en étude.

La cohabitation est requise entre Hutus et Tutsis, entre Nilotiques et Bantous ; etc...

Les populations nande, se trouvant aux abords de Semliki, sont appelées à jouer aussi un rôle positif dans la préservation du débit et des aspects environnementaux du fleuve Nil et des cours d'eaux adjacents.

L'histoire africaine nous renseigne sur les péripéties de la cohabitation, parfois en dents de scie, entre notamment les Hutus et les Tutsis afin de nous aider à tirer des leçons pour mieux asseoir l'avenir. Les détails fournis par MAYOYO BITUMBA revêtent donc une portée purement historique[207].

---

[206]Développements tirés de MAYOYO BITUMBA TIPO-TIPO, *La deuxième guerre occidentale contre le Congo. Offensive des médias et dessous des cartes*, Paris, L'Harmattan, 2006, pp. 163-172.

[207] MAYOYO BITUMBA TIPO-TIPO, *op.cit.*, pp. 163-172.

Il convient pour le moment de réfléchir sur les causes de la faiblesse de la coopération ainsi que les défis à relever en cette matière.

Section 3. Les causes de la faiblesse de la coopération et les défis à relever

Deux points seront traités dans cette section, ainsi qu'il résulte de l'intitulé, à savoir :

- Les facteurs défavorisant la coopération : les causes de l'insuccès de l'intégration régionale ;
- Les défis à prendre en compte dans le cadre de la coopération et du développement intégré de l'Afrique.

I. Les facteurs défavorisant la coopération : les causes de l'insuccès de l'intégration régionale

Les freins à l'intégration régionale africaine proviennent de plusieurs paramètres qu'il convient d'analyser dans les lignes qui suivent. A cet effet, les points suivants seront étudiés :

- Les conflits armés ;
- Le manque de dialogue et de participation populaire ;
- La question de la répartition des coûts et des avantages de l'intégration régionale ;
- La dépendance des économies nationales vis-à-vis de l'extérieur.

A. Les conflits armés

Les conflits armés constituent le principal frein au développement des Etats des bassins du Congo et du Nil, et partant, à l'intégration de l'Afrique entière. Et ce, tant par les pertes énormes en vies humaines[208] (privation d'une forte main d'œuvre active) qu'ils ne cessent de causer sur les territoires des Etats, que par l'ampleur des destructions du potentiel infrastructurel devant servir au progrès économique et industriel de la région.

---

[208]De la compilation de différentes sources, l'on estime notamment à 8 millions le nombre de victimes du conflit armé dont serait victime la RDC du fait des Etats voisins, de 1996 à 2015.

Constituent des usages de la force prohibés en droit international, notamment l'agression armée, les représailles armées, le terrorisme, ainsi que tout recours à la force armée non admise par la Charte des Nations Unies[209].

B. Le manque de dialogue et de participation populaire

L'insuffisance d'un dialogue véritable entre les Etats des deux bassins, en vue de l'intégration continentale, ainsi que le manque d'une participation populaire à une échelle élevée, affaiblissent la coopération entre ces Etats.

Un rapport conjoint de la Commission Economique pour l'Afrique et de l'Union Africaine (CEA-UA)[210]note que, de manière générale, les organisations intergouvernementales ont monopolisé le dialogue sur l'intégration régionale. Il n'y a pratiquement pas encore à proprement parler de dialogue au niveau national.

Dans certains pays, la société civile vient à être informée et à participer au débat lorsque le parlement est saisi. Il en est ainsi, généralement, à l'occasion de l'adoption des lois autorisant la ratification des instruments régionaux ou sous-régionaux.

C'est ce qui amène le Professeur NDESHYO RURIHOSE[211] à constater entre autres que l'intégration en Afrique centrale est en panne. Les raisons qui justifient cette situation sont variées. D'abord c'est la perte de foi, de la part certains Etats, dans la construction communautaire en Afrique centrale. L'Angola et la RDC se montrent plus enclins à s'intégrer dans la région de l'Afrique australe, dans le cadre de la SADC, tandis que, au pire des cas, le Rwanda a préféré tout simplement se retirer de la CEAC pour s'intégrer dans la Communauté d'Afrique de l'Est (CAE).

Ensuite, des problèmes techniques se posent : double emploi, déficit de la supranationalité des organes communautaires, défaut de la participation efficiente des populations au processus d'intégration, etc.

---

[209]Voir « Notion de force prohibée », in COMBACAU et SUR, *Droit international public*, 11ème édition, Paris, LGDJ, 2014, pp.629-631.

[210]CEA-UA, Etat de l'intégration régionale en Afrique II : rationalisation des communautés économiques régionales, Addis-Abeba, 2006, cité par NDESHYO RURIHOSE Oswald, *Manuel de Droit communautaire africain*, tome I, Kinshasa, éditions Etat et société, 2011, p.206.

[211]NDESHYO RURIHOSE Oswald, *op.cit.*

C. La question de la répartition des coûts et des avantages de l'intégration régionale

Certains Etats membres en sont encore à s'interroger sur la possibilité de la satisfaction de leurs attentes ou des avantages à tirer de leur participation aux institutions d'intégration régionale auxquelles ils ont déjà pourtant adhéré. C'est le cas surtout des petits pays qui se plaignent de la boulimie des pays dits-grands dans le partage des gains de l'intégration régionale[212].

De même, certains pays sont hantés par le syndrome de l'envahissement et préfèrent ainsi garder des législations nationales (en matière de visa d'entrée, visa du ministre du travail pour les contrats, permis de séjour, etc.) limitant ainsi substantiellement la libre circulation et la liberté de contracter en matière de travail. Pourtant, il ressort du rapport de la CEA-UA précité que parmi les pays qui ont effectué des analyses des coûts et des avantages de l'intégration, 42% en ont conclu que l'intégration régionale comportait des avantages à long terme et seuls 8% pensent qu'elle serait coûteuse dans le long terme[213].

Le rapport conclut en indiquant que dans l'ensemble, la plupart des pays africains ont retiré davantage de bénéfices de l'intégration régionale qu'elle ne leur a coûtée, et 36% affirment que les avantages ont dépassé de loin les coûts. Un quart disent qu'il est trop tôt pour se prononcer sur une analyse coût-bénéfice[214].

D. La dépendance des économies nationales vis-à-vis de l'extérieur

Il y a lieu de noter, avec Professeur DITEND YAV, que « beaucoup d'économies africaines sont des économies rentières. Et lorsqu'elles arrivent à produire, c'est souvent une production pour l'exportation. On en arrive ainsi à une situation où les africains produisent ce qu'ils ne consomment pas et consomment ce qu'ils ne produisent pas. Or, ce qu'ils produisent est d'une valeur marchande tellement faible qu'il ne peut compenser ce qu'ils consomment. Il apparaît ainsi dans les échanges

---

212NDESHYO RURIHOSE, *op.cit.*, p.204.
213NDESHYO RURIHOSE Oswald, *op.cit.*
214NDESHYO RURIHOSE, ibidem.

un déficit chronique à l'avantage des partenaires commerciaux, occidentaux et asiatiques »[215].

Les échanges commerciaux de bon nombre d'Etats des bassins du Congo et du Nil sont plus tournés vers l'extérieur qu'entre pays visés. Et cela, depuis l'époque coloniale.

Quelques chiffres illustrent bien cet état des choses[216].

a. Le Burundi

Principale destination des exportations des biens en 2004 :

- Pays développés : 58,3% ;
- Principale destination : Suisse : 22,2% ;
- Principale origine des importations : 50,1%, pays développés.

b.La République Démocratique du Congo

Principale destination des exportations des biens en 2004 :

- Pays développés : 86,4% ;
- Principale destination : 47,4%, Belgique ;
- Principale origine des importations des biens : 52%, pays développés ;
- Principale origine des importations : 15,5%, Belgique.

c. La République Centrafricaine

Principale destination des exportations de biens :

- Pays développés : 47,6 % ;
- Principale destination : 40,4 %, Belgique ;
- Principale origine des importations des biens (en 2004) :
    - Pays en développement : 74,7%, Asie (Indonésie) ;
    - Principal pays : 38,8%, Kenya.

Après examen des causes de l'insuccès de l'intégration régionale, il est judicieux d'identifier les principaux défis à relever pour réaliser ladite intégration.

215DITEND YAV Grevisse, *Emploi et pauvreté en Afrique subsaharienne*, Kinshasa, Médaspaul, 2006, p. 94.

216Données tirées de CNUCD, Profil statistique des pays les moins avancés, New York, éditions Nations Unies, 2005, cité par NDESHYO RURIHOSE, *op.cit.*, pp.205-206.

II. Les défis à prendre en compte dans le cadre de la coopération et du développement intégré de l'Afrique

Les Etats riverains des bassins du Congo et du Nil ne peuvent aspirer à une véritable intégration que s'ils prennent en compte un certain nombre de défis, à savoir :

a. La rapide croissance démographique (qui accélère la demande des produits agricoles et d'énergie hydroélectrique) ;
b. La planification concertée et le partage équitable des avantages découlant des dotations en ressources naturelles des bassins ;
c. L'accroissement des taxes et la fiscalisation à outrance dans les secteurs de navigation, commerce et transport maritime.

Au niveau étatique, chacun de ces défis doit être approfondi, étudié dans sa globalité avec des propositions d'actions concrètes.

Après avoir traité la donne « population » dans la réalisation de l'intégration régionale, il y a lieu, dans le chapitre suivant, d'examiner comment par l'harmonisation des bassins fluviaux l'on parvient à atteindre cet idéal.

CHAPITRE I

L'HARMONISATION DES BASSINS FLUVIAUX AFRICAINS EN VUE DE L'INTEGRATION CONTINENTALE

Dans une logique de partenariat donnant-donnant, mutuellement avantageux, il convient de développer une coopération entre bassins fluviaux, voire lacustres. Ce genre de coopération offre plus d'avantages que celle simplement bilatérale. Du fait qu'elle associe la quasi-totalité des Etats riverains des bassins concernés, elle permet une approche inclusive des préoccupations à résoudre, en même temps qu'elle réduit les risques de contestation ou d'opposition des Etats qui ne seraient pas associés aux projets.

Quelques cas pressants de coopération inter bassins s'offrent tant au bassin du Congo que du Nil, et appellent à l'harmonisation des vues et à la consolidation des approches et des intérêts.

Quatre sections seront ainsi développées tout au long de ce chapitre. Elles portent respectivement sur les points suivants :

- De la coopération à l'intégration des bassins du Congo et du Nil : Renflouer le lac Nasser pour alimenter le barrage d'Assouan (Section 1) ;
- De la coopération à l'intégration des bassins du Congo, du Nil et du lac Tchad : Appui simultané du fleuve Congo au Sud et du fleuve Nil à l'Est pour revitaliser le lac Tchad (Section 2) ;
- De la coopération à l'intégration des bassins du Congo et du Chari : Projet Transaqua : transfèrement des eaux du fleuve Congo vers la Commission du Bassin du lac Tchad (Section 3) ;

- De la coopération à l'intégration des bassins du Congo et du Melghir en Algérie: Création d'un canal fluvial transafricain (Section 4).

Section 1.De la coopération à l'intégration des bassins du Congo et du Nil : Renflouer le lac Nasser pour alimenter le barrage d'Assouan

Afin de pallier la diminution de l'eau dans le lac Nasser du fait de la construction du barrage de la centrale hydroélectrique de la Renaissance en Ethiopie sur le Nil bleu qui apporte plus de 60% du débit du Nil, l'Egypte aurait fait parvenir au Gouvernement de la RDC une demande de l'eau du bassin du Congo[217].

Le lac Nasser alimente le barrage d'Assouan qui fournit l'énergie électrique à toute l'Egypte ; d'où l'intérêt de ce pays à avoir un apport en eau au-delà du Nil. Selon ce projet, le prélèvement de l'eau se ferait au niveau de la ville de Mbandaka (Equateur/RDC) par pipeline pour atteindre Assouan sur une longueur de 2.000 km.

Avec l'amélioration de la situation politique en Egypte, la demande de ce pays pourrait être réintroduite pour son examen objectif au niveau de la CICOS, avec prépondérance de la voix de la RDC directement concernée.

Section 2. De la coopération à l'intégration des bassins du Congo, du Nil et du lac Tchad : Appui simultané du fleuve Congo au Sud et du fleuve Nil à l'Est pour revitaliser le lac Tchad

Le dessèchement progressif du **lac Tchad** constitue un enjeu majeur pour toute la région de l'Afrique centrale.

Les relevés topographiques récents établissent que ce lac qui, dans l'histoire, a atteint 350.000 Km^2 en période de grande crue, ne mesurait que 250.000 Km^2 en 1964. En 2008, soit 44 ans plus tard, sa superficie est descendue à 2.500 Km^2. Des scientifiques estiment même sa disparition programmée pour **2020.** Ce qui serait un désastre écologique qui, d'une part, irait de la désertification à l'effondrement de l'agriculture vivrière, de l'élevage et des ressources halieutiques, et, d'autre part, condamnerait la population à la famine ou à l'émigration notamment vers l'équateur et la RDC[218].

MUTINGA MUTUISHAYI conclut en la nécessité de revitaliser le lac Tchad ; ce qui n'est pas une tâche impossible, l'eau étant disponible au Sud et à l'Est. Au Sud, il s'agit du fleuve Congo et à l'Est, le fleuve Nil. Autant dire que dans l'un ou l'autre cas, la RDC est interpellée car appartenant aux bassins versants des deux fleuves, c'est-à-dire pointée du doigt par la communauté internationale qui attend de lui une forte dose de générosité, de grandeur d'âme et de compassion pour les pays

---

217 MUTINGA MUTUISHAYI, Modeste, *Le fleuve Congo et ses affluents : un château d'eau convoité. La guerre de l'eau aux portes de la RDC*, Kinshasa, Editions Le Potentiel, p.67
218MUTINGA MUTUISHAYI Modeste, *op.cit.*

membres de la Commission du Bassin du lac Tchad, demandeurs d'eau douce[219].

Quant à nous, nous estimons qu'il est évidemment logique pour la RDC de s'investir à titre principal dans ce dossier en tant que pool de puissance régionale. Toutefois, s'agissant des relations internationales, il conviendrait d'éviter d'adopter un sentiment de subjectivité (générosité, grandeur d'âme, compassion) pour privilégier la gestion objective des intérêts des uns et des autres. D'où, la nécessité de traiter ce dossier dans un cadre institutionnel large, en l'occurrence la CICOS et la Commission du Bassin du Nil.

La Commission du Bassin du lac Tchad (CBLT), créée par la Convention de Fort-Lamy le 22 mai 1964, a pris l'initiative d'agir dans ce cadre. Cette Commission comprend actuellement six pays membres, à savoir Tchad, Cameroun, Niger, Nigeria, RCA (1994), Libye (2007) ; Soudan et Algérie sont en instance de ratification. *Le Cameroun et la RCA sont membres communs de la CICOS et de la CBLT.*

L'Egypte, la République du Congo et la RD Congo sont membres *observateurs.*

Le siège de l'Organisation est à N'djamena, République du Tchad. La CBLT a pour mandat, la gestion durable et équitable du Lac Tchad et des autres ressources en eaux partagées du bassin éponyme, la préservation des écosystèmes du Bassin Conventionnel du Lac Tchad, la promotion de l'intégration et la préservation de la paix et de la sécurité transfrontalières dans le Bassin du Lac Tchad.

La CBLT est une organisation de bassin membre du réseau africain des organisations de bassin (RAOB) et du Réseau International des Organisations de bassin (RIOB).

Dans sa « vision à l'horizon 2025 » adoptée à Ndjamena en 2003, la CBLT a entamé des études de faisabilité sur le transfert d'une partie **des eaux du bassin de l'Oubangui-Logone** vers le Chari pour aboutir au lac. Les promoteurs avaient peut-être vu trop grand pensant que, pour les pays membres de la CBLT, il suffisait de creuser un canal pour renflouer le Chari qui amènerait les eaux de l'Oubangui-Chari de la RDC vers le lac Tchad.

219MUTINGA MUTUISHAYI, *op.cit.*, p. 68.

Le fleuve Congo n'a apparemment pas été impliqué dans le projet au premier chef mais qui touche la rivière Oubangui touche nécessairement le fleuve Congo. La rivière Oubangui étant un important affluent dont les impacts environnementaux devraient influer négativement sur le bassin versant lui-même.

Le 14 janvier 2010, le Conseil des Ministres de la CICOS, par sa décision n°06/CICOS-CM.07[220], a adopté les « termes de référence relatifs aux impacts du projet de transfert des eaux de l'Oubangui vers le lac Tchad ». Cette étude était officiellement dénommée « Gestion intégrée des ressources en eau du sous-bassin de l'Oubangui » et couvrait, d'une part, la faisabilité du barrage de Palambo et, d'autre part, les impacts sur le bassin du Congo du projet de transfert des eaux de l'Oubangui vers le lac Tchad.

S'agissant du projet de soutien d'étiage de l'Oubangui par le barrage de Palambo[221], il importe de noter ce qui suit :

- Par le passé, sur financement des partenaires au développement(notamment la Commission Européenne), une étude de préfaisabilité avait été conduite en 1990 pour envisager des solutions aux problèmes d'interruption de la navigation sur l'Oubangui et partant sur le Congo, pendant la période d'étiage, et la fourniture d'électricité à la RDC, au Nord Congo et à la RCA, par la construction d'un barrage réservoir et de production électrique et de soutien d'étiage sur le site de Palambo, à environ 64 km en amont de Bangui.
- Le passage du seuil de Zinga, situé à 75 km à l'aval de Bangui, constitue la référence pour la navigation. Le projet a donc été dimensionné en fonction de la hauteur d'eau atteinte en ce point. Dans le souci d'économie, il a été envisagé une navigation fractionnée, c'est-à-dire une possibilité de navigation limitée à 15 jours par mois sur les 4 mois très déficitaires (1er février, 30 mai).

En fonction d'hypothèses sur les objectifs en termes de production d'énergie, le volume de la retenue a été estimé entre 1,9 et 2,5 hm^3 pour une satisfaction de l'objectif 9 années sur 10.

Les caractéristiques du scénario retenu parmi les 6 proposés par le bureau d'étude SOGREAH ont été alors les suivantes :

---

220 Voir Journal Officiel de la CICOS, n°3, 2010-2013, pp.27-52

221 Journal Officiel de la CICOS, *op.cit.*, p.30

A. Cote retenue normale : 361 ;
B. Hauteur du barrage : 18 m ;
C. Superficie : environ 600 km^2 ;
A. Longueur en crête : 1.200 m ;
B. Débit à atteindre 9 années sur 10 à Zinga : 920 m^3/s ;
C. Volume de stockage : 2, 370 hm^3 ;
D. Puissance installée : 4 x 7,5 Mw ;
E. Ouvrage de navigation : plans inclinés pour passage en crête.

Actuellement, le Programme Economique Régional (PER) porté par la CEMAC en cours d'élaboration sous-tend une Vision intégrée du point de vue du développement économique ; il met un accent particulier sur le développement des infrastructures de transport et de l'énergie électrique. Le projet de construction du barrage hydroélectrique et de soutien d'étiage de Palambo en RCA contribue à la réalisation de ces objectifs.

Pour ce qui est du projet de transfert des eaux de l'Oubangui vers le lac Tchad, l'on notera ce qui suit[222] :

- L'idée du projet Transaqua (cfr développements dans la section 3 ci-dessous) de transfert d'eau entre les bassins du Congo et du Tchad est ancienne, antérieure aux bas niveaux actuels et avait pour but d'irriguer une partie du Sahara. Aujourd'hui le projet est porté par la CBLT.
- La configuration actuelle du projet de transfert est encore mal précisée et a pour objectif de transiter les eaux de l'Oubangui vers le lac afin d'augmenter sa superficie en eau, mettre en valeur les terres de son pourtour et connecter les voies fluviales d'Est en Ouest jusqu'à Port Harcourt au Nigéria.
- Faute de financement et suite aux arriérés de contribution des Etats membres de la CBLT, ce projet a été abandonné et les études de faisabilité n'ont pas été réalisées à bon escient.

Section 3. De la coopération à l'intégration des bassins du Congo et du Chari : Projet Transaqua : transfèrement des eaux du fleuve Congo vers la Commission du Bassin du lac Tchad (CBLT)

Le projet « Transaqua, une idée pour le Sahel » est similaire au projet du lac Tchad avec la différence qu'il vise expressément les eaux du fleuve

[222]Journal Officiel de la CICOS, *op.cit.*, p.31

Congo. Il date de 1990 et vise la fourniture, aux pays membres de la CBLT, de l'eau douce en provenance de la RDC.

Il prévoit de barrer les cours de plusieurs rivières importantes du Nord-Est de la RDC au moyen de barrages de régulation à savoir l'Ubangui, l'Aruwimi, la Lindi et la Lowa, et de soustraire une partie de leurs débits pour les amener vers un lac artificiel construit sur la rivière Ubangui en amont de la ville de Bangui en RCA. De là, un canal conduirait ces eaux entre le **bassin du Congo et le bassin du Chari,** à environ 600 mètres d'altitude.

Une fois franchi ce seuil, les débits seraient acheminés, toujours par un canal, dans le lit du Chari, et finiraient par alimenter le lac Tchad et toute sa région. L'ensemble constituerait en outre une voie navigable internationale importante[223].

La longueur totale du canal serait d'environ 2.400 km ; dont à peu près la moitié dans le bassin du Chari. Le volume de prélèvement prévu dans ce premier projet est de l'ordre de 100 milliards de m^3 d'eau annuellement, c'est-à-dire environ 3.150 m^3 par seconde.

Le dossier du transfèrement des eaux du fleuve Congo vers le bassin du lac Tchad a été traité entre autres au 14è Sommet des Chefs d'Etat et de Gouvernement de la CBLT tenu à Ndjamena le 30 avril 2012, lequel a tiré les conclusions et constats suivants :

1. Concernant l'étude de faisabilité du projet de transfert des eaux de l'Oubangui au lac Tchad, le Sommet a autorisé le secrétariat exécutif de la Commission à procéder aux études d'avant-projet détaillé de l'option retenue en concevant au préalable un programme quinquennal d'aménagement du lac Tchad et d'amélioration de l'hydraulicité du Chari, le fleuve tchadien par lequel les eaux de l'Oubangui devront transiter pour se jeter dans le lac Tchad ;
2. Le coût estimatif combiné des travaux pour le transfert des eaux interbassins de l'Oubangui au lac Tchad est de l'ordre de **14,5 milliards** de dollars américains ;
3. Selon les résultats de l'étude de faisabilité, le transfèrement des eaux de l'Oubangui vers le lac Tchad devra permettre de rehausser de 1,5 mètres le niveau de l'eau dans le lac Tchad et de porter sa superficie de 2.500 à 7.500 km^2 sur une période de 4 à 5 ans.

---

[223]MUTINGA MUTUISHAYI, *op.cit.*, pp 69-70.

Le Nigeria, le Niger et le Tchad seraient tombés d'accord, depuis mars 2008, pour financer les études pour le transfert d'une partie des eaux de l'Oubangui. Le Nigeria se serait déclaré prêt à y affecter 5 millions de dollars[224].

La CBLT a organisé en avril 2014 une table ronde des bailleurs de fonds à Bologne en Italie, au cours de laquelle elle a obtenu des promesses de financement de son Plan Quinquennal 2013-2017. Lors de cette conférence, les Chefs d'Etat réunis à cette occasion ont décidé de la création d'un Comité Scientifique International dont la mission est d'appuyer le Secrétariat Exécutif de la CBLT à mettre en œuvre ce plan.

Le Secrétaire Exécutif de la CBLT a convoqué à N'Djamena (Tchad) les 17 et 18 novembre 2014, une réunion inaugurale du Comité, à l'issue de laquelle les participants ont recommandé à la CBLT de mettre à la disposition dudit Comité les documents de synthèse sur les ressources en eau du bassin du lac Tchad. Ils ont aussi élaboré une feuille de route qui avait vocation de couvrir les activités de l'année 2015.

Section 4. De la coopération à l'intégration des bassins du Congo et du Melghir en Algérie : Création d'un canal fluvial transafricain

L'Algérie prévoit de s'alimenter du fleuve Congo. Selon en effet Monsieur Mustapha KARA, Directeur de l'Agence Nationale pour les changements climatiques (ANCC), les ressources en eau en Algérie, surtout dans les Hauts-Plateaux et les steppes, atteindront leurs limites à l'horizon 2020-2025.

Parmi les solutions envisagées pour remédier à cette situation, il y a le reboisement massif et des aménagements des chotts. Par ailleurs, deux projets qui concernent la création d'un **canal fluvial transafricain** et d'une centrale solaire (tour) devraient, selon lui, devenir urgents et prioritaires pour les gouvernements en Afrique.

L'alimentation du canal de 6% des eaux du fleuve Congo suffirait aux besoins du projet, le fleuve ayant un débit supérieur à celui du Nil (3500 m^3/s). Il ne transportera pas moins de 100 milliards de m^3 d'eau douce et couvrira ainsi complètement les besoins actuels et à venir des populations en reliant, en tant que voie navigable, le fleuve Congo à la

224 MUTINGA MUTUISHAYI, *op.cit.*, p.72.

région du **bassin Melghir en Algérie (El-Oued et Biskra)** et permettra de restaurer le lac antique d'une superficie de 7000 Km^2.

Il a noté enfin que ce projet est complémentaire d'un autre projet déjà en cours, celui du barrage du grand INGA sur le fleuve Congo qui couvrira les besoins électriques de toute l'Afrique[225].

Au-delà de l'harmonisation des bassins fluviaux et lacustres, matière traitée dans le chapitre précédent, il convient de tendre vers la mise en place d'un cadre de coopération réellement fédérateur des intérêts divergents en présence, cadre pourtant rudimentaire, quasi inexistant jusqu'à l'heure actuelle. Ce dernier aspect fait l'objet du chapitre suivant.

[225]In www.algerie-dz.com, 2/06/2007.

CHAPITRE II

LA NECESSITE D'UN CADRE DE COOPERATION FEDERATEUR DES INTERETS DIVERGENTS

L'inexistence d'un cadre de coopération fédérateur des intérêts divergents au sein des bassins fluviaux du Congo et du Nil se traduit à travers certaines caractéristiques que nous allons relever dans les trois sections suivantes :

- Le caractère embryonnaire et superficiel de la coopération à travers le fleuve Congo (section 1) ;
- Le caractère éparpillé et non consensuel de la coopération à travers le fleuve Nil (section 2) ;
- Les assises rudimentaires du droit fluvial africain de règlement des différends (section 3).

De cette inexistence de structure, découle la nécessité de mettre sur pied un cadre de coopération approprié.

Section 1. Le caractère embryonnaire et superficiel de la coopération à travers le fleuve Congo

Nous allons examiner cet aspect au regard de la coopération tant bilatérale que multilatérale.

I. Coopération bilatérale

Dans son statut de fleuve international, le fleuve Congo sépare la RDC, d'une part, de la République du Congo et, d'autre part, de l'ANGOLA. Aussi, est-il important d'apprécier l'état de la coopération entre ces différents pays par le biais de ce cours d'eau partagé.

A. Coopération entre la RDC et la République du Congo (Congo-Brazzaville)

De manière systématique, il s'agira d'examiner tour à tour :

- L'état actuel de la coopération entre les deux pays : les domaines techniques de coopération ;
- Les bases juridiques de cette coopération ;
- Les autres possibilités de coopération à promouvoir.

1. Etat actuel de la coopération entre les deux pays : les domaines techniques de coopération

Avant d'analyser la situation actuelle, il est intéressant de survoler l'historique de cette coopération, en mettant par ailleurs un accent particulier sur le manifeste du 16 juin 1970.

a) Evolution historique

Pour rappel, à la suite de l'exécution sommaire de Pierre Mulele, chef rebelle en 1965, le Congo et le Zaïre[226] rompirent leurs relations diplomatiques. Pendant la crise qui s'ensuivit, des incidents graves perturbèrent le trafic fluvial sur le cours moyen du fleuve Congo.

En avril 1970, les autorités congolaises procédèrent à l'arrestation de douze piroguiers zaïrois qui naviguaient non loin de la rive droite (côté congolais), à titre de représailles contre l'arrestation par des soldats zaïrois de huit congolais qui s'étaient rendus à l'ile Bamou située dans le Stanley Pool ou Pool Malebo. En octobre 1971, les autorités zaïroises débaptisèrent le fleuve Congo en Zaïre et adoptèrent une attitude tendant à remettre en cause le statut international du fleuve[227] Congo.

b) Du manifeste du 16 juin 1970

Le coup d'Etat manqué de Brazzaville en mars 1970 avait considérablement détérioré les rapports déjà difficiles entre les deux Etats. La réconciliation des deux Congo devait avoir lieu trois mois plus tard sur le Congo en présence des Chefs d'Etat de la RCA, du GABON, du TCHAD et du représentant personnel du Président AHIDJO du CAMEROUN. Le communiqué final de cette rencontre devait annoncer la signature le 16 juin par les Présidents MOBUTU et NGOUABI du document appelé « Manifeste sur la réconciliation entre les deux Congo »[228].

Les deux Chefs d'Etats ont affirmé leur volonté de coexister et de coopérer en dépit de la différence idéologique de leur régime. Ils ont considéré en effet la coopération comme l'exigence du développement national et la base de la solidarité constante entre leurs deux pays.

226Actuellement République Démocratique du Congo.

227Voir développement supra.

228BUKASA Joseph, *thèse citée.*

Cette coopération impliquant aussi le règlement du problème de l'utilisation en commun des eaux du fleuve Congo, le Manifeste du 16 juin a décidé la réouverture du trafic fluvial entre Kinshasa et Brazzaville. Une Commission permanente a été créée pour préciser les modalités pratiques de la reprise de la navigation inter-rives interrompue il y a deux ans. La première traversée au Pool a eu effectivement lieu le 16 juillet 1970.

Cette Commission permanente avait également pour mission de favoriser les rencontres et les échanges à tous les niveaux en vue de régler définitivement le contentieux existant entre les deux Congo (229), notamment le contentieux touchant essentiellement à l'utilisation en commun du cours d'eau, même au-delà du Stanley-Pool.

La réconciliation du 16 juin 1970 a été malheureusement remise en cause dès l'année suivante.

c)Avancées réalisées : situation actuelle

En date du 28 août 1976, les Chefs d'Etat du Zaïre (RDC) et du Congo-Brazzaville se sont réunis à Gbadolite (RDC) et ont réglé au moins certaines questions techniques. Des protocoles d'accord ont été conclus relatifs à l'assistance mutuelle des unités navales fluviales relevant des deux Etats et naviguant sur le Zaïre et sur l'Oubangui, ainsi qu'aux modalités d'entretien des voies navigables par les Etats riverains.

Un accord a prévu la création d'une société mixte zaïro-congolaise pour l'exploitation du trafic fluvial entre Kinshasa et Brazzaville. Il faut par ailleurs signaler la taxation des unités navales zaïroises dans les ports du Congo en vertu de la législation en vigueur dans ce pays, attitude s'écartant du libéralisme souhaité en 1885[230].

Actuellement, un climat incertain caractériserait les relations entre la RDC et la République du Congo (le Congo-Brazzaville), particulièrement au lendemain des expulsions massives et criminelles des ressortissants de la RDC habitant le Congo Brazzaville, événements survenus au cours des années 2014 et 2015. Pour près de 99%, ces expulsions se seraient déroulées par des embarcations de fortune sur le fleuve Congo, hors normes, à travers le fleuve Congo, opération qualifiée malencontreusement de « mbata ya mukolo, la gifle de l'aîné » lancée le 3

[229]Article 3, pt b) du Manifeste.

[230] NGUYA-NDILA, *op.cit.*, p. 53

avril 2014 par la République du Congo, ralentie par la suite, puis malheureusement reprise le 14 mai 2015[231]. Des violations graves et massives des droits de l'homme auraient été perpétrées sur des ressortissants de la RDC qui séjournaient au Congo Brazzaville, crimes dénoncés par la communauté internationale, en particulier par l'Union Européenne et les ONG internationales des droits humains.

A l'occasion d'une rencontre purement sportive (Coupe d'Afrique des Nations de football, janvier 2015), qui a vu l'équipe du Congo Brazzaville être battue par celle de la RDC (soit deux buts contre quatre), des incidents supplémentaires violents auraient encore été déplorés à l'encontre des populations de la RDC résidant au Congo Brazzaville.

Tous ces incidents n'ont cependant pas interrompu les relations diplomatiques entre les deux Etats. Aussi, dans ce cadre, la RDC n'a-t-elle pas pris part aux 11èmes Jeux Africains tenus à Brazzaville du 4 au 15 septembre 2015, axés sur le thème « jeunesse et développement », concomitamment supervisés par le Chef de l'Etat de la République du Congo et la Présidente de la Commission de l'Union Africaine, Madame ZUMA.

Dans le même sens, la tenue régulière des grandes Commissions mixtes diplomatiques entre les deux pays en vue de débattre de toutes les questions intéressant les deux Etats permet de relancer la coopération, laquelle repose sur des bases juridiques variées.

2. Bases juridiques de cette coopération

La coopération entre la RDC et la République du Congo est régie par les instruments juridiques ci-dessous, concernant particulièrement la gestion du fleuve Congo.

Il s'agit de :

a) Protocoles d'accord du 28 août 1976, rappelés supra ;
b) Accord multilatéral du 6 novembre 1999 sur le bassin Congo-Oubangui-Sangha, dont développement infra ;
c) Communiqués conjoints signés à l'issue de grandes Commissions mixtes, tel celui issu des travaux de la 11ème grande Commission mixte RDC-Congo Brazzaville tenue à Kinshasa en fin décembre 2007 ;

---

[231]Plus de 250.000 ressortissants de la RDC auraient été victimes de ces opérations.

d) Convention générale de coopération en matière de justice du 12 avril 1978 entre la République du Zaïre (actuelle RDC) et la République Populaire du Congo[232] (actuelle République du Congo).

Cette Convention, qui comporte 5 articles, découle du désir des deux Etats de resserrer les liens d'amitié et de fraternité qui unissent les deux pays et leurs peuples ; de leur volonté de coopérer efficacement en matière juridique et judiciaire, ainsi que de leur idéal de justice et du souci de maintenir la concorde et la paix dans leurs divers rapports[233].

e) Accord de coopération maritime entre la République du Congo et la RDC.

Cet Accord traite du transport maritime, de la sécurité et de la navigation maritime ainsi que des ports.

Les traits caractéristiques communs à toutes les dispositions de cet Accord portent sur la recherche d'une coresponsabilité en amont et en aval entre les deux Etats concernant la problématique du transport dans leurs espaces maritimes respectifs.

L'article 3 consacre le devoir des deux parties « à harmoniser la politique commerciale et tarifaire de leurs armements nationaux ». L'article 4 instaure la possibilité pour les deux Etats d'utiliser réciproquement les navires de l'armement national de l'un ou de l'autre, et cela, aux fins d'une utilisation optimale de la capacité de leur flotte de commerce.

Cet Accord cherche à établir une politique promotionnelle en matière de communication claire[234].

Par rapport à la sécurité et à la navigation maritime, l'Accord consacre une collaboration à titre préventif pour maintenir la paix, l'ordre public ou la sécurité d'Etat des deux Parties concernées. Aussi, est-il prévu la possibilité pour chaque Etat de mener immédiatement « une enquête nautique en coopération avec l'autre Partie contractante » en cas de survenance d'un naufrage, d'une mutinerie…[235].

232Publié au journal officiel (J.O.Z, n° 18, du 15/9/1985, P. 35).
233Voir préambule de cette Convention.
234Lire les articles 5 et 6 de cet Accord.
235Lire les articles 7 et 10 de l'Accord.

Il convient enfin de noter que les articles 11 à 19 de cet Accord règlementent le statut des marins et autres membres d'équipage en cas de transit ainsi que les avantages accordés aux stagiaires et élèves officiers ; de même que les mécanismes d'utilisation des ports dans l'intérêt des deux Parties à l'Accord.

L'article 18 précise en effet : « Chacune des Parties contractantes accordera, sous réserve des lois et règlements en vigueur dans son Etat, aux navires de l'autre Partie contractante engagés dans un voyage international, libre accès à ses ports, pour embarquer et débarquer les marchandises et les passagers, l'utilisation des services en rapport avec la navigation et les opérations commerciales normales ».

Et l'article 19 d'ajouter : « En vue de promouvoir leur coopération, les deux Parties contractantes s'engagent à procéder à :

a) Une concertation périodique entre les autorités portuaires des deux Etats en matière de programme d'équipement ;
b) Une harmonisation de leur politique tarifaire ;
c) Des échanges de cadres portuaires en vue de leur formation et de leur perfectionnement ;
d) Des échanges permanents d'informations, de documentations et de statistiques ».

3. Autres possibilités de coopération à promouvoir

Le projet de Pont route/ rail entre Brazzaville et Kinshasa (et le prolongement du chemin de fer Kinshasa-Ilebo).

a) Présentation de ce Projet

Le projet de construction sur le fleuve Congo du Pont route-rail entre Brazzaville et Kinshasa a été étudié sommairement dans les années 1970. Ce projet a été accepté par la CEEAP et retenu dans le cadre des projets prioritaires du NEPAD et de l'Union Africaine comme devant favoriser l'intégration sous-régionale.

Le Projet initial ne concernait que le Pont route-rail entre les deux capitales. La RDC est parvenue après à joindre ce projet avec la liaison du chemin de fer Kinshasa-Ilebo, en passant par Kikwit et Idiofa (soit 1.015 km).

Le Protocole d'Entretien relatif à la construction du pont route-rail entre Brazzaville et Kinshasa, et le prolongement du chemin de fer

Kinshasa-Ilebo, ainsi que la requête conjointe de financement, ont été signés à Dakar le 13 mai 2009 entre la RDC et la République du Congo, en présence de la BAD. L'accord de don a par ailleurs été aussi signé.

b) Objectifs poursuivis par ce Projet

La réalisation de ce projet contribuera à[236] :

1. Faciliter, en termes de rapidité et de fiabilité, le trafic entre les villes de Kinshasa (plus de 10 millions d'habitants) et Brazzaville (1,5 millions d'habitants), villes connectées aux ports maritimes de Matadi et Pointe-Noire et constituant par ailleurs des terminaux routiers et ferroviaires de premier plan ;
2. Eliminer le système quasi-rudimentaire actuellement utilisé par la modernisation des infrastructures ;
3. Assurer la régularité et la sécurité des approvisionnements de deux capitales tant à l'importation qu'à l'exportation ;
4. Compléter le maillon manquant essentiel sur le corridor Tripoli-Windhoek, retenu dans le Plan d'Actions à court terme du NEPAD ;
5. Favoriser la création des services multi modaux en direction du réseau fluvial et de l'océan Atlantique ;
6. Faciliter, à terme, les connexions entre les pays de l'Afrique centrale (notamment la RDC, le République du Congo, la RCA, le Tchad et le Cameroun) ;
7. Permettre l'extension de la ligne ferroviaire Matadi-Kinshasa, jusqu'à Durban (Afrique du Sud), afin de promouvoir les échanges vers l'Est et le Sud-est du pays, et au-delà, vers les régions Est et le Sud de l'Afrique ;
8. Permettre l'interconnexion des réseaux ferroviaires de l'Afrique Centrale, Orientale et Australe.

c)Financement de ce Projet

Le Conseil d'Administration de la BAD a approuvé le 3 décembre 2008 l'octroi d'un don de 5 millions d'unités de compte (UC), soit près de 7.500.000 $ pour le financement de l'étude à raison de 1.414.000 UC à la République du Congo et 3.585.000 UC à la RDC. Ce montant sert à financer à hauteur de 91,87% du coût total de l'étude prévu. Les gouvernements des deux Etats prendront en charge 5% du coût total de l'étude relatif au Pont, entièrement en monnaie locale. Seul le

[236]Document analyses du Gouvernement (mai 2009).

Gouvernement de la RDC contribuera au financement du Volet ferroviaire de l'étude à hauteur de 11,91% du coût total de ce volet, entièrement en monnaie locale. Cette part de la RDC en monnaie locale devait être retenue au Budget d'Investissement de l'Etat pour l'exercice 2010[237].

S'agissant du financement de la construction du Pont route-rail, il convient de noter que la République du Congo a déjà enregistré l'intérêt du Brésil et de l'Espagne.

Quant au volet chemin de fer Kinshasa-Ilebo, le financement des travaux est requis dans le cadre des contrats chinois (Gouvernement RDC-Entreprises chinoises).

Pour le décaissement de ce don, il est attendu des deux Gouvernements (RDC et Congo-Brazzaville) la preuve de l'alimentation d'un compte spécial ouvert par le Secrétariat Général de la CEEAC au nom du Projet, au titre de la contrepartie au financement de l'étude ; ainsi que la preuve de la désignation des membres du Comité Technique Mixte et du Comité Technique Ferroviaire, à fournir au FAD.

d) De l'impact de ce Projet sur l'économie de la Province du Kongo Central (en RDC)

S'agissant de la question liée au préjudice qu'on craint de porter aux Ports de Matadi et de Boma (en termes de baisse de trafic), et ainsi à l'économie de la Province du Bas-Congo[238], il convient de relever que les dispositions suivantes ont été prises :

1. La réalisation d'une étude complémentaire portant sur l'incidence de la construction du Pont sur l'économie de la Province du Kongo Central et pour laquelle la BAD a accepté d'apporter un complément de financement ;
2. L'approbation par la RDC, à chaque étape, des conclusions des rapports préliminaires soumis par le Consultant conformément au calendrier d'exécution du projet. Ceci permettra à le RDC d'apporter des correctifs nécessaires dans le sens de la sauvegarde des intérêts majeurs de l'économie nationale ;

237Voir document analyses du Gouvernement, *op.cit.*

238Province actuellement dénommée « Kongo Central » conformément à l'article 2 de la Constitution de la RDC du 18 février 2006, telle que modifiée à ce jour.

e) *La relance du Projet de construction du Port en Eaux profondes de Banana.*

Pour ce dernier projet inscrit dans le cadre du Plan de Développement Consensuel de Transports en Afrique Centrale (PDCT-AC), la CEEAC recommande vivement à la RDC l'accélération de sa réalisation. Ceci implique une mise à jour rapide des études par la préparation des termes de référence afin de présenter ce projet lors de la Table Ronde des Bailleurs de Fonds. La BAD serait par ailleurs disposée à financer les études et à mobiliser les bailleurs de fonds pour la construction de cet important ouvrage. Déjà, quelques investisseurs sont intéressés à la réalisation de ce projet.

A part la République du Congo, la RDC est aussi appelée à coopérer avec l'ANGOLA, pour la partie du fleuve Congo qui les sépare.

B. Coopération entre la RDC et l'ANGOLA

Pour mieux appréhender la coopération entre ces deux Etats, il convient de traiter successivement les points ci-après :

- Un bref aperçu sur les objectifs de cette coopération ;
- L'analyse des accords maritimes entre les deux Etats.

1. *Bref aperçu sur les objectifs de cette coopération*

La République Démocratique du Congo et l'Angola, pays partageant une large frontière maritime et terrestre, ont conclu divers accords pour resserrer leurs liens de solidarité et renforcer les relations de bon voisinage.

Ces relations de bon voisinage sont justifiées non seulement par les impératifs de sécurité et de l'économie, mais aussi par les liens historiques et appartenances ethniques qui unissent les peuples. La compagnie angolaise d'aviation TAAG, après avoir suspendu en 1999 ses navettes directes à destination de Kinshasa, les a reprises depuis le 23 avril 2015. Les deux Etats, réunis dans le cadre de la SADC, ont le devoir de renforcer leur coopération pour faire face aux défis contemporains de développement.

L'accord sur le transport maritime et l'arrangement sur l'aménagement et l'entretien du bief maritime du fleuve Congo sont des illustrations de cette coopération, qui sont aujourd'hui renforcées par des accords en matière sécuritaire.

2. Accords maritimes entre la République Démocratique du Congo et l'Angola

Il y a lieu d'évoquer particulièrement quatre textes juridiques, à savoir :

a) L'Accord sur le transport maritime entre le Gouvernement de la République Démocratique du Congo et le Gouvernement de la République d'Angola (du 17 octobre 1978) ;
b) L'Arrangement particulier portant aménagement et entretien des passes navigables dans le bief maritime du fleuve Zaïre (du 25 octobre 1978) ;
c) L'Accord sur l'exploitation et la production des hydrocarbures dans une zone maritime d'intérêt commun, entre la République Démocratique du Congo et la République d'Angola (du 30 juillet 2007). Accord ratifié par la RDC le 16 novembre 2007 ;
d) L'Accord sur le transport maritime entre la République Démocratique du Congo et l'Angola (Kinshasa, le 19 janvier 2015).

En ce qui concerne le premier accord, conclu à Luanda le 17 octobre 1978, il y a lieu d'indiquer qu'il réglemente les matières relatives à l'exploitation maritime, à l'administration et à la législation.

Les deux Etats ont convenu de garantir le principe de la liberté de navigation maritime et de s'abstenir de toutes actions discriminatoires susceptibles de porter préjudice au développement normal de la navigation internationale. Ils ont en plus convenu de coopérer pleinement pour faciliter le transport des personnes et des biens et développer les affaires entre les ports maritimes de la République Démocratique du Congo et de l'Angola[239].

Au regard de l'article 13 de cet Accord, il est prévu que les autorités judiciaires de l'un des deux Etats ne pourront connaître de procès civils entre un capitaine et un membre de l'équipage d'un navire appartenant à l'autre Etat portant sur le salaire ou le contrat d'engagement qu'à la demande de l'autorité consulaire du pays dont ledit navire bat pavillon.

De même, les autorités tant administratives que judiciaires de l'un de deux Etats n'interviendront à l'occasion des infractions commises à bord d'un navire relevant de l'autre Etat et se trouvant dans un port du premier Etat que lorsque :

---

[239] Articles 3 – 5 de l'Accord.

- La demande d'intervention est faite par le consul ou avec son accord ;
- L'infraction ou ses conséquences sont de nature à compromettre la tranquillité et l'ordre public à terre ou dans le port, ou à porter atteinte à la sécurité publique ;
- Les personnes étrangères à l'équipage se trouvent en cause.

Ces restrictions ne peuvent cependant porter atteinte à l'application des dispositions législatives en matière douanière, de santé publique et d'autres mesures de contrôle relatives à la sécurité du port.

L'Accord prévoit aussi une représentation réciproque des armements nationaux. La Compagnie Maritime Congolaise (CMC), par sa filiale AMICONGO (ex-AMIZA) représentera l'armement national angolais en République Démocratique du Congo tandis que l'Agence maritime nationale de l'Angola le fera pour la République Démocratique du Congo en Angola[240].

Cet Accord a enfin prévu la mise en place d'une commission ayant pour rôle de proposer des recommandations à l'intention des autorités compétentes des deux pays[241].

L'accord conclu, pour une période de deux ans renouvelable par tacite reconduction sauf dénonciation par l'une de deux parties contractantes moyennant un préavis de 6 mois, entrait provisoirement en vigueur à la date de sa signature. Une entrée en vigueur définitive était prévue après les procédures de ratification dans les deux pays.[242]

Quant au second accord, celui conclu à Kinshasa le 25 octobre 1978, il vient en réalité compléter l'accord du 17 octobre de la même année.

La particularité des ports maritimes de la République Démocratique du Congo est qu'ils sont situés dans les eaux enfermées dans le territoire terrestre. C'est le cas des ports de Boma et de Matadi, les plus importants, qui sont situés sur le fleuve Congo.

La République Démocratique du Congo ne dispose pas encore de ports en eaux profondes comme la plupart des ports situés le long de la Côte Ouest africaine de l'Océan Atlantique : Dakar, Abidjan, Pointe Noire, Douala, Benguela en Angola. La construction d'un port en eaux

---

[240]Article 18 de l'Accord.
[241]Article 21 alinéa 1er.
[242]Article 21 alinéas 2 – 4.

profondes à Banana ou à Moanda n'est encore qu'un projet. Fort malheureusement, le bief maritime du fleuve Congo est jonché de rapides et de mines. D'où, il n'est pas facilement navigable et ne permet pas l'accès à d'imposants bâtiments de mer.

C'est conscient de cette difficulté et du rôle maritime important que jouent les ports de Matadi et de Boma que les deux pays ont convenu d'aménager et d'entretenir le bief maritime du fleuve Congo. Les travaux d'aménagement du bief maritime (section du canal ou de cours d'eau comprise entre deux écluses, deux chutes d'eau ou deux séries de rapides) consistent au sondage, au balisage (placement des dispositifs de signalisation d'un danger ou la limitation de la voie marine) et au dragage (processus d'enlèvement des roches et mines marines).

Contrairement à l'intitulé de cet Accord qui semble se limiter à l'aménagement du bief maritime du fleuve Zaïre/Congo, les dispositions de l'Accord laissent entrevoir des obligations et responsabilités réciproques.

Dès l'article 1er en effet, il est question d'aménagement et d'entretien des biefs maritimes respectifs des deux Etats.

Aux termes de l'article 2, la République d'Angola accorde à la RDC les facilités lui permettant l'accès libre dans les eaux territoriales, les îles, îlots et borgnes angolais en vue d'effectuer des travaux de sondage, de dragage et d'entretien des balises, feux et signaux d'alignement.

La RDC s'engage à prendre les dispositions nécessaires pour que ses ressortissants qui seront appelés à œuvrer dans les eaux territoriales, sur les îles, îlots et borgnes angolais, s'en tiennent strictement à, l'exécution de leurs tâches techniques[243].

Conformément à l'article 5 enfin, il est indiqué que « les autorités angolaises pourront procéder à des contrôles des baliseurs et des dragues congolais utilisés dans le cadre desdits travaux pour veiller sur le respect de sa souveraineté et s'assurer que les techniciens congolais ne s'adonnent qu'à la mission leur définie ».

Eu égard au caractère stratégique du bief maritime du fleuve Congo dans le désenclavement de la République Démocratique du Congo et dans l'approvisionnement de la partie Ouest du pays, l'exploitation de ce

---

[243]Voir l'article 4 de cet Accord.

bief a connu un tournant particulier suite à la signature en date du 09 mars 2015, d'un Arrêté[244] par trois membres du Gouvernement de la RDC, à savoir les Ministres en charge de l'Economie Nationale, des Finances et des Transports et Voies de Communication, instituant une quotité additionnelle à la redevance de navigation sur le bief maritime du fleuve Congo.

La signature de cet instrument juridique est la résultante d'un processus et a été occasionnée à la suite d'une série de difficultés, notamment :

- les équipements et matériels de la Congolaise des Voies Maritimes destinés à l'entretien et à la maintenance du bief maritime du fleuve Congo ne sont pas à même de garantir la calaison requise par les navires à destination des ports maritimes congolais ;
- les ressources actuelles de la Congolaise des Voies Maritimes ne lui permettent pas d'acquérir les équipements et matériels neufs pour assurer l'entretien et la maintenance satisfaisante et continue du bief maritime du fleuve Congo ;
- l'instabilité régulière de la calaison offerte aux navires à destination des ports de Boma et de Matadi, due à l'ensablement régulier du bief maritime du fleuve Congo[245].

Ces difficultés ont justifié la nécessité d'instaurer une quotité additionnelle sur la redevance de navigation, pour pallier de manière permanente cette situation. Tout compte fait, le Gouvernement avait déjà décidé, lors de la réunion du groupe thématique « Secteurs productifs » du 30 septembre 2013, qu'un contrat de partenariat serait conclu entre la Congolaise des Voies Maritimes (CVM) et la Société Dredging International (DI), pour les opérations de dragage complémentaire du bief maritime du fleuve Congo. De même, à travers leur lettre n°DEFD/RM/F.1361/2012 du 13 décembre 2012, les opérateurs maritimes avaient exprimé leur approbation quant au financement des travaux de dragage complémentaire du bief maritime du

[244]Arrêté interministériel n°008/CAB/MIN/ ECONAT/2015, n°003/CAB/MIN/FINANCES/2015 et n°002/CAB/MIN/TVC/2015 du 09 mars 2015 instituant une quotité additionnelle à la redevance de navigation sur le bief maritime du fleuve Congo.

[245]Voir préambule de l'Arrêté interministériel du 09 mars 2015 précité.

fleuve Congo, par l'instauration d'une quotité additionnelle à la redevance de navigation sur ce bief.

A la coopération bilatérale au sujet du fleuve Congo, il importe d'ajouter celle sous-régionale et multilatérale, objet du point suivant.

II. Coopération sous-régionale et multilatérale

Cette forme de coopération s'avère très nécessaire pour une meilleure exploitation du bassin du fleuve Congo, et elle doit être encouragée. Elle se manifeste à travers plusieurs canaux ou mécanismes dont la Commission Internationale du Bassin Congo – Oubangui – Sangha (CICOS).

De plus, il conviendrait, pour les Etats concernés, de travailler à la mise en place rapide d'une « Commission du Fleuve Congo » et même d'une « Autorité Internationale du Bassin du Fleuve Congo ».

Enfin, il serait judicieux d'explorer d'autres voies concourant à la rentabilisation du Bassin du Congo.

Ainsi, après avoir examiné la coopération dans le cadre de la CICOS (point A), l'on survolera d'autres possibilités de coopération multilatérale (point B).

A. Coopération dans le cadre de la Commission Internationale du Bassin Congo – Oubangui – Sangha (CICOS)[246]

La CICOS a été créée en 1999 par la volonté des Etats de la région Afrique Centrale (RDC, Congo, Cameroun, RCA), en tant que « levier pouvant galvaniser les énergies pour la réalisation de l'intégration ». Cette organisation n'est cependant pas inclusive de tous les Etats concernés par le bassin.

L'idée de créer une organisation du bassin du Congo – Oubangui – Sangha découle du constat de l'existence de plusieurs organisations de gestion des bassins fluviaux en Afrique telles que la CBLT, l'OMVS, le Mano Rivers, la Kagera, etc.

---

[246] A ce jour, la CICOS compte donc quatre Etats membres : Cameroun, RCA, RDC, Congo Brazzaville. Le Gabon est en cours d'adhésion tandis que l'Angola est membre observateur.

La CICOS a son siège à Kinshasa. Elle est dirigée par un Secrétaire Général, désigné par le Comité des Ministres de la CICOS. L'actuel Secrétaire Général, Monsieur Simon SAKIBEDE de la République Centrafricaine, nommé Secrétaire Général par le Comité des Ministres de la CICOS réuni à Brazzaville le 02 avril 2010, a déclaré lors de son entrée en fonction le 12 juillet 2010 ce qui suit :

« Aujourd'hui, l'unanimité s'est faite autour du constat selon lequel, des cinq régions africaines, c'est l'Afrique Centrale qui accuse le plus grand retard sur le chemin de l'intégration : une étude récente du Bureau de la CEA pour l'Afrique Centrale basé à Yaoundé (au Cameroun), a relevé qu'il n'existe aucune route bitumée reliant les capitales. Le même constat vaut pour les liaisons aériennes. Comment peut-on vivre en symbiose sans possibilité de se fréquenter, ni d'échanger ? »

Au-delà de certains problèmes qui assaillent la CICOS (notamment les arriérés de contributions des Etats membres, évalués à 1.774.638 euros en 2010 ; les dettes redevables au personnel, à hauteur de 33.039 euros en 2010 ; la question de la résidence du Secrétaire Général), cette organisation fonctionne à la satisfaction des Etats membres et réalise de nombreuses activités.

Le budget de la CICOS pour l'exercice 2012 a été arrêté par le Conseil des Ministres à 1.222.000.000 FCA, soit 1.862.962 euros[247]. Quant à l'exercice 2013, il a été chiffré à 1.535.000.000 FCA, soit 2.340.092 euros[248].

B. Autres Projets de coopération multilatérale

Parmi les autres canaux de coopération multilatérale à travers le fleuve Congo, il convient de traiter respectivement :.

- Le projet d'interconnexion Inga-Moanda-Cabinda-Pointe Noire ;
- La modernisation du barrage d'Inga et construction du Port maritime de Banana ;
- Le projet du barrage Zongo II ;
- Le projet de l'aqueduc Congo-Namibie.

247Voir Communiqué final de la 9ème session ordinaire du Comité des Ministres de la CICOS, tenu à Yaoundé le 22 août 2011.

248Voir Communiqué final de la 10ème session ordinaire du Comité des Ministres de la CICOS, tenu à Bangui le 10 septembre 2012.

1. Projet d'interconnexion Inga – Moanda - Cabinda – Pointe Noire

Du 20 au 21 août 2007, s'est tenue à Kinshasa une réunion tripartite (RDC, Angola, Congo-Brazzaville) sur le projet d'interconnexion Inga – Moanda -Cabinda – Pointe Noire, en présence de l'Administrateur Directeur Général de la SNEL, du Secrétaire Permanent du Pool Energétique de l'Afrique Centrale (PEAC), du Secrétaire Général de l'Energie et des Bailleurs, dont la BAD.

C'est depuis plusieurs années que les trois pays se préoccupent de l'électrification de certaines localités qui peuvent être alimentées facilement à partir du site d'Inga.

C'est ainsi qu'il fut décidé de lancer le projet de la ligne Inga – Moanda – Cabinda – Pointe Noire pour alimenter ces localités et leurs environs. Mais pour des raisons financières, le projet avait connu un retard.

Ainsi, pour relancer le processus en 2004 à Malabo, les organes de décision du PEAC dont les trois sociétés d'électricité (RDC, Angola et Congo) sont membres, ont donné mandat au Secrétariat Permanent du PEAC de mobiliser le financement pour la matérialisation du projet.

En 2006, un protocole d'accord intergouvernemental et un autre inter – société ont été signés pour servir de cadre structurel qui devrait permettre le financement, la réalisation des études de faisabilité et l'exécution du projet d'interconnexion de la ligne Inga – Moanda – Cabinda – Pointe Noire[249].

Les assises de 2007 à Kinshasa ont abouti à la mise en place des procédures pour la mobilisation des financements et le recrutement d'un ingénieur – conseil en vue d'élaborer les études de faisabilité du point de vue technique, légal, institutionnel, socio-économique, environnemental, etc.

2. Modernisation du barrage d'Inga et construction du Port maritime de Banana

En date du 21 août 2007, les Chefs d'Etat de la République Démocratique du Congo et de la République Sud-Africaine (Joseph Kabila et Thabo Mbeki) ont échangé à Kinshasa sur leurs relations bilatérales, lors de la quatrième Commission Mixte Afrique du Sud –

---

[249]Cette ligne à connecter sera de 370 km.

République Démocratique du Congo. L'Afrique du Sud est en effet intéressée par le projet de la construction d'un port en eaux profondes à Banana, sur la côte Atlantique. L'autre grand projet concerne la réhabilitation et la modernisation du barrage hydroélectrique d'Inga.

En effet, la République Sud-Africaine qui dispose des industries lourdes dont le fonctionnement nécessite de grandes quantités d'énergie, a retenu dans son agenda de **coopération** un plan de modernisation du barrage hydroélectrique d'Inga pour alimenter l'Afrique Australe en général et les industries sud-africaines en particulier.

La neuvième grande Commission mixte RDC-Afrique du Sud a permis aux deux Chefs d'Etat (Joseph Kabila et Jacob Zuma) de faire le point sur la coopération entre les deux Etats. La réunion s'est félicitée de la création par la RDC, par ordonnance n°15/079 du 13 octobre 2015, de l'Agence pour le développement et la promotion du Projet Grand Inga, en sigle ADPI-RDC, et la nomination à sa tête d'un Chargé de mission ayant rang de Ministre.

La réhabilitation et la modernisation du barrage hydroélectrique d'Inga constitue de toute évidence l'une des phases importantes du Nouveau partenariat de l'Afrique pour le développement (NEPAD) dont l'Afrique du Sud est l'un des principaux initiateurs.

Pour clore cet aspect de coopération entre la RDC et la RSA, il importe d'indiquer qu'il existe un accord de coopération maritime entre ces deux Etats signé à Kinshasa le 16 mars 2006 par J.RADEBE, Ministre des Transports de la RSA et Elias MULUNGULA, Vice-Ministre des Transports et Communications de la RDC. Le Sénat congolais ayant par ailleurs estimé que cette dernière autorité n'avait pas qualité pour signer ledit accord, refusa d'adopter, le 10 août 2011, le projet de loi d'autorisation de ratification de cet accord.

Aux termes de l'article 2 alinéa 1er de l'Accord, les deux Etats ont convenu « de coopérer pour développer une relation mutuellement profitable dans le domaine de la marine marchande et autres aspects maritimes, sur base d'égalité et de la réciprocité souveraines ».

Cet Accord a prévu la création d'un Comité de liaison maritime ayant pour buts de veiller à la mise en application de ses dispositions, d'élaborer des recommandations destinées aux Parties et d'en assurer le suivi[250].

3. Projet du Barrage Zongo II

Le Programme sino-congolais de réhabilitation et de reconstruction des infrastructures de base et de soutien conclu entre la RDC et la Chine concerne aussi le sous-secteur de l'électricité.

En début avril 2009, un protocole d'accord a été signé entre le Ministre congolais de l'Energie et le représentant général de l'entreprise chinoise SINOHYDRO en République Démocratique du Congo, pour la construction du barrage hydroélectrique de Zongo II, d'une puissance de 150 mégawatts.

La production de ce nouveau barrage sera intégrée dans le circuit de distribution pour augmenter le potentiel de fourniture en électricité notamment de la ville de Kinshasa et de la Province du Kongo Central.

D'un coût de réalisation chiffré à 350 millions de dollars entièrement financés par le gouvernement chinois, le début des études de faisabilité qui devaient prendre six mois était programmé pour la fin 2009 tandis que les travaux proprement dits de construction devraient durer jusqu'en 2013 – 2014[251]. Un retard dans la mise en exécution de ce projet a été enregistré par rapport aux dates préalablement fixées.

4. Projet de l'aqueduc Congo-Namibie[252]

Il est un constat que toute l'Afrique australe a de l'intérêt sur les eaux du bassin du Congo et sur l'énergie du barrage d'Inga. En plus de la solidarité exigée de tous les pays de la SADC, il se profilerait en filigrane une demande de transfert de l'eau du fleuve Congo vers le fleuve Okavango que se disputent la Namibie et le Botswana.

C'est pourtant ce qui se serait passé entre la Namibie et la République Démocratique du Congo lors de la participation des troupes namibiennes contre la rébellion du RCD en 1998, note MUTINGA[253].

250Voir article 10 de l'Accord.

251Informations reprises dans les magazines Africa News, Série II, n°312, 6 – 7 avril 2009, Kinshasa, P. 9.

252Développements tirés de MUTINGA MUTUISHAYI, *op.cit.*, pp.74-75.

253 *Idem.*

En effet, selon l'hydrogéologue Nukaka, citant Marq Villiers, un journaliste canadien, quand, en août 1998, la guerre éclate au Congo, la Namibie vient au secours du Gouvernement avec des militaires qui déclaraient qu'ils sont là car on leur a promis de construire un canal qui conduirait l'eau du fleuve Congo vers leur pays, Sam Nujoma, le Président de la Namibie envisageait de pomper l'eau du fleuve Congo et de l'amener à travers l'Angola sur une distance de 1 000 kilomètres ; elle devait traverser un certain nombre de villes importantes pour aboutir sur la ligne de partage des eaux de l'Angola, aux sources du fleuve Okavango et entrer dans le système de transport national de l'eau.

Toujours selon Marq de Villiers, le projet de l'aqueduc Congo-Namibie a été pris au sérieux par des officiels namibiens, notamment le secrétaire adjoint chargé de l'eau de Namibie, en faisant remarquer que le Botswana lui-même y gagnerait, puisque la Namibie n'utiliserait pas la totalité de l'eau détournée. Les Gouvernements allemand, japonais et chinois se seraient déclarés prêts à financer le projet. Marq de Villiers n'indique pas où, exactement, se ferait le prélèvement de l'eau. Pour le Laboratoire d'Aménagements hydrauliques de la faculté agronomique de l'Université de Kinshasa, le seul lieu possible de prélèvement de l'eau est un petit lac, en aval de la centrale hydroélectrique de N'Seke, non loin de la ville de Kolwezi, province du Katanga. A moins que ce ne soit à l'embouchure du fleuve Congo dans la province du Bas-Congo[254].

L'information reste donc à vérifier pour établir si réellement la RDC avait pris des engagements écrits de fournir l'eau du bassin du Congo à la Namibie en échange de son engagement militaire à côté des forces congolaises dans la guerre d'agression de 1998[255].

Il en est de même pour le Tchad qui avait aussi engagé ses troupes pour assister la RDC contre la rébellion du RCD (Rassemblement congolais pour la démocratie) soutenue essentiellement par le Rwanda.

Section 2. Le caractère éparpillé et non consensuel de la coopération à travers le fleuve Nil

A travers le cours du fleuve Nil, les Etats de ce bassin s'emploient à mener diverses activités de façon dispersée, au regard des prétentions de souveraineté dont se prévaut chacun d'eux. Des fois, quelques Etats du

---

[254]MUTINGA MUTUISHAYI,*op.cit.*

[255]Nukaka, « La guerre de l'eau, une menace réelle », in Le Phare n°4836 du 3 juin 2014.

bassin parviennent à fédérer leurs initiatives sur un projet commun, des fois d'autres Etats sont tiraillés autour d'une idée ou d'un projet qui ne recueille un consensus général.

Autour des points principaux ci-dessous, ce constat sera brièvement expliqué. Ces points portent sur :

- La construction de nombreux barrages et les possibilités d'irrigation en Ethiopie ;
- Le droit d'exploitation accordé à certaines entreprises communes ;
- Le projet Tochka, Nouvelle Vallée ou Vallée du Sud ;
- Le projet Commerce et Production agricole-Initiative du Bassin du Nil ;
- La mise en place d'un logiciel prototype de gestion « L'outil décisionnel du Nil » ;
- Les projets de coopération spécifiques à travers le Nil.

I. Construction de nombreux barrages et possibilités d'irrigation en Ethiopie

Tout au long du Nil, plusieurs barrages ont été érigés et contribuent à la production hydroélectrique des Etats du bassin. Assouan du côté égyptien et Grande Renaissance du côté éthiopien constituent l'illustration d'une guerre des intérêts des Etats du bassin.

Tableau : Bilan de dépendance hydrique des pays du bassin par rapport aux eaux du Nil

Pays	RERI	DHEVE	RERI/Habitant
Burundi	3,6	0	579
Rwanda	6,3	0	833
Tanzanie	80	10,1	2.733
Kenya	20,2	33,1	739
Congo (RD Congo)	935	8,2	21.973
Ouganda	39,2	40,9	1.891
Ethiopie	110	0	2.059
Erythrée	2,8	68,2	815
Soudan	35	77, 3	3.150
Egypte	1,8	96,9	29

Source : Georgakakos A.P, Klohn W., 1997.

RERI : Ressources en eau renouvelables intérieurement

DHEVE : Dépendance hydrique par rapport aux eaux venues de l'étranger.

Alors que c'est de ce pays que vient la majorité de l'eau, la place du Nil en Ethiopie, tant au niveau de l'imaginaire qu'au niveau des réalités économiques, est des plus modestes.

En se référant au tableau du bilan de la dépendance hydrique des pays du bassin du Nil présenté ci-dessus, l'Ethiopie est, et de loin, dans la position la plus confortable.

Aucune dépendance par rapport à des sources extérieures, plus de 2.000 m^3 par an et par habitant de ressources hydriques intérieures et ceci en dépit d'une pluviosité plutôt modeste[256].

Dans le cas de l'Ethiopie, il convient en effet de retenir que, bien que l'Abbay (le Nil Bleu) apporte 86% des eaux du bassin, il ne représente même pas la moitié des ressources hydriques du pays.

[256]PRUNIER Gérard, *op.cit.*, pp. 214-216

Tableau : Origines des ressources hydriques en Ethiopie

Bassin	**Volume (en milliards m^3/an)**
Abbay	52,62
Omo	17,96
Baro	11,81
Takazze	7,63
Gemale	5,88
Lacs (vallée du Rift)	5,63
Awash	4,62
Wabi Shebelle	3,16

Source : Ethiopian, Valleys Studies Developpement Authority (EDVSA), cité dans Abate Z. 1994 : 42.

En outre, six autres bassins plus petits apportent ensemble 1,94 milliards de m^3 pour un total de 111,25 milliards de m^3.

Du simple point de vue de la surface géographique du bassin, l'Abbay n'est d'ailleurs que le second des quatorze bassins éthiopiens.

Tableau : Les principaux bassins hydrologiques éthiopiens

Bassins	Surface (en km^2)
Wabi Shebelle	202 697
Abbay	201 346
Genale	171 042
Awash	112 696
Takazze	90 001
Ogaden	77 121
Baro	74 102
Danakil	74 002
Omo	70 213
Rift Valley (lacs)	52 739

Source : Abate Z., 1994 : 29.

Par ailleurs, si la SAU éthiopienne est importante (112 millions d'hectares), seule une très petite est effectivement cultivée (environ 5 millions d'hectares) et une plus petite partie encore (160 à 190.000 ha) est irriguée.

La surface irriguée en Ethiopie représente 0,18% de la SAU. Le phénomène demeure ainsi marginal, surtout en ce qui concerne le Nil, puisque la plupart des surfaces actuellement irriguées se trouvent dans le bassin de l'Awash. Toutefois, les besoins à terme dans ce domaine semblent limités. La plupart des fleuves éthiopiens coulent dans des terrains très accidentés, qui se prêtent difficilement ou pas du tout à ce type d'agriculture, et c'est notamment le cas de l'Abbay, qui coule dans des gorges abruptes sur une bonne partie de son parcours. Les possibilités d'irrigation sont donc réduites.

Tableau : Possibilités d'irrigation en Ethiopie

Bassin	Surface irrigables (ha)
Abbay	760 000
Takazza	200 000
Baro	600 000
Omo	250 000
Rift Valley	50 000
Genale	300 000
Wabi Shebelle	355 000
Awash	185 000
Total	2 700 000

Source : Rahmato D., 1999 : 8.

Si tous ces projets étaient réalisés, les experts estiment qu'il faudrait ponctionner 6 à 7 milliards de m^3 d'eau sur l'ensemble des bassins, dont environ 40% dans le Nil Bleu. Suite aux contraintes financières et techniques qui s'imposent aux Ethiopiens, il est peu probable que plus de 200 à 300.000 ha soient mis en culture irriguée dans les dix années à venir, ce qui impliquerait des prélèvements de l'ordre de moins d'un demi-milliard de m^3 c'est-à-dire le tiers de ce que l'Egypte gaspille en robinets qui fuient ou en méthodes archaïques d'irrigation. On voit que la situation est donc loin d'être ingérable[257].

Quant aux grands projets éthiopiens sur le Nil, ils concernent bien moins l'irrigation que l'hydroélectricité.

II. Droit d'exploitation accordé à certaines Entreprises communes : HYDROMET, UNDUGU et TECCONILE

La coopération sur le développement du Nil n'est pas un fait nouveau. Des efforts ont été menés pour donner aux pays le droit

257 PRUNIER Gérard, *op.cit.*, p.218.

d'exploitation du fleuve par le biais d'entreprises communes telles que *HYDROMET*, UNDUGU et TECCONILE (*Technical Cooperation Committee for the Promotion of the Development and Environmental Protection of the Nile Basin)*.

Ces premières tentatives de coopération multilatérale des Etats du Bassin du Nil ont démarré vers les années 60 : Hydromet (1967-1992), Undugu (1983-1993) et Tecconile (1992- 1999).

L'organisation **Hydromet**, lancée en 1967 par l'Egypte, le Kenya, le Soudan et l'Ouganda, avec l'appui du PNUD et de l'OMM, a été l'un des premiers projets régionaux. Elle a été rejointe plus tard par le Burundi, le Rwanda, la RDC et l'Ethiopie comme observateur. Son but était de tenter de réguler le niveau d'eau dans les lacs Victoria, Kyoga et Albert ainsi que le flot du Nil pour prévenir les inondations dans les pays des Grands Lacs et au sud-Soudan. Bien que le projet ait duré 25 ans, il n'a pu arriver à un accord pour tout le bassin[258].

Le groupe de l'**Undugu**, qui signifie fraternité en swahili, constitue une deuxième tentative de coopération pour les gouvernements de la vallée du Nil. Il a été formé à Khartoum en 1983 sous la pression de l'Egypte, suite notamment à l'appel du Sommet économique africain d'avril 1980 à Lagos pour la création d'instances régionales et subrégionales. Il regroupe les représentants des Etats riverains sous statut de membres effectifs, à l'exception de l'Ethiopie et du Kenya qui ont opté pour un statut d'observateur et la RCA. Il avait essentiellement pour mission d'étudier les solutions pour le développement économique des Etats riverains du Bassin du Nil. Les domaines de compétence ont dépassé la sphère de la gestion de l'eau et se confondent avec une structure régionale dont le facteur intégrateur est le Nil. L'Undugu, appuyé par le PNUD, a constitué une structure informelle de coopération, ce qui lui donne une large flexibilité au regard des compétences partagées par ses membres qui ne sont pas contraints par des engagements stricts. Au contraire, le fonctionnement de l'Undugu n'a constitué en rien un risque quelconque de transfert de souveraineté de la part des Etats. En définitive, seule la coopération technique a reçu l'adhésion de la part des gouvernements de la vallée du Nil. Même si l'Undugu n'a pas connu de succès véritable, il a réussi à créer un forum

---

[258]EL BATTIUI, *thèse citée*, p.90.

de discussion, d'échange d'expériences techniques, et ouvrir la voie pour un nouveau cadre de coopération qu'est le Tecconile[259].

Quant au **Tecconile**, « Comité technique pour la promotion du développement et de la protection environnementale du Bassin du Nil » a été créée en 1992 à Kampala en Ouganda, par l'Egypte, le Soudan, le Rwanda, la Tanzanie, l'Ouganda et la RDC. L'Ethiopie, le Kenya et le Burundi étaient présents en tant qu'observateurs. En 1995, le Tecconile a même préparé un Plan d'action pour le Bassin du Nil avec l'appui de l'ACDI[260].

Cependant, les tentatives se sont soldées par des échecs, principalement parce qu'elles n'ont pas réussi à gagner la confiance des Etats riverains ni à susciter leur participation. Beaucoup, dont l'Ethiopie, ont refusé de s'associer à ces programmes considérant qu'ils avaient pour but d'institutionnaliser le statu quo injuste sur les eaux du Nil, tel que l'attestait l'Accord de 1959. Des efforts bilatéraux en matière de coopération n'avaient, non plus, aucune chance de réussite. Il n'avait jamais existé un degré de confiance minimum nécessaire pour assurer une coopération. Mais la situation n'est pas désespérée ; une lueur d'espoir brille à l'horizon[261].

De manière plus détaillée, en effet, il convient de noter que le processus d'inclusion des Etats riverains du haut cours a commencé avec le lancement de la *Nil Basin Initiative* (NBI) au Caire en 1992. Ce fut le début des Conférences Internationales sur les Eaux du Nil[262]. La *Nil Basin Initiative* entreprit alors de s'institutionnaliser à travers la création de tout un emboîtement d'instances bureaucratiques internationales.

En 1993, on créa la *Technical Cooperation Committee for the Promotion of the Development and Environmental Protection of the Nile Basin* (TECCONILE) et en 1995 le *Nile River Basin Action Plan* (NRBAP) fut institué à son tour au sein de TECCONILE pour travailler à 22 projets d'assistance technique précis (mesure des volumes d'alluvions et de la pollution, bilans biologiques divers, etc….) pour un coût estimé de 100 millions de dollars, qui fut pris en charge par l'Agence Canadienne de

---

259EL BATTIUI, *thèse cite*, p.91.

260EL BATTIUI, *idem.*

261Www.un.org/french/pubs/chronique/2001/numero3/0301p65.html, 24/11/2014

262Souvent désignées sous l'appellation de « Nile 2002 Conférences », l'idée étant de faire une série de dix rencontres internationales sur les eaux du Nil entre 1992 et 2002. Celles-ci continuent à se dérouler régulièrement.

Développement International (ACDI). L'un de ces 22 projets (le projet D3, destiné à promouvoir la coopération entre les administrations des divers pays riverains pour tout ce qui touche aux eaux du Nil) prit ensuite une autonomie qui lui valut d'être financé séparément par le Programme des Nations Unies pour le Développement (PNUD) et par la Banque Mondiale[263].

Le projet D3 devint alors une sorte de gouvernement du Bassin du Nil, avec un exécutif (Conseil des Ministres) et un législatif (Conseil des Experts). Même si ce « gouvernement » n'avait aucun pouvoir de contrainte, sa simple existence changea un certain nombre de choses. D'une part, les petits pays riverains du haut cours devinrent peu à peu des acteurs à part entière, même si bien sûr ils n'avaient pas le poids de l'Egypte ou même du Soudan et de l'Ethiopie au sein de TECCONILE ou du D3 ; ensuite il se constitua de ce fait un forum permanent où les questions concernant le Nil purent être discutées, au moins en partie entre experts, donc avec moins d'effets de rhétorique politique et moins de passion. De l'argent, des moyens et une attention politique internationale aux problèmes de répartition de l'eau du bassin furent dégagés ; mais bien sûr, corollaire de ces avantages, il y eut une bureaucratisation croissante de la situation, TECCONILE et le D3 tendant à devenir des tribunes où se juxtaposaient des bavardages bien-pensants et des résultats techniques utiles certes mais souvent découplés de l'initiative politique[264].

Malgré tout, les années 1990 virent un assouplissement progressif des positions ripariennes antagonistes en même temps que le développement d'une conscience écologique largement absente jusqu'alors. La *Nile Basin Initiative* trouva le moyen, en février 1999, d'abolir TECCONILE et de se recréer en une sorte « d'Assemblée Constituante » d'un futur gouvernement du Nil. Entité juridique indépendante adossée au *Nile Basin Trust Fund* (NBTF) de la Banque Mondiale destiné à assurer son financement[265], la NBI se donna pour mandat de créer une *Nile River Basin Commission* (NRBC) qui serait, elle, le vrai gouvernement.

La NRBC n'existe pas encore, mais, on s'en approche de plus en plus. En attendant, huit commissions fonctionnent, qui s'occupent des sujets

---

263PRUNIER Gérard, *op.cit.,* p.199

264Idem.

265Les pays membres du NBTF sont le Canada, le Danemark, la Hollande, la Norvège, la Suède et le Royaume Uni.

les plus divers, allant de la formation d'hydrologues à l'évaluation des impacts écologiques des projets. C'est presque au même moment (courant 1999) que le Kenya, l'Ouganda et la Tanzanie créèrent le *Lake Victoria Environment Management Projet* (LVEMP), dont l'apparition fut pratiquement synchrone avec celle de la jacinthe d'eau qui menaça en moins de deux ans d'étouffer le lac[266]. En 2005, l'évolution de la NBI vers une sorte de « gouvernement du Nil » amena une grave crise. Il fallut en effet décider de quoi on parlait et donc de savoir si les traités de 1929 et de 1959 constituaient toujours l'horizon indépassable de la réflexion hydro-politique[267].

III. Projet TOCHKA « Nouvelle Vallée » ou « Vallée du Sud »[268]

Le projet Tochka a été initié par le Gouvernement Moubarak ; il est aussi connu sous le nom de « Vallée du Sud » ou « Nouvelle Vallée ». Il consiste à acheminer de l'eau en plein désert, à 1.300 km au sud-est du Caire, à proximité du Lac Nasser et à créer une nouvelle zone cultivable et habitable (3 à 6 millions d'habitants prévus dans le projet).

En 1997, le lac Nasser a commencé à inonder par l'intermédiaire d'un déversoir la dépression Tochka dans le Sud de l'Egypte créant 4 nouveaux lacs dans les années qui ont suivi. A la suite de l'inondation initiale, une station de pompage et un canal furent construits en 2000 pour maintenir l'écoulement de l'eau dans la région autorisant ainsi le développement de l'agriculture et de l'industrie au milieu du désert.

Ce projet comporte :

- Une station de pompage nommée « Station de pompage Moubarak » qui se trouve à 70 km au nord-est du temple Abu Simbel et qui pompe l'eau du lac Nasser vers Tochka. C'est la plus grande installation de pompage du monde. Elle comprend 24 pompes gigantesques, dont 18 fonctionnent de façon permanente. Elle mesure 70 m de haut et 140 m de long ;

---

[266]La prolifération spectaculaire de ce végétal venu du bassin de la Kagera empêcha bientôt l'accès d'une partie des rives, tandis que son accaparement de l'oxygène décimait massivement les poissons.

[267]PRUNIER Gérard, *op.cit.*, p.200.

[268]http//acces.ens-lyon.fr/eduterre-usages/resources/scenarioeau/nil, 24/11/2014.

- Le canal principal « Cheich Zaid »[269], long de 50 km ;
- Trois canaux secondaires qui partent du canal principal.

Vingt-cinq millions de m^3 d'eau sont pompés chaque jour du lac Nasser et déversés dans le canal Cheich Zaid.

Des surfaces irriguées et cultivées se développent autour du site sur lequel il est prévu de détourner 10% de l'eau du Nil et d'augmenter de 25% la terre habitable en Egypte.

IV. Projet Commerce et Production agricole-Initiative du bassin du Nil (du 5 janvier 2007 au 31 décembre 2012), ACDI et Banque Mondiale[270].

Ce projet fait partie du Programme d'action subsidiaire des pays des lacs équatoriaux du bassin du Nil (NELSAP), qui, à son tour, fait aussi partie de l'Initiative du Bassin du Nil, dont la vision est de réaliser un développement socio-économique durable dans les pays riverains du bassin du Nil, au moyen d'une exploitation équitable des ressources en eau communes et des bienfaits qui en découlent.

Le projet s'appuie sur le constat que le potentiel de productivité agricole des pays du sous-bassin des lacs équatoriaux est mal exploité et qu'une production accrue pourrait être exportée vers les autres pays du bassin dont les besoins alimentaires sont mal remplis.

Ce projet comprend des activités qui sont principalement **liées à l'irrigation et à diverses techniques de captage et de conservation de l'eau**, à l'élevage, ainsi qu'à la mise en marché des produits agricoles. Il contribue à renforcer la gestion de l'irrigation et de l'élevage et à mieux adapter le régime réglementaire à la production et à la commercialisation des produits, ainsi qu'aux échanges commerciaux à l'échelle du bassin.

Compte tenu de ressources financières disponibles[271] par rapport à l'ampleur du défi, le projet permet surtout la réalisation d'expériences

---

[269] Du nom de l'ancien Président des Emirats Arabes Unis, principal sponsor, qui fit un don de 100 millions de dollars à l'Egypte pour cette construction.

[270] www.acdi-cida.gc.ca/cidaweb/cpo.nsf/vWebCSAZFr/BD03411A557546D7852, 24/11/2014

[271] La contribution maximale de l'ACDI à ce projet est de 9.700.000 $. Les bénéficiaires du projet : Burundi (15%), Kenya (15%), Rwanda (15%), Tanzanie (15%), Ouganda (15%), RDC (14%), Egypte (3%), Ethiopie (3%), Soudan (3%), Erythrée (2%).

pilotes dans l'espoir qu'elles pourront être appliquées à plus grande échelle.

Jusqu'en juillet 2012, le projet a permis de fournir des renseignements de taille sur le commerce et l'agriculture à l'Initiative du Bassin du Nil, aux Gouvernements nationaux et aux groupes de producteurs.

Les partenaires nationaux emploient les modèles de systèmes d'aide à la décision en matière d'agriculture et d'économie élaborés dans le cadre du projet pour modéliser la production végétale, les facteurs économiques et l'utilisation de l'eau.

Dans sept pays, les bases de données et les plans directeurs relatifs à l'irrigation ont été enrichis à l'aide de données plus précises à l'échelle nationale fournies par le projet.

Les pratiques exemplaires des petits exploitants sur le plan de l'irrigation ont été recensées et peuvent être appliquées à des études régionales. Ces pratiques ont servi à créer 10 manuels de formation, et les formateurs nationaux ont reçu une formation et utilisent des manuels dans les pays participants.

Le projet a en outre profité au commerce transfrontalier dans la région, grâce à l'établissement de plusieurs **associations régionales** des producteurs, comme le **Conseil des éleveurs de bétail du bassin du Nil**.

Bref, les activités du projet ont permis d'améliorer la coordination et la collecte de données en matière d'agriculture et d'économie dans le bassin du Nil.

V. Mise en place d'un logiciel prototype de gestion « L'outil décisionnel du Nil »

L'outil décisionnel du Nil a été conçu par l'Institut des ressources en eau de la Géorgie, des Etats-Unis. Ce logiciel prototype modélise l'ensemble du système du bassin du Nil et évalue les avantages et inconvénients et les conséquences de différents scénarios de développement intersectoriels couvrant tout le bassin. Ce logiciel permet d'examiner les impacts de différents niveaux de coordination nationale, et sert de pierre angulaire pour l'intégration de l'information. La mise en circulation de cet outil en février 2003 par le Conseil des Ministres du Nil a fourni l'occasion aux Etats du bassin d'utiliser pour la première fois un outil commun d'évaluation des ressources en eau. C'est un important élément de la base commune de connaissances et il joue également un rôle fondamental dans l'instauration d'un langage univoque pour les débats sur les questions relatives à l'utilisation de l'eau.

Les Etats du bassin du Congo devraient s'inspirer de cet exemple.

VI. Projets de coopération spécifiques à travers le Nil (Partenariat avec l'Italie et FAO) : 1999-2004

A. Projet GCP/RAF/286/ITA « Gestion opérationnelle des ressources en eau et système d'informatisation dans les pays du bassin du Nil »

La participation de la coopération italienne au développement concerté du bassin du Nil a commencé en *1996* avec le projet GCP/RAF/286/ITA « *Gestion opérationnelle des ressources en eau et système d'information dans les pays du bassin du Nil* ». Le projet a été exécuté par la FAO et a reçu un financement de 5.024.798$ USD. Il a été opérationnel d'avril *1996 à novembre 1999*, et a édifié une base solide de capacités techniques dans les pays du Nil en ce qui concerne l'évaluation, la gestion et la planification des ressources en eau.

En 1999, les Etats bordant le Nil ont lancé l'initiative du bassin du Nil (IBN). Pour rappel, cette initiative historique intéresse tous les pays riverains et fournit un cadre de coopération pour l'ensemble du bassin. Elle poursuit une vision partagée pour le développement par l'utilisation équitable et le partage des avantages de la ressource commune qu'est le Nil. Le programme de l'IBN consiste en deux sous-programmes : le programme de la vision partagée, et le programme d'action subsidiaire. Le premier vise à promouvoir un environnement propice au développement concerté, alors que le deuxième porte sur les investissements matériels au niveau du sous-bassin.

B. Projet GCP/INT/752/ITA « Renforcement des capacités pour la gestion des ressources en eau du bassin du Nil »

Le projet GCP/INT/752/ITA « *Renforcement des capacités pour la gestion des ressources en eau du bassin du Nil* » qui a fait suite au projet précédent GCP/RAF/286/ITA a été aussi financé par le Gouvernement italien, et mis en œuvre dans le cadre du Programme de la vision partagée de l'IBN. Les dix Etats du bassin du Nil ont participé au projet, qui a été exécuté par la FAO et guidé par un comité de direction composé de représentants de tous les pays participants, du donateur et de la FAO. Le projet, qui a démarré en décembre 1999 et s'est achevé en octobre 2004, avait un budget de 5.999.979 USD. Ce chiffre a porté à plus de 11 millions de dollars USD la contribution totale du Gouvernement italien à la mise en valeur équitable et durable des ressources hydriques du bassin du Nil, moyennant une approche transfrontalière intéressant l'ensemble du bassin.

Les principaux objectifs des deux projets ci-haut évoqués étaient les suivants : fournir un appui à la coopération et à l'action concertée pour le développement du bassin du Nil ; et promouvoir la prospérité, la sécurité et la paix pour tous les habitants du bassin. Pour réaliser ces objectifs, les projets se sont employés à créer une base commune de connaissances et un niveau égal de compétences techniques comme préalable à l'utilisation équitable et durable des eaux partagées du Nil.

La constitution de la base commune de connaissances englobait plusieurs domaines, y compris : l'élaboration de jeux de données communs ; la création d'outils communs d'évaluation des scénarios ; l'appui à un niveau égal de compétences techniques et de capacité institutionnelle.

Les projets étaient centrés sur quatre principaux domaines :

b) Etablissement d'un réseau de surveillance hydraulique transfrontalière ;
c) Etablissement de bases de données nationales géo référencées et de couches de données spatiales, y compris des paramètres hydrométéorologiques, des informations sur l'utilisation de l'eau, des aspects hydrographiques, les utilisations du sol, et la couverture et les types de sols ;
d) Création d'un outil qui modélise l'ensemble du système du Nil et évalue les avantages et inconvénients et les conséquences de différents scénarios de développement.

L'efficacité de la coopération à travers les fleuves Congo et Nil ne peut être consolidée que sur elle repose sur un système de résolution des conflits à même de rassurer les parties prenantes. La section suivante va s'appesantir sur cet aspect en vérifiant l'existence d'un droit africain de règlement des différends fluviaux.

Section 3. Les assises rudimentaires du droit africain fluvial de règlement des différends

Il y a lieu d'examiner ici, en trois points distincts, le fondement du droit africain fluvial de règlement des différends, avant de s'appesantir sur les modes de règlement prévus dans les conventions fluviales et sur la répression des infractions fluviales.

I. Fondement du droit

Plusieurs instruments juridiques contiennent des règles qui participent à la consolidation d'un droit africain fluvial de règlement des différends. Le cas notamment de :

- la Charte des Nations Unies, article 2 §3 et article 33 ;
- la Déclaration relative aux principes du droit international touchant les relations amicales et la coopération entre les Etats (Résolution A/RES/25/2625 du 24 octobre 1970) ;
- la Déclaration de Manille sur le règlement pacifique des différends internationaux (Résolution A/RES/37/590 du 15 novembre 1982) ;
- l'Acte constitutif de l'Union Africaine ;
- les Chartes des Communautés sous-régionales (SADC, CIRGL).

Les Etats ont en effet une obligation générale de règlement pacifique des différends, mentionnée à l'article 2 §3 de la Charte des Nations Unies et rappelée par plusieurs résolutions de l'Assemblée Générale. Tout en reprenant implicitement cette obligation, l'article 33 de la Charte établit une liste non limitative de procédés de règlement[272] parmi lesquels les parties à un différend peuvent puiser. C'est à bon droit que la Déclaration de Manille rappelle ainsi le « principe du libre choix des moyens » de règlement pacifique dont disposent les Etats, « sur la base de l'égalité souveraine »[273]. Sans conteste, les différends fluviaux sont couverts par ces dispositions[274].

272Ces procédés non limitatifs sont : la négociation, l'enquête, la médiation, la conciliation, l'arbitrage, le règlement judiciaire, le recours aux organisations ou accords régionaux, ou les autres moyens pacifiques choisis par les Etats – La Déclaration de Manille mentionne à ce titre les bons offices (1.6).

273Voir Déclaration de Manille (1.3)

274Voir notamment l'article 13 de la Convention de Ouagadougou du 19 janvier 2007 portant statut du fleuve Volta et création de l'Autorité du bassin de la Volta qui rappelle, en son §1er que tous les différends entre les Etats parties doivent être résolus conformément aux dispositions de la Charte des Nations Unies.

Franck LATTY[275] note par ailleurs que, même s'ils sont naturellement peu enclins, les Etats, par consentement mutuel, peuvent déterminer à l'avance une « politique de solution des conflits », en s'engageant à régler ceux-ci selon la manière indiquée dans les clauses de règlement des différends des traités qu'ils passent.

La Déclaration de Manille suggère aux Etats d'« inclure, s'il y a lieu, dans les accords bilatéraux et les conventions multilatérales qu'ils concluront, des dispositions efficaces pour le règlement pacifique des différends pouvant surgir de leur interprétation ou de leur application »[276].

II. Modes de règlement des différends prévus dans les conventions fluviales : jurisprudence sur le Congo et le Nil

Une chose est la force obligatoire dont sont, de par leur nature conventionnelle, revêtues les clauses de règlement des différends ; une autre est le caractère obligatoire ou non des solutions issues de diverses techniques de règlement des différends envisagées. Classiquement, la doctrine distingue les modes de règlement juridictionnels, au terme desquels une juridiction rend, sur le fondement du droit, une solution obligatoire pour les parties (arbitrage et règlement judiciaire), des procédés dits « politiques » ou « diplomatiques », qui aboutissent à une solution facultative pour les Etats concernés, sans être nécessairement fondée sur des considérations juridiques (négociation, enquête, bons offices, médiation, conciliation, recours aux organisations internationales).

Les modes de règlement juridictionnel, s'ils n'ont pas la faveur des Etats, sont pourtant considérés comme étant plus vertueux : la solution au litige étant apportée par un tiers impartial sur le fondement de règles objectives, une solution juste, et non pas fondée sur l'état des rapports de force entre les deux Etats, sera à même de clore le différend[277].

Les conventions fluviales prévoient généralement les modes suivants :

- L'arbitrage ;
- La voie judiciaire ;

---

[275]Franck LATTY, *Des vertus et de l'intérêt. Les clauses de règlement des différends dans les conventions fluviales*, in Actualité du droit des fleuves internationaux, *op.cit.*, p.244.
[276]Voir Déclaration de Manille (1.9).
[277]Franck LATTY, *op.cit.*, p.245.

- La négociation.

Une publication de CHAUHAN[278] sur le règlement des différends relatifs aux cours d'eau internationaux dénombre 300 traités, dont 116 stipulent un règlement par l'arbitrage, 46 un règlement par la voie judiciaire et 25 un règlement par la négociation.

Une autre étude plus récente, portant sur la pratique des Etats à travers 3.500 conventions relatives à l'eau, a montré que les Etats d'Europe et *d'Afrique* marquent une préférence pour les modes diplomatiques de résolution de leur litige, sans pour autant exclure de soumettre leurs différends à un tiers (y compris la voie juridictionnelle), tandis que les Etats des continents américain et asiatique tendent plutôt à n'envisager que le recours aux commissions mixtes et organes techniques[279].

Les clauses de règlement des différends issues des conventions fluviales font appel à une palette de solutions particulières, des plus minimalistes (règlement par voie exclusive de consultations) aux moins arrangeantes pour les Etats (soumission du différend à une juridiction permanente), une multiplicité de solutions ou de séquences distinctes, plus ou moins vertueuses, intervenant entre ces deux extrêmes. On ne saurait mieux illustrer la maxime selon laquelle « l'intérêt met en œuvre toutes formes de vertus et de vices »[280].

L'article 33 §2 de la Convention du 21 mai 1997 sur l'utilisation des cours d'eau internationaux à des fins autres que la navigation, qui tend à codifier les modes de règlement des différends figurant dans les conventions fluviales spéciales, dresse un catalogue de procédés à la disposition des parties qui n'est pas sans rappeler celui de la Charte des Nations Unies :

« Si les Parties intéressées ne peuvent parvenir à un accord par la voie de la négociation demandée par l'une d'entre elles, elles peuvent solliciter conjointement les bons offices d'une tierce partie, ou lui demander

---

[278]B.R.CHAUHAN, Settlement of international waters disputes in international drainage basins, Berlin, E.Schmidt, 1981, 480 pages, cité par Franck LATTY, *op.cit.*, p.246.

[279]P.WOUTERS, Universal and Regional Approach to resolving international water disputes : what lessons learned from state practice ?, cité par Franck LATTY, *op.cit.*, p.246

[280]Voir F. de La Rochefoucauld.

d'intervenir à des fins de médiation ou de conciliation, ou avoir recours, selon qu'il conviendra, à toute institution mixte de cours d'eau qu'elles peuvent avoir établie, ou décider de soumettre le différend à une procédure d'arbitrage ou à la Cour internationale de Justice ».

Si le nombre d'affaires fluviales portées devant des juridictions internationales n'est désormais plus négligeable, force est de constater que les clauses compromissoires contenues dans les conventions fluviales n'y ont que peu contribué. Seulement deux affaires récentes, dont une pendante, reposent sur un tel fondement[281] :

- Affaire concernant l'Apurement des comptes entre le Royaume des Pays-Bas et la République française en application du Protocole du 25 septembre 1991 additionnel à la Convention relative à la protection du Rhin contre la pollution par les chlorures, sentence arbitrale CPA du 3 décembre 1976.
- Affaire des Usines de pâte à papier sur le fleuve Uruguay.

Dans l'affaire concernant l'Apurement des comptes, le tribunal arbitral était saisi d'un différend portant sur le montant que la France devait rembourser aux Pays-Bas en application du Protocole additionnel à la Convention relative à la protection du Rhin. En l'espèce, la compétence du tribunal a reposé sur l'article 13 de la Convention, intégré au Protocole par application de son article 7, lequel prévoit que :

« *Tout différend entre des Parties contractantes relatif à l'interprétation ou à l'application de la présente Convention et qui n'aura plus être réglé par voie de négociations est, sauf si les Parties au différend en disposent autrement, soumis, à la requête de l'une d'entre elles, à l'arbitrage, conformément aux dispositions de l'annexe B* ».

Pour établir sa compétence, le tribunal s'est contenté de rappeler ces dispositions conventionnelles en introduction à la sentence, puis a constaté que le différend « n'a pu être réglé par voie de négociation »[282], avant de faire état de l'historique de la procédure. Celui-ci révèle que, la France ayant pris « bonne note de la demande d'arbitrage » et désigné

[281]Franck LATTY, *op.cit.* p.262
[282]Voir paragraphe 3 de la Sentence arbitrale.

son arbitre[283], elle n'a pas entendu contester la compétence du tribunal arbitral, dispensant le tribunal de revenir sur cette question par la suite[284].

Dans l'affaire relative à des Usines de pâte à papier sur le fleuve Uruguay, l'Argentine invoque la violation par l'Uruguay des obligations lui incombant au titre du Statut du fleuve Uruguay. Ce traité du 26 février 1975 comporte une clause compromissoire sur laquelle l'Argentine fonde sa requête devant la Cour. En effet, selon l'article 60 du Statut (« Règlement judiciaire des différends ») :

« *Tout différend concernant l'interprétation ou l'application du Traité de Montevideo du 7 avril 1961 définissant la frontière entre l'Argentine et l'Uruguay et du Statut du fleuve Uruguay de 1975 qui ne pourrait être réglé par négociation directe peut être soumis par l'une ou l'autre des parties à la Cour Internationale de Justice* ».

La question de la compétence de la Cour, de ce point de vue, ne pose guère de problème. Dans deux ordonnances rendues à la suite de demandes e indication de mesures conservatoires, la Cour a constaté que « les Parties conviennent que la Cour est compétente à l'égard des droits auxquels s'applique l'article 60 du Statut de 1975 », ce dont elle a déduit qu'elle avait, prima facie, compétence pour « connaître du fond » de l'affaire[285].

Dans aucun des deux cas cités, la compétence de l'organe juridictionnel saisi en vertu de la clause compromissoire n'a été donc discutée par les parties. On pourrait y voir un signe de solidité du mécanisme consistant à obtenir de l'Etat un engagement juridictionnel préalable à l'émergence du différend[286].

Qu'en est-il de l'expérience de règlement des différends concernant les fleuves Congo et Nil ?

S'agissant du Congo, il résulte de l'article 23 de l'Additif de 2007 à l'Accord de 1999 instituant un régime fluvial uniforme et créant la Commission Internationale du Bassin Congo-Oubangui-Sangha ce qui suit : « *Tout différend qui pourrait surgir entre deux ou plusieurs Etats contractants*

283Voir paragraphe 7 de la Sentence arbitrale.

284Franck LATTY, *op.cit.*, p.262.

285Voir CIJ, affaire relative à des Usines de pâte à papier sur le fleuve Uruguay (Argentine c/Uruguay), demande en indication de mesures conservatoires, ordonnance du 13 juillet 2006, §59, et ordonnance du 23 janvier 2007, §26.

286Franck LATTY, *op.cit.*, p.26.

relevant de l'interprétation ou de l'application du présent additif sera réglé à l'amiable. En cas de désaccord persistant, il sera fait appel à la juridiction internationale compétente ».

Comme on le voit, depuis 2007 le régime fluvial uniforme commande le recours tant aux procédés diplomatiques qu'à la voie juridictionnelle, laissant le libre choix aux parties d'apprécier au cas par cas.

A ce jour, la jurisprudence n'est pas encore fournie pour ce régime. Toutefois, en remontant dans le temps, il y a lieu de citer l'affaire Oscar Chinn (Belgique c/Royaume Uni ; arrêt du 12 décembre 1934) qui a eu à se prononcer sur une question touchant au fleuve Congo. Dans cette affaire, la CPJI a notamment indiqué que « la liberté de navigation, en tant qu'il s'agit d'opérations commerciales des entreprises de transport fluvial ou maritime, implique à cet égard la liberté du commerce ». Cependant, elle a précisé qu'on ne saurait « en déduire que la liberté de la navigation entraîne et présuppose à tous égards la liberté du commerce »[287].

Quant au Nil, il résulte de l'article 33 de l'Accord-cadre de 2010 sur la coopération dans le Bassin du fleuve Nil ce qui suit : « *En cas de différend entre deux Etats ou plus du Bassin du fleuve Nil concernant l'interprétation ou l'application du présent Accord, les Etats concernés règlent leur différend par des moyens pacifiques et conformément aux dispositions suivantes, sauf convention contraire :*

a) Si les Etats concernés ne parviennent pas à conclure un accord par la voie de négociations initiées par l'un d'eux, ils peuvent solliciter conjointement les bons offices, la médiation ou la conciliation de la Commission du Bassin du Fleuve Nil ou d'un autre tiers ; ils peuvent, alternativement, convenir de soumettre le différend à l'arbitrage, conformément aux procédures adoptées par le Conseil, ou à la Cour Internationale de Justice ;

b) *Si à l'écoulement d'un délai de six mois à compter de la demande de négociations visée au paragraphe 2, les Etats concernés ne sont pas parvenus à résoudre leur différend par le biais de négociations ou de tout autre moyen visé au paragraphe 2, le différend est soumis, à la demande de la partie la plus diligente, à une procédure impartiale d'établissement des faits, conformément à l'annexe du présent Accord, sauf accord contraire des Etats concernés* ».

[287] CPJI, Série A/B, n°63, p.83.

L'examen approfondi de cette disposition appelle les quatre observations suivantes :

- Les divers modes traditionnels de règlement des différends trouvent place concernant la résolution des conflits portant sur l'interprétation ou l'application de l'Accord-cadre sur la coopération dans le bassin du fleuve Nil ;
- Le recours à ces modes de règlement des différends obéit à une certaine gradation et plusieurs subtilités de procédure ;
- La procédure d'établissement des faits, qualifiée « d'impartiale » par l'article 33 de l'Accord-cadre, ne l'est pas en réalité, car, ainsi qu'il ressort des termes de l'Annexe y relative, les résolutions de la Commission d'établissement des faits ne semblent pas avoir un caractère obligatoire ; leur mise en œuvre est laissée à la bonne foi des parties en cause. Le §5 de l'Annexe concernée indique en effet : « *La Commission adopte à la majorité des voix un rapport qu'elle soumet aux Etats concernés et qui contient ses conclusions, les motifs de ses conclusions ainsi que les recommandations qu'elle juge appropriées pour permettre la résolution équitable du différend. Les Etats concernés* ***étudient de bonne foi*** *le rapport de la Commission* ».
- Le recours à la Cour Internationale de Justice ne pourra être possible que si toutes les parties en cause consentent formellement à cette procédure.

Pour ce qui est de la jurisprudence internationale sur le Nil, elle est aussi, à l'instar du fleuve Congo, non fournie.

III. Prévention et répression des infractions fluviales

Les textes juridiques relatifs à la gestion des bassins du Congo et du Nil préviennent, tant soit peu, la commission des infractions fluviales et, le cas échéant, condamnent leur perpétration. Il en va de l'utilisation saine et rationnelle des eaux desdits bassins, et respectueuse des normes environnementales.

Au nombre d'infractions les plus marquantes, il y a lieu de citer :

- La piraterie et le brigandage maritime ;
- La pollution des eaux ;
- La pêche disproportionnée ainsi que l'utilisation irrationnelle des eaux du fleuve dans le but d'en perturber le cours au détriment d'autres Etats du bassin.

Cette approche pénale est de mise pour mieux intégrer les Etats riverains des bassins du Congo et du Nil.

Que doit-on retenir concrètement par la notion d'« infraction fluviale » ?

Une infraction fluviale s'entend d'un acte illicite commis sur un cours d'eau et pénalement sanctionné.

Certaines infractions fluviales sanctionnent le comportement des membres d'équipage qui auraient absorbé de l'alcool ou des substances illicites. D'autres visent à assurer la libre navigation sur les fleuves en interdisant d'endommager les signalisations ou de faire traîner l'ancre. D'autres encore sont relatives à l'activité de la pêche : elles sanctionnent la violation de l'interdiction d'utiliser certains instruments de pêche ou l'interdiction de pêcher certaines espèces. Enfin, quelques infractions fluviales concernent la pollution, comme l'interdiction de déverser des eaux usées ou des déchets toxiques[288].

Le régime des infractions fluviales relève normalement du droit pénal des Etats riverains.

Contrairement aux crimes de génocide, crimes contre l'humanité ou crimes de guerre, les infractions fluviales ne sont pas des crimes internationaux par nature. Elles ne relèvent pas du droit international pénal. Certains estiment que l'auteur d'une pollution massive d'un fleuve ou d'un écocide pourrait être jugé par la Cour Pénale Internationale dans la mesure où son acte serait rattachable à un crime contre l'humanité ? Cependant, cette hypothèse n'est pas encore, pour l'heure, consacrée en droit international[289].

Les infractions fluviales commises sur des fleuves internationaux relèvent du droit pénal international, en ce qu'elles sont « des infractions dirigées contre l'ordre interne de l'Etat, dans lesquelles se manifeste un élément d'extranéité ». Cet élément d'extranéité est le lieu de commission de l'infraction : un fleuve international, c'est-à-dire « un cours d'eau qui traverse ou longe successivement l'espace terrestre de plusieurs Etats ».

---

[288] Anne-Laure VAURS-CHAUMETTE, *Les infractions fluviales commises sur les fleuves internationaux*, in Actualité du droit des fleuves internationaux, *op.cit.*, p.176.

[289] Anne-Laure VAURS-CHAUMETTE, *op.cit.*, p.177

Il existe une concurrence entre les corpus juridiques applicables. En effet, les infractions fluviales commises sur les cours d'eau internationaux, leur sanction et leur répression concernent à la fois le droit national et le droit international :

- Le droit national puisque, d'une part, la police de l'eau, de la navigation et de l'utilisation des eaux fluviales relève de la compétence de l'Etat et que, d'autre part, le droit de punir constitue un attribut de la souveraineté territoriale des Etats ;
- Le droit international puisque le lieu de leur commission est un fleuve international[290].

La majorité des régimes des infractions fluviales préserve la compétence des Etats riverains en matière de répression, octroyant ainsi une large part au droit national[291]. Toutefois, deux régimes (Rhin et Moselle) consacrent une véritable internationalisation de la répression des infractions, donnant sa pleine mesure au droit international[292]. Les Etats riverains du Rhin[293] et de la Moselle[294] ont mis en place un régime internationalisé : non seulement la définition des infractions résulte d'actes juridiques internationaux mais leur répression fait aussi intervenir des organes internationaux. La Commission centrale pour la navigation du Rhin et la Commission de la Moselle, organisations de coopération, jouissent ainsi des compétences d'intégration en ce qu'elles assurent concurremment aux Etats membres des activités dont ces derniers ont traditionnellement le monopole.

Pour ce qui est des textes régissant les fleuves Congo et Nil, il y a lieu de retenir notamment les infractions fluviales ci-après :

290Anne-Laure VAURS-CHAUMETTE, *op.cit.*, p.178

291En effet, la plupart des régimes des fleuves internationaux préservent la souveraineté pénale des Etats qui conservent leur autonomie procédurale pour sanctionner les infractions. Quant à l'incrimination, c'est-à-dire la définition des infractions et de leurs sanctions, elle peut se faire sur la base du droit étatique ou sur la base du droit international. Les réglementations des fleuves internationaux s'attachent alors soit à prévoir une harmonisation des législations nationales, soit à définir les infractions fluviales et leur sanction.

292Anne-Laure VAURS-CHAUMETTE, *idem*, p.178

293Le Rhin traverse la Suisse, le Liechtenstein, l'Autriche, l'Allemagne, la France, les Pays-Bas. Il se jette dans la Mer du Nord.

294La Moselle traverse la France, le Luxembourg et l'Allemagne. Elle se jette dans le Rhin.

1°) Les articles 146 à 151 du Code de la navigation intérieure CEMAC-RDC du 17 décembre 1999 prévoit tout un régime pénal pour les infractions sur le fleuve Congo, notamment :

- Les actes de piraterie ;
- L'embarquement d'un nombre de passagers supérieur à celui fixé par l'inspection de la navigation fluviale ;
- L'ivresse pendant l'exercice du commandement du bâtiment ; l'ivresse avec désordre ;
- Le fait d'avoir intentionnellement détruit, déplacé, détérioré ou arraché des balises, feux ou bouées ou tous autres engins servant à la sécurité de la navigation ;
- L'altération volontaire de vivres ;
- L'incendie intentionnel du bâtiment ;
- Le refus d'accepter la visite des services de l'inspection fluviale ;
- L'abandon du bâtiment en cours du voyage.

2°) Les articles 5 et 6 de l'Accord-cadre de 2010 sur la coopération dans le bassin du fleuve Nil reviennent entre autres sur :

- L'interdiction de causer des dommages significatifs à d'autres Etats du bassin ;
- L'interdiction de l'introduction d'espèces étrangères ou nouvelles (de plantes ou d'animaux) dans le système du fleuve Nil, susceptibles de causer des effets dommageables sur les écosystèmes du bassin. Cette incrimination est aussi reprise à l'article 14 alinéa 4 de l'Additif de 2007 à l'Accord sur le Bassin Congo-Oubangui-Sangha.

Ayant mis des garde-fous pour prévenir la commission d'infractions sur le cours de leurs fleuves, et ayant harmonisé leur collaboration avec d'autres bassins fluviaux pour une intégration associant aussi les Etats non riverains, et cela pour éviter d'évoluer en vase clos en se limitant à leurs propres régions, les Etats des bassins du Congo et du Nil sont appelés à œuvrer pour une véritable intégration, affranchie de vicissitudes et pesanteurs coloniales. Telle est l'importance du chapitre suivant.

CHAPITRE III

LES PERSPECTIVES D'AFFRANCHISSEMENT DU CADRE JURIDIQUE NEOCOLONIAL DES BASSINS DU CONGO ET DU NIL : POUR UN DROIT INTERNATIONAL AFRICAIN D'INTEGRATION PAR LES BASSINS FLUVIAUX ET LACUSTRES AFRICAINS

A travers diverses démarches et stratégies, de surcroît complémentaires, il y a moyen de s'affranchir du cadre juridique issu de la colonisation et d'adopter une attitude de responsabilité. Cette obligation incombe tant aux deux Etats leaders des bassins (RDC et Egypte) qu'aux Organisations regroupant les Etats riverains.

Ce n'est qu'à travers ce sursaut de responsabilité que les Etats concernés pourront valablement assumer leur destin dans ce monde où la coopération doit concilier les velléités des souverainetés et les nécessités de la régionalisation.

En quatre sections respectives, il convient de s'appesantir sur cette problématique et de dégager les pistes de sortie idoines. Ces sections portent sur :

- La nécessité d'une prise des responsabilités et du leadership par la RDC (la RDC face à un conflit d'intérêts et d'identité) : stratégies pour y remédier (**section 1**) ;
- L'obligation de renoncement aux droits souverains par l'Egypte et l'Ethiopie pour un redécollage intégré de la région (**section 2**) ;
- La nécessité de surpasser l'anachronisme du système juridique néocolonial par l'approche d'inclusivité : promouvoir un droit communautaire fluvial africain par les bassins fluviaux et lacustres africains (**section 3**) ;
- Les propositions de lege ferenda (**section 4**).

Section 1. La nécessité d'une prise des responsabilités et du leadership par la RDC. La RDC face à un conflit d'intérêts et d'identité : stratégies pour y remédier

A la suite de sa multi appartenance aux Organisations sous-régionales africaines diverses, la RDC se trouve en effet devant un conflit d'intérêts de plus en plus criant au point qu'elle n'arrive pas à déterminer clairement sa vraie position face aux enjeux et décisions contradictoires qui se prennent au niveau des Organisations respectives.

Toutefois, nous estimons qu'en usant d'une diplomatie offensive et explicative auprès des Etats membres desdites Organisations, la RDC peut faire passer sa vision et ainsi prendre des décisions acceptables lors de grandes conférences, sans qu'elle n'en soit contrariée.

Pour ce faire, la RDC est appelée à adopter les cinq attitudes suivantes :

- Rentabiliser sa participation, aux côtés de l'Egypte, aux réunions de l'Initiative du Bassin du Nil et d'autres Organisations ;
- Clarifier sa position vis-à-vis de l'Accord-cadre de coopération sur le bassin du Nil ;
- S'identifier vis-à-vis du Protocole de la SADC de 2000 sur les cours d'eau ;
- Renforcer les actions diplomatiques au niveau de l'Initiative du Bassin du Nil pour mettre fin aux conflits armés dans la région des Grands Lacs africains ;
- S'impliquer pour doter le Bassin du Congo d'un « Outil décisionnel du fleuve Congo », logiciel spécifique de gestion qui modélise l'ensemble du système du bassin.

I. Rentabiliser sa participation, aux côtés de l'Egypte, aux réunions de l'Initiative du Bassin du Nil et d'autres Organisations

Il est évident que la RDC et l'Egypte se retrouvent, ensemble, au sein de plusieurs plateformes de coopération où elles peuvent faire prévaloir les préoccupations liées à une bonne gestion des deux bassins (Congo et Nil) et où ils peuvent résoudre les subtilités déduites du partenariat avec d'autres bassins fluviaux ou lacustres africains (notamment du Lac Tchad).

En effet, ces deux pays sont, entre autres, à la fois :

- Membres du COMESA ;
- Membres de l'Initiative du Bassin du Nil ;
- Membres observateurs de la Commission du Bassin du lac Tchad ;
- Membres de la Zone de Libre Echange tripartite COMESA-CEA-SADC.

Ces différents espaces sont bien entendu des cadres propices pour ces Etats de présenter, au besoin à travers une *Note commune*, leur position sur certaines questions techniques afin d'affirmer leur rôle central en tant que pays de souveraineté des deux fleuves.

Du 30 au 31 mars 2015 s'est notamment tenu à Addis-Abeba, le 18è sommet des Chefs d'Etat et de Gouvernement du COMESA qui a connu la participation tant de la RDC que de l'Egypte sur un thème vital qu'est : « Pour une *industrialisation inclusive* et durable ».

Toutefois, dans le Communiqué final de ces travaux, aucune piste claire en matière de coopération par l'eau n'y apparait ? Et pourtant, il était possible de faire inscrire un point relatif notamment au « développement de la production énergétique des deux bassins, facteur primordial pour l'accroissement de l'industrialisation dans les *Etats riverains* desdits bassins », dont *dix* sont d'ailleurs membres du COMESA (Ethiopie, RDC, Egypte, Soudan, Rwanda, Erythrée, Zambie, Kenya, Burundi, Ouganda).

C'est pourquoi, il convient d'exhorter la RDC à savoir rentabiliser de façon concrète sa participation au sein de toutes ces Organisations, comme le fait souvent l'Egypte.

En effet, en guise d'illustration, à l'issue du Sommet précité, 12 juges de nationalité différente (appelés à trancher les différends au sein de la Cour de Justice du COMESA) ont été désignés pour une nouvelle période *de 5 ans.*

Parmi ces nouveaux juges, figure un juge Egyptien, un juge Ethiopien mais aucun juge de la RDC. Même pour les juges qui venaient de prester au cours des dix dernières années au sein de la Cour de Justice du COMESA, figuraient un juge Egyptien, un juge Ethiopien mais aucun juge de la RDC.

Le tableau ci-dessous résume cette situation[295].

Pour mieux assumer son rôle dans les Organisations régionales et contrôler certains enjeux, la RDC doit ainsi s'atteler à promouvoir ses propres cadres au sein des organismes africains, à l'instar d'autres Etats

---

[295]Tableau dont les données sont issues du Communiqué final du 18ème sommet des Chefs d'Etat et de Gouvernement du COMESA tenu du 30 au 31 mars 2015 à Addis-Abeba, 26 pages.

des deux bassins ; car ce n'est pas l'expérience et la compétence qui manquent à ses ressortissants.

Ce pays doit se départir de son immobilisme et d'un certain manque de conscience, afin de s'identifier plutôt comme un « géant ».

Etat COMESA, membre du bassin du Nil ou du Congo	Juges ayant siégé au cours des dix dernières années (2005-2015) à la Cour de Justice du COMESA	Chambre de la Cour de Justice du COMESA	Nouveaux juges nommés à la Cour de Justice du COMESA pour 5 ans (2015-2020)
Egypte	Mr Borhan Mohamed Tawhid Amrallah	Chambre d'appel	Mr Wael Marodouh Hassan Youssef Rady
Zambie	Mr Ernest Linesi Sakala	Chambre d'appel	Mme Juge-Président Lombe P.Chibesakunda
Ethiopie	Mr Menberetsehai Tadesse	Chambre de première instance	Mr Ali Sulaiman Mohamed
Rwanda	Mr Sam Rugege	Chambre de première instance	Mme Clotilde Mukamurera
Burundi	Mr Adrien Nyankiye	Chambre de première instance	Mr Leonard Gacuko
RDC	**Aucun juge**	---------------	**Aucun juge**

Tableau : Juges déjà présentés à la Cour de Justice du COMESA par les États des bassins du Nil et du Congo

II. Clarifier sa position vis-à-vis de l'Accord-cadre de coopération sur le bassin du Nil

Ayant été parmi les Etats qui ont compris l'urgence pour le bassin du Nil d'avoir un cadre juridique affranchi du lien colonial, la RDC a soutenu la conclusion de l'Accord-cadre de 2010 sur la coopération dans le Bassin du Nil. Toutefois, à ce jour, elle n'a ni signé ni ratifié ce document. Il est plus qu'impérieux que ce pays puisse clarifier définitivement sa position vis-à-vis de cet instrument et s'assumer.

III. S'identifier vis-à-vis du Protocole d'accord de la SADC de 2000 sur les cours d'eau

Comme souligné précédemment par Cyrille Masamba Mfumu[296], « *la position géographique de la RDC est problématique pour la mise en œuvre du protocole car plusieurs cours d'eaux qui semblent tirer leurs sources de la RDC vers les pays d'Afrique australe, ne lui appartiennent pas exclusivement et elle ne peut en faire objet d'un engagement international* ».

Tel le cas des eaux que la RDC partage avec le Congo Brazzaville et la RCA qui ne sont d'ailleurs pas membres de la SADC, alors que ces eaux font partie de l'espace régi par le protocole. Il en va ainsi des lacs Tanganyika et Albert à l'Est, et le fleuve Oubangui au Nord-Est.

La RDC se trouverait donc en difficulté de s'engager sur l'utilisation régionale de ces eaux en ignorant les autres pays qui en sont copropriétaires et qui malheureusement appartiennent à d'autres communautés économiques régionales, comme la Communauté Economique des Etats d'Afrique Centrale, ou encore la Communauté de l'Afrique de l'Est.

En conclusion, il est nécessaire que la RDC prenne clairement position vis-à-vis de ce Protocole.

IV. Renforcer les actions diplomatiques au niveau de l'Initiative du Bassin du Nil pour mettre fin aux conflits armés dans la région des Grands Lacs africains[297]

Profitant de l'espace IBN qu'elle partage avec le Rwanda, le Burundi et l'Ouganda, la RDC devrait en effet saisir cette opportunité pour

---

296 L'intéressé exerçait la fonction de Chef du Département Eau au Ministère de l'Energie en RDC au moment de ladite conférence.

297 Concernant l'expression « Région des Grands Lacs », il convient de lire CIFENDE KACIKO Moïse, La CEPGL et le défi de sa revitalisation : plaidoyer pour l'élargissement ou la fusion des deux communautés économiques régionales des Grands Lacs africains (CEPGL et EAC), in *Mélanges Professeur NDESHYO*, op.cit., pp.389 – 445. Il s'agit des sept lacs internationaux suivants : le lac Albert entre la RDC et l'Ouganda ; le lac Edouard entre la RDC et l'Ouganda ; le lac Kivu entre la RDC et le Rwanda ; le lac Tanganyika entre la RDC, le Burundi, la Tanzanie et la Zambie ; le lac Victoria entre le Kenya, l'Ouganda et la Tanzanie ; le lac Malawi entre le Malawi et la Mozambique ; le lac Moero entre la RDC et la Zambie. CIFENDE mentionne par ailleurs un huitième lac, à savoir le lac Turkana entre le Kenya et l'Ethiopie. Dans le prolongement naturel de cette région, il conviendrait d'ajouter un neuvième lac, à savoir le Lac Nasser en Egypte.

améliorer ses relations avec les trois pays cités ; ce qui contribuerait amplement à mettre fin aux germes des conflits qui enveniment la région des Grands Lacs.

Des projets fédérateurs concernant les eaux alimentant le Nil pourraient ainsi être envisagés pour le développement économique des Etats riverains, et l'intégration de la région du Bassin toute entière.

V. S'impliquer pour doter le Bassin du Congo d'un « Outil décisionnel du fleuve Congo », logiciel spécifique de gestion qui modélise l'ensemble du système du bassin

Il s'agit de constituer une base informatique de données sur les ressources globales du bassin du Congo afin de faciliter leur gestion rationnelle.

Cette expérience ayant déjà été tentée et ayant déjà fait ses preuves au niveau du Bassin du Nil, il serait intéressant que la RDC puisse jouer un rôle d'avant-garde pour que le Bassin du Congo arrive également à se doter de ce que l'on appellerait « l'Outil décisionnel du fleuve Congo », qui serait en effet une sorte de logiciel spécifique de gestion qui modélise l'ensemble du système du bassin et accroît ses possibilités d'exploitation rationnelle et équitable. A l'heure de l'informatisation croissante, cet Outil serait d'une grande nécessité et efficacité ; de même qu'elle faciliterait la coopération, sinon l'intégration harmonieuse de la région du Bassin du Congo.

Dans le domaine de l'eau comme dans d'autres, l'information scientifiquement établie est le fondement indispensable d'un dialogue entre les parties prenantes. En effet, dans certains cas, des pays ont été suspectés de faire baisser le niveau d'un fleuve[298] par des ponctions trop importantes alors que seule l'aridification du climat était en cause. Des systèmes communs d'observation scientifique doivent donc être mis en place, y compris pour ce qui concerne les aquifères transfrontaliers dont les dynamiques sont encore mal connues[299].

Au-delà de la prise en mains par la RDC de ses responsabilités pour la consolidation d'un droit communautaire fluvial africain d'intégration par

298 Notamment le Burkina Faso et le Ghana, cas du niveau du lac Volta.

299 http://geoconfluences.ens-lyon.fr/doc/typespace/frontier/FrontDoc.htm, 24/11/2014.

les bassins fluviaux et lacustres africains, l'Egypte et l'Ethiopie ont également intérêt à assumer les leur. Tel est l'objet de la section suivante.

Section 2. L'obligation du renoncement aux droits souverains par l'Egypte et l'Ethiopie pour un redécollage intégré de la région

L'Egypte et l'Ethiopie, voire le Soudan, devraient se départir d'une logique antagoniste afin d'aplanir les sentiers de l'émergence de toute la région du bassin du Nil. Sans concession, il serait difficile de mettre ensemble toutes les potentialités de développement qu'offre le bassin pour le progrès des Etats riverains et l'intégration de la région entière.

La dynamique de l'émergence de la région du bassin du Nil passe ainsi par certains postulats qu'il convient d'approfondir, à savoir :

- L'appropriation effective, par les Etats, du mécanisme Initiative du Bassin du Nil ;
- La renonciation par l'Egypte et l'Ethiopie à certains droits souverains ;
- La nécessité pour l'Egypte de revoir sa politique de développement pour une utilisation rationnelle des eaux du Nil : privilégier l'approche industrielle à celle de production agricole ;
- Réconcilier les pays bénéficiaires des eaux du Nil (Egypte, Soudan) avec les pays pourvoyeurs des eaux (Ethiopie) ;
- Renforcer la vision commune de la coopération sur le Nil adoptée en 2000 et qui est basée sur deux types de programmes.

I. Appropriation effective, par les Etats, du mécanisme Initiative du Bassin du Nil

Les Etats membres de la plate-forme « Initiative du Bassin du Nil » peuvent valablement mettre à profit leur appartenance à cette structure pour résoudre les divergences des vues et consolider leurs positions communes sur des projets de développement réellement intégrateurs.

L'Initiative du Bassin du Nil, lancée en 1999, a été conçue à l'origine comme un outil pour mettre en commun des informations scientifiques entre les dix Etats riverains du Nil. Elle réunit aujourd'hui les gouvernements de ces pays en vue « d'assurer le développement socio-économique par l'utilisation équitable et bénéfique des ressources hydriques communes du bassin du Nil »[300]. Elle cherche à éviter tout conflit réel ou potentiel portant sur l'eau dans le bassin du fleuve dans une des régions du monde les plus sujettes aux disputes et à la guerre. Les Etats nilotiques sont interdépendants et leur développement est indubitablement lié au cycle hydrologique du fleuve. Raison pour laquelle ils sont appelés à unir leurs efforts pour des actions d'ensemble.

II. Renonciation par l'Egypte et l'Ethiopie à certains droits souverains

Le double constat selon lequel, d'une part, l'Egypte a hérité du fait colonial autant de droits et de prérogatives dans l'exploitation des eaux du Nil et, d'autre part, l'Ethiopie alimente à plus de 85% le cours du Nil, devrait amener ces deux Etats à se surpasser pour mieux convaincre les autres Etats du bassin à s'engager aux côtés d'eux pour le développement durable et intégral de la région. Car, à vrai dire, les autres Etats du bassin ont aussi le droit de participer à la réussite de cette entreprise.

III. Nécessité pour l'Egypte de revoir sa politique de développement pour une utilisation rationnelle des eaux du Nil : privilégier l'approche industrielle (qui consomme moins de m^3 d'eau) à celle de production agricole

Dans les années 1970-1975, on pouvait penser que l'Egypte était parvenue à son niveau maximum de production agricole en fonction tant de surfaces en culture que des rendements obtenus. Cet envol n'était cependant pas dû à l'extension des surfaces cultivées (+800.000 ha) ni à un usage plus important de l'irrigation, mais à cause de la sélection des semences et un usage plus important et rationnel des engrais et des pesticides.

L'Egypte a perdu son autosuffisance alimentaire depuis la seconde guerre mondiale et toute tentative pour la regagner est évidemment promise à l'échec. Pire, le volume d'eau investi est nettement plus faible dans l'agriculture que dans l'industrie. Parmi les pays du bassin du Nil, l'Egypte est le seul pays industrialisé. Avec une valeur de 12 milliards de dollars en 1998, la production industrielle égyptienne est sans commune mesure avec celle des autres pays du bassin. Avec 31,6% du PNB, la valeur produite par l'industrie égyptienne dépasse de loin celle de l'agriculture (17,3% de PNB). Or, en termes de quantités, l'industrie

[300]Mohamed Larbi BOUGUERRA, *L'Egypte, l'Initiative du Bassin du Nil et les autres*, p.1.

utilise 6 milliards de m^3 par an contre 56 milliards de m^3 pour l'agriculture. Ce qui veut dire qu'en termes de rendement du volume d'eau utilisé, l'industrie est environ 18 fois plus efficace que l'agriculture[301].

Tenant compte de cette réalité, il serait judicieux pour l'Egypte de revoir sa politique de développement par une utilisation plus rationnelle des eaux du Nil ; ce qui contenterait les autres Etats du bassin et limiterait les occasions de conflictualité.

IV. Réconcilier les pays bénéficiaires des eaux du Nil (Egypte, Soudan) avec les pays pourvoyeurs des eaux (Ethiopie)

Cette réconciliation garde son pesant d'or car, sans la paix, aucune politique de développement ni d'intégration ne peut être menée.

Le Nil a toujours été en effet au cœur d'un grave conflit sur le partage de ses eaux. Le gouvernement égyptien a affirmé, à plusieurs reprises, sa détermination à recourir aux armes si son approvisionnement en eau était menacé[302]. Or, en 1991, le Soudan et l'Éthiopie ont convenu d'explorer les possibilités de coopération pour optimiser la gestion de l'Atbara et du Nil bleu, provoquant ainsi de vives inquiétudes en Égypte, où l'on craignait un accord séparé entre les deux pays. En 1994, le Soudan s'est proposé de construire un nouveau barrage sur le cours du Nil, parallèlement au projet de former l'Organisation de la vallée du Nil bleu avec l'Éthiopie, organisme qui aurait étudié plusieurs projets d'infrastructures importants, sans concertation avec l'Égypte. En août 1995, insatisfait de l'opposition égyptienne et soucieux de valoriser davantage ses ressources en eau, le gouvernement soudanais a menacé de dénoncer le traité de 1959. Estimant là encore que ces gestes représentaient une menace trop importante, l'Égypte a planifié un raid aérien sur Khartoum, annulé, apparemment, peu avant son déclenchement. L'irritation de l'Égypte après l'implication de Khartoum dans la tentative d'assassinat du président Moubarak, mais aussi à cause des projets d'aménagement hydraulique soudanais, s'est traduite, en 1995, par des manœuvres militaires à la frontière avec le Soudan[303].

301PRUNIER Gérard, *op.cit.*, p.206.

302Frédéric LASSERRE, Le partage des eaux du Nil : des négociations entre craintes égyptiennes et rancœur éthiopienne, *article cité*, 2010.

303 Frédéric LASSERRE, *op.cit.*

La question de la mise en valeur des ressources hydrauliques par les voisins situés en amont de l'Égypte se double ici d'une dimension diplomatique : Le Caire a noté qu'Israël est présent dans les projets éthiopiens comme ougandais. À la rivalité sur le partage des eaux du Nil se superpose désormais une joute diplomatique entre Israéliens et Égyptiens sur l'allégeance des pays d'amont. Pour l'État hébreu, il est tentant d'offrir ses services de coopération technique, voire militaire dans le cas de l'Éthiopie et de l'Érythrée, aux différents pays qui sont confrontés à la colère égyptienne.

L'Égypte n'a pas pour autant négligé la carte de la diplomatie et de la coopération : dans une optique strictement bilatérale avec le Soudan en 1959 ; dans une optique plus régionale avec le projet « Undugu » en 1983 ; puis en 1999 avec l'Initiative du bassin du Nil.

L'approche du dialogue et de la réconciliation entre les deux catégories d'Etats du bassin du Nil est donc très déterminante.

V. Renforcer la vision commune de la coopération sur le Nil adoptée en 2000 et qui est basée sur deux types de programmes[304]

Le Nile Rive Basin Action Plan adopté en 1995 a mis en place une *Institution de coopération* au mandat plus élargi. En 2000, est adoptée une *vision commune* qui vise à « atteindre un développement socio-économique durable à travers une utilisation équitable et au bénéfice de tous des ressources communes des eaux du bassin du Nil ».

La mise en œuvre de cette vision commune s'est traduite par deux types de programmes :

- *Un programme transversal à l'échelle de l'ensemble du bassin* (*Shared Vision Program – SVP*), qui vise à renforcer la coopération et les capacités et à établir un climat de confiance entre les pays (programme « soft » de l'IBN).
- Des *programmes à l'échelle de deux sous-bassins* (*Subsidary Action Program, SAP*) qui concernent les études de planification et de faisabilité de projets d'aménagement en commun. La coordination des bailleurs de

[304]http:/nilebasin.org/newsite

fond pour cette initiative est assurée depuis 1997 par la Banque mondiale[305].

Section 3. La nécessité de surpasser l'anachronisme du système juridique néocolonial par l'approche d'inclusivité : promouvoir un droit communautaire fluvial africain par les bassins fluviaux et lacustres africains.

Dans cette approche, il conviendra de faire de la Commission du Fleuve Congo un organe technique tandis qu'une Autorité Internationale du Bassin du Fleuve Congo aura le statut d'une véritable organisation internationale à l'instar d'autres organisations similaires de gestion des fleuves internationaux.

Ces deux mécanismes s'avèrent très nécessaires pour une rentabilisation efficiente de toutes les potentialités du fleuve Congo et de toutes les possibilités de coopération dans la gestion du bassin du fleuve.

La CICOS semble s'être substituée à l'Autorité Internationale ; toutefois, sa limite est *qu'elle n'est pas inclusive* de tous les Etats du bassin du fleuve Congo.

De même, au niveau des Etats du bassin du Nil, il est important qu'on arrive à une inclusivité du cadre juridique.

Pour ce faire, les démarches suivantes devraient être envisagées :

- L'importance de fédérer les Etats du bassin du Nil : renoncer à la confrontation juridique parallèle au profit d'une Organisation Internationale réellement inclusive ;
- La nécessité de la mise en place d'une structure multilatérale plus élargie, dénommée « Organisation pour la mise en valeur du fleuve Congo » ;
- La création d'une Organisation fluviale d'intégration des Etats riverains ;
- La part des responsabilités du NEPAD et l'exigence de sa neutralité en vue d'une efficace intégration des bassins du Congo et du Nil.

305http:/nilebasin.org/newsite

I. L'importance de fédérer les Etats du bassin du Nil : renoncer à la confrontation juridique parallèle au profit d'une Organisation Internationale réellement inclusive

Plutôt que d'insister sur l'approche de l'Accord-cadre de 2010, qui ne réunit pas le consentement de tous les Etats du bassin du Nil mais crée cependant des dissensions interminables, il serait beaucoup plus rationnel de partir du cadre déjà existant et consensuel qu'est l'IBN et d'en faire une Organisation internationale à part entière, dotée de la personnalité juridique. La dispersion d'approches n'avance pas les Etats du bassin et retarde l'intégration du continent.

II. La nécessité de la mise en place d'une structure multilatérale plus élargie, dénommée « Organisation pour la mise en valeur du fleuve Congo »

S'agissant du bassin du fleuve Congo, il y a lieu de tendre vers une Organisation multilatérale plus élargie, qui se départit de la CICOS limitée seulement à quatre Etats membres effectifs depuis sa création il y a plus de 16 années.

A l'instar de l'Organisation pour la mise en valeur du fleuve Sénégal ou du fleuve Gambie, l'expérience de l'« Organisation pour la mise en valeur du fleuve Congo » peut être valablement envisagée. Cette idée rejoint celle de l'Autorité Internationale du fleuve Congo précédemment évoquée.

III. La création d'une Organisation fluviale d'intégration des Etats riverains.

Dans les deux hypothèses ci-dessus (voir points I et II), la formule la mieux indiquée devrait coïncider avec une Organisation Internationale de véritable intégration et non de simple coopération[306].

---

[306] Au niveau de la section 4 du présent chapitre, nous reviendrons sur cet aspect, en notant l'importance pour cette OI d'être spécialisée dans le domaine fluviale, rattachée à l'Union Africaine.

IV. La part des responsabilités du NEPAD et l'exigence de sa neutralité en vue d'une efficace intégration des bassins du Congo et du Nil

Le Nouveau Partenariat pour le Développement de l'Afrique, NEPAD, est la résultante du Plan du millénaire concocté par le Président sud-africain Thabo Mbeki, rejoint par ses homologues Olesegun Obasanjo et Abdelaziz Buteflika et Hosni Moubarak, et le Plan Omega du Président sénégalais Abdoulaye Wade. En tant que nouvelle initiative panafricaine, le NEPAD a été présenté comme la solution idoine, capable de redonner du souffle à une Afrique en plein désarroi.

La particularité du NEPAD par rapport aux autres plans de développement de l'Afrique est qu'il tient compte des réalités sociales et culturelles des masses populaires ; de même qu'il met l'accent sur la mobilisation des peuples africains et la nécessité pour eux de s'approprier ledit Plan[307].

Les partenaires ont un rôle très important à jouer dans l'accompagnement des Etats des bassins du Congo et du Nil en vue de réaliser l'intégration de leur région. Parmi ces partenaires, il y a lieu de relever ici l'apport justement du NEPAD.

En 2010, après huit années de rapports ambigus avec le NEPAD, l'Union Africaine qui était son organe de tutelle, a décidé de l'intégrer pleinement dans son giron. Lors de la 14ème session du Sommet ordinaire de l'Union Africaine qui s'est tenue en janvier 2010 à Addis-Abeba (Ethiopie), il a été décidé de rebaptiser le NEPAD en l'appelant « Agence de Planification et de Coordination du NEPAD » (APCN) qui allait être placée sous l'autorité du bureau du Président de l'Union Africaine[308].

Après qu'on aura rappelé quelques priorités sectorielles du NEPAD, il sera important d'indiquer l'état d'avancement de certaines études portant sur l'exploitation des fleuves Congo et Nil, commandées par le NEPAD.

I. Principales priorités sectorielles du NEPAD

[307]NDESHYO RURIHOSE, *op.cit.*, pp. 134-135.

[308] KANNYO Edouard, Le Nouveau Partenariat pour le Développement de l'Afrique (NEPAD), in *L'Union Africaine : cadre juridique et institutionnel. Manuel sur l'Organisation panafricaine*, Paris, Editions Pedone, 2013, p.183.

Le NEPAD œuvre dans divers secteurs de développement en Afrique. Au nombre de ses priorités, il y a lieu de s'appesantir ici sur deux secteurs qui intéressent directement notre étude, à savoir :

- Les voies et moyens de communication ;
- L'eau et l'assainissement.

A. Les voies et moyens de transport

Les infrastructures de transport étant reconnues comme des paramètres essentiels de la croissance économique, il urgeait de trouver des moyens de placer l'Afrique au même niveau que les pays développés en termes d'accumulation du capital matériel et humain[309]. Les Chefs d'Etat du NEPAD affirmaient que si l'Afrique était dotée de mêmes infrastructures de base que les pays développés, elle serait mieux en mesure de se consacrer à la production et à l'amélioration de la production pour faire face à la concurrence internationale. Les insuffisances structurelles des infrastructures handicapent sérieusement la croissance économique et la réduction de la pauvreté en Afrique.

Améliorer les infrastructures, y compris le coût et la fiabilité des services, serait dans l'intérêt de l'Afrique mais aussi de toute la communauté internationale qui pourrait obtenir des biens et services africains à meilleur marché[310].

Les infrastructures concernées sont des routes, les autoroutes, les aéroports, les ports maritimes, les chemins de fer, les *voies navigables* et les installations de télécommunications. Toutefois, l'accent devrait être mis uniquement sur les infrastructures à caractère régional ou continental[311].

Pour remédier à la carence en infrastructures, le recours aux financements privés étrangers devient nécessaire en vue de compléter les deux traditionnelles méthodes de financement que sont le crédit et l'aide au développement[312].

Aussi, à juste raison, le NEPAD intervient-il dans ce domaine de voies et moyens de transport et de communication.

---

309 Voir Programme du NEPAD, §71, cité par NDESHYO RURIHOSE, *op.cit.*, pp.149-152.

310 Programme du NEPAD, §94-95.

311 Programme du NEPAD, §96.

312 Programme du NEPAD, §99-100.

B. L'eau et l'assainissement

Les objectifs spécifiques du NEPAD en rapport avec la gestion de l'eau peuvent être ainsi résumés :

- La garantie d'accès durable à un approvisionnement en eau pure et potable et à un assainissement adéquat particulièrement pour les pauvres ;
- La planification et la gestion des ressources en eau pour en faire la base de la coopération et du développement national et régional ;
- L'accroissement de l'agriculture irriguée et pluviale pour améliorer la production et la sécurité alimentaire.

Les eaux des fleuves Congo et Nil intéressent donc la politique du NEPAD.

II. Travaux spécifiques du Secrétariat de la SADC au sujet de l'exploitation du fleuve Congo et de l'Initiative du Bassin du Nil

Avec le concours du NEPAD, une étude est en cours au niveau du Secrétariat de la SADC en rapport avec l'exploitation du fleuve Congo et de l'Initiative du Bassin du Nil. Il y a donc urgence pour les Etats africains ayant souscrit à l'initiative du NEPAD d'accélérer ces travaux.

L'on ne pourrait conclure ce chapitre troisième sans pour autant dégager, de façon prospective et pratique, quelques propositions pour asseoir le droit communautaire fluvial africain d'intégration par les bassins fluviaux et lacustres africains.

Section 4. Les propositions de lege ferenda

Une étude très cadrée que celle portant sur la gestion des eaux communes du Congo et du Nil devrait nécessairement commander, en termes de perspectives finales, des propositions pouvant être matérialisées par des mécanismes normatifs et institutionnels bien déterminés.

En guise de propositions de lege ferenda, il convient ainsi de retenir :

- La mise en place d'un cadre juridique africain réellement intégré : création des institutions fluviales spécialisées de l'Union Africaine ;

- La création d'un espace géographique naturel d'intégration des Etats des deux bassins ;
- La consolidation d'un cadre juridique d'intégration (au-delà de la coopération) de tous les secteurs, en y associant les autres Etats africains non riverains ;
- La revisitation du système OHADA de protection des sociétés commerciales opérant dans les deux bassins fluviaux : réduction des taxations et fiscalités ;
- Le recours envisagé au modèle d'intégration régionale par l'eau développé au niveau de l'Afrique australe ;
- L'ère de l'hégémonie des deux leaders des bassins (Egypte et RDC) : de l'hégémonie parallèle (chacun dans son bassin principal) à l'hégémonie convergente (mise ensemble de leurs stratégies).

I. La mise en place d'un cadre juridique africain réellement intégré : création des institutions fluviales spécialisées de l'Union Africaine

A la lumière des développements précédents, il se dégage l'importance de mettre en place un cadre juridique africain de gestion des deux bassins, qui soit réellement intégré et non de simple coopération.

Ce cadre devrait par ailleurs être inclusif de différents Etats des deux bassins et fédérateurs des intérêts divergents des Etats.

Pour y arriver, il s'avère ainsi crucial d'instituer, pour chaque bassin, une autorité fluviale revêtue de pouvoir réglementaire et de décision : une véritable institution spécialisée de l'Union Africaine. Il faut également les doter d'une spécialisation sectorielle et d'une forte harmonisation et coordination fonctionnelle.

L'expérience des institutions spécialisées de l'Union Africaine n'enregistre pas encore, à ce jour, une Organisation axée sur le domaine fluvial.

En effet, l'Union Africaine (l'OUA) ne retient officiellement, à l'heure actuelle, que les six institutions spécialisées suivantes[313] :

[313]Voir Document CM/1 427(XLVI).Part. IV de juillet 1987 relatif au rapport du Secrétaire Général sur les activités des institutions spécialisées. Cité par NDESHYO RURIHOSE, L'héritage de l'OUA à l'UA : la quête permanente de l'unité africaine, op.cit., p.131.

- L'Union Africaine des Chemins de Fer (UAC) ;
- Le Conseil Supérieur du Sport en Afrique (CSSA) ;
- L'Union Panafricaine des Télécommunications (UPAT) ;
- L'Union Panafricaine des Postes (UPAP) ;
- Le Bureau Africain des Sciences de l'Education (BASE) ;
- L'Agence Panafricaine d'Information (PANA).

Trois de ces six institutions, à savoir l'UAC, l'UPAT et le BASE, possèdent leur siège central à Kinshasa, en République Démocratique du Congo. Kinshasa abrite en outre le siège régional Afrique centrale de la PANA.

Il serait ainsi intéressant que chacun des bassins fluviaux du Congo et du Nil puisse être régi par une structure ayant qualité d'Organisation internationale qui serait spécialisée pour la matière fluviale, avec une coordination bien déterminée.

Toutefois, à défaut de deux organisations distinctes pour la mise en valeur des fleuves Congo et Nil, il y a lieu de proposer dans un premier temps, au titre d'institution spécialisée fluviale rattachée à l'Union Africaine, la création de ce qu'on pourrait qualifier de : « ***Union Panafricaine des Bassins Fluviaux (UPBF)*** », avec comme siège central Le Caire (en Egypte). Le choix de ce pays est justifié par le fait qu'il est à la tête du plus grand bassin fluvial africain en superficie et compte tenu aussi du nombre d'Etats que ce bassin regroupe.

A l'instar de la PANA et de l'UPAT qui ont, chacune, cinq sièges régionaux pour mieux assurer le fonctionnement par région, il serait indiqué pour l'UPBF de disposer des sièges régionaux ci-après :

- Kinshasa pour l'Afrique Centrale
- Dakar pour l'Afrique de l'Ouest
- Dar-es-Salaam pour l'Afrique de l'Est
- Tunis pour l'Afrique du Nord
- Namibie pour l'Afrique Australe.

En ce qui concerne les organes de l'UPBF, sa charte constitutive pourrait retenir :

a) La Conférence des Ministres africains en charge de l'eau ;
b) La Conférence internationale sur les bassins fluviaux en Afrique, comme structure technique et scientifique ;

c) Le Comité Exécutif ;
d) Le Secrétariat Général, avec un Secrétaire Général nommé pour un mandat de 4 ans, renouvelable une seule fois ;
e) Les Comités techniques ad hoc, comme organes subsidiaires.

II. La création d'un espace géographique naturel d'intégration des Etats des deux bassins.

A l'instar de la « Région des Grands Lacs », et indépendamment de la mise en place du cadre juridique dénommée « Union Panafricaine des Bassins Fluviaux », qui serait une véritable institution spécialisée de l'Union Africaine, nous prônons la création d'un espace géographique naturel d'intégration des Etats des bassins des fleuves Congo et Nil qu'on appellerait « ***Zone fluviale intégrée Congo-Nil*** ».

Les Etats de la Zone fluviale intégrée Congo-Nil pourraient se réunir régulièrement, en Conférence des Chefs d'Etats et de Gouvernement, pour adopter une charte constitutive reprenant les domaines de collaboration en vue de leur intégration. Nous l'avons dit plus haut, cet espace naturel comprend plus de 40% des pays africains et recèlent d'énormes richesses, dont 20% des zones humides du monde, un potentiel hydroélectrique gigantesque ainsi que d'autres immenses potentialités qui peuvent permettre aux Etats concernés d'accélérer le développement de l'Afrique, notamment en la hissant dans une bonne place au sein du marché de la bourse et des produits internationaux.

Les produits de la Zone fluviale intégrée Congo-Nil pourraient dès lors peser sur la balance internationale et permettre le développement de l'Afrique. L'article 42.1 c) du Traité de la Communauté Economique Africaine porte en effet sur la promotion des échanges commerciaux Nord-Sud et stipule que les Etats membres s'engagent à prendre des mesures destinées à favoriser de meilleurs termes de l'échange pour les produits de base africains et améliorer l'accès des marchés pour les produits de la Communauté et s'engagent par ailleurs à participer en tant que groupe, aux négociations commerciales internationales dans le cadre du GATT et de la CNUCED, ou de toute autre instance internationale traitant de ces questions[314].

---

[314]MBENGUE Makane Moïse et ILLY Ousseni, La communauté économique africaine, *in L'Union Africaine : cadre juridique et institutionnel. Manuel sur l'Organisation panafricaine* (Sous la direction de ABDULQAWI A.YUSUF et FATSAH OUGUERGOUZ, Paris, Editions Pedone, 2013, p.174.

III. La consolidation d'un cadre juridique d'intégration (au-delà de la coopération) de tous les secteurs, en y associant les autres Etats africains non riverains

Le cadre juridique ci-haut évoqué devra s'inscrire au-delà d'une simple coopération et embrasser une réelle intégration des Etats, dans les différents secteurs (navigation, commerce, production hydroélectrique et industrielle, transport fluvial, développement de l'agriculture irriguée), tout en associant au processus les autres Etats africains non riverains.

Au moment de la création de l'OUA en 1963 en effet, le Docteur Kwame N'Krumah avait plaidé la cause des Etats-Unis d'Afrique. En partant du constat de la faiblesse économique, politique et diplomatique des jeunes Etats indépendants, il estimait urgent de réaliser l'unité politique, préalable à tout autre progrès sur le continent. Ce projet fut combattu par ceux qui voulaient s'en tenir à une organisation intergouvernementale classique de coopération. C'est ce qui les a conduit évidemment « à instituer *une OUA de coopération* plutôt qu'*une OUA d'intégration* telle que voulue par Kwame N'krumah »[315].

Il ressort pourtant de l'Acte constitutif de l'Union Africaine du 11 juillet 2000, que cette Organisation continentale poursuit entre autres objectifs : « l'accélération de l'intégration politique et socio-économique du continent ; la promotion du développement durable aux plans économique, social et culturel, ainsi que l'intégration des économies africaines »[316].

En définitive, il y a lieu de noter que cette intégration qui est projetée au niveau continental, devrait également s'opérer au niveau des régions, en l'occurrence celles des bassins fluviaux du Congo et du Nil.

IV. La revisitation du système OHADA de protection des sociétés commerciales opérant dans les deux bassins fluviaux : réduction des taxations et fiscalités

Une étude spécifique devrait être menée quant à ce, afin de faciliter les activités de transport et de commerce sur les deux fleuves internationaux. Les conclusions de cette réflexion abonderaient dans le sens notamment de la suppression des barrières juridiques et douanières qui cautionneraient encore une fiscalité assez contraignante et élevée.

---

[315] MBENGUE Makane Moïse et ILLY Ousseni, *op.cit.*, p.170.

[316] Acte constitutif de l'Union Africaine, article 3, points c) et j)

Par ailleurs, tous les pays des bassins fluviaux du Congo et du Nil n'étant pas nécessairement parties au traité OHADA (Organisation pour l'harmonisation en Afrique du Droit des Affaires), il sera question de nuancer les propositions qui découleraient de l'étude.

V. Le recours envisagé au modèle d'intégration régionale par l'eau développé au niveau de l'Afrique australe[317] ?

Il y a lieu en effet d'examiner dans quelle mesure la « Zone fluviale intégrée Congo-Nil » pourrait s'inspirer du modèle d'intégration par l'eau qui est développé au niveau de la région de l'Afrique australe.

En Afrique australe, l'influence internationale et régionale, par le biais de l'élaboration de traités, de protocoles, de modèles, ainsi que les changements politiques et économiques, ont incité et contribué à la réorganisation de la gestion de l'eau. Cette région compte une quinzaine de bassins transfrontaliers, c'est-à-dire des cours d'eau partagés entre deux Etats ou plus.

L'intégration régionale prévue par la SADC fait encore son chemin, en dépit de la présence d'initiatives législatives et institutionnelles régionales. Les disparités au sein des Etats de la SADC ne sont pas qu'économique, politique et social : des facteurs importants de différenciation et d'organisation en matière de gestion des ressources en eau existent également. Le partage de ces dernières à l'échelle régionale, avec de véritables articulations institutionnelles aux échelles nationales et locales, nécessite un pas conséquent pour passer de la théorie à la pratique[318].

Toutefois, certaines initiatives, mettant en œuvre des partenariats entre plusieurs Etats autour d'une gestion commune des ressources en eau, laissent espérer des évolutions. Les initiatives transfrontalières sont souvent le produit d'actions menées en dehors d'un système institutionnel complexe, et appuyées par des partenariats multiples.

---

317 Développements tirés de MAUPIN Agathe, « Une approche régionale des politiques de l'eau en Afrique australe », 13 pages, et Carles A. et A. MAUPIN, « Le Zimbabwe en crise : le rôle des commissions des bassins transfrontaliers du Limpopo et du Zambèze dans les relations hydropolitiques en Afrique australe », in Dynamiques internationales, n°2, www.dynamiques-internationales.co/wp-content/uploads/2010/DI2-Carles-Maupin-01101.pdf

318 MAUPIN Agathe, *op.cit.*

Depuis ses débuts en 1992, *la SADC a joué son rôle d'organe de promotion de l'intégration régionale, y compris en ce qui concerne la gestion de l'eau.* Plusieurs textes de référence en matière de gestion de l'eau ont été promulgués[319].

S'appuyant sur ces protocoles sur l'eau, des accords ont été signés, ratifiés et sont entrés en vigueur sur certains cours d'eau transfrontaliers dans la région. Ils sont à l'origine de la mise en place d'organismes chargés de la gestion des bassins de ces cours d'eau, dénommés « Commissions de bassin ».

Par la suite, la SADC, qui a été restructurée au début des années 2000, a également élaboré des politiques et des stratégies concernant les ressources en eau de la région et développé des Plans d'action[320].

La SADC n'a pas cependant attendu l'adoption de la Convention-cadre des Nations Unies de 1997 pour ratifier son premier Protocole sur l'eau. En effet, en 1995, le Protocole sur les cours d'eau partagés a été le premier protocole sectoriel développé par la SADC. La première version mentionnait en préambule les règles d'Helsinki. La version révisée en 2000 a intégré certains principes généraux de la Convention-cadre des Nations Unies de 1997, sur l'initiative de certains Etats de la région, comme le Mozambique. Ce dernier est « l'Etat d'aval » de l'Afrique australe : plusieurs cours d'eau transfrontaliers de la région (comme les fleuves Limpopo, Zambèze, etc.) achèvent leur course sur son territoire avant de se jeter dans l'Océan Indien.

Au début des années 2000, les 21 secteurs de la SADC, gérés chacun par un des Etats membres, ont été restructurés : le secteur de l'eau (*Water Sector)* se trouvait jusqu'alors géré par le Lesotho dans sa capitale, Maseru. Son Unité de Coordination *(Water Sector Coordination Unit)* avait élaboré en 1998 un Plan d'action stratégique régionale pour la Gestion Intégrée des Ressources en Eau (RSAP I), adopté par tous les États membres dans le cadre du plan général régional pour le développement. En 2004, un nouveau Plan a été mis en place (RSAP II) : le développement de la GIRE a incombé à la nouvelle Division Eau (*Water Division*) de la Direction des Infrastructures et des Services (*Directorate of Infrastructure and Services*) de la SADC. Depuis 2011, le RSAP III a pris le relais et ce jusqu'en 2015. Il repose sur trois piliers : la gouvernance de

[319]Notamment le Protocole de la SADC sur l'eau et sa version révisée.
[320]MAUPIN Agathe, *op.cit.*

l'eau, le développement des infrastructures et la gestion de l'eau, matérialisés sous la forme d'un « cube de l'eau »[321].

Ces trois Plans successifs servent de référence pour remplir et évaluer les objectifs régionaux de la SADC en matière de gestion de l'eau (approvisionnement en eau, sécurité alimentaire, installation des voies navigables, production hydroélectrique).

Les Commissions de bassins transfrontaliers, dont la mise en place était recommandée dès le premier Protocole sur l'eau, sont un appui institutionnel à la réalisation de ces objectifs.

Sur l'ensemble des bassins transfrontaliers que compte l'Afrique australe, plusieurs sont pourvus d'organismes de bassins multilatéraux : OKACOM pour Okavango, ORASECOM pour Orange, LIMCOM pour Limpopo et ZAMCOM pour Zambèze tandis que d'autres sont gérés conjointement par des accords n'ayant pas donné lieu à l'établissement d'une Commission, comme le système Incomati-Maputo. En outre, la SADC fait référence à des difficultés de signature, ratification ou adhésion[322].

En Afrique australe, le Botswana est en quelque sorte « l'État de toutes les Commissions » : il est le seul État signataire des traités instituant quatre Commissions de bassin transfrontalier (OKACOM, ORASECOM, LIMCOM et ZAMCOM). Toutes les ressources en eau du Botswana sont partagées : si l'on ajoute en plus son enclavement territorial, c'est l'État de l'Afrique australe le plus dépendant des relations de bon voisinage[323].

Le ***modèle de gestion décentralisée hiérarchique*** a donc connu un certain succès en Afrique australe : un Ministère et un Département, une Autorité ou un Conseil gèrent globalement les ressources à l'échelle nationale et subdivisent le territoire en Autorités régionales, basées le plus souvent sur l'unité du bassin hydrographique. L'échelle locale est souvent représentée d'un côté par les Associations d'usagers, de l'autre côté par les Municipalités urbaines ou rurales.

---

321 MAUPIN Agathe, *idem*.
322 MAUPIN Agathe, *idem*.
323 MAUPIN Agathe, *ibidem*.

Les cas sud-africain, zimbabwéen et mozambicain fournissent la base d'une comparaison institutionnelle intéressante[324].

L'objectif d'une décentralisation de la gestion des ressources en eau réside en théorie dans un partage des responsabilités et de l'autorité au niveau régional et local.

Dans le cadre de l'Accord tripartite entre l'Afrique du Sud, le Mozambique et le Swaziland, qui concerne la gestion conjointe des bassins transfrontaliers des fleuves Incomati et Maputo, c'est principalement l'Incomati CMA (ICMA) qui est en relation avec ARA-Sul : ces deux institutions participent aux rencontres institutionnelles prévues dans l'Accord sur le système Incomaputo. L'Autorité de bassin Komati y participe également.

Les initiatives en matière de gestion de l'eau qui s'échappent des cadres institutionnels sont vite rattrapées par l'unité de gestion privilégiée constituée par le bassin hydrographique.

Les recherches menées sur les cours d'eau intermittents ont ainsi été ralenties par des découpages institutionnels différents en Namibie et au Botswana. A l'inverse, l'initiative baptisée « *Every River Has Its People* »[325] a permis de souligner et de pallier un certain nombre de dysfonctionnements dans le cadre de la gestion de l'eau conjointe du bassin du fleuve Okavango. Cette initiative est depuis à l'essai dans le bassin du fleuve Zambèze.

La restructuration de la gestion de l'eau en Afrique australe est avant tout législative et/ou institutionnelle. Une importance croissante est accordée à l'élaboration de Plans de gestion intégrée des ressources en eau. Les résultats sont très mitigés à l'heure actuelle pour plusieurs raisons. D'une part, l'élaboration de ces plans nécessite d'abord que les institutions soient mises en place et s'échangent les informations nécessaires. Or, si les fonctions et pouvoirs de ces institutions sont

---

[324]L'Afrique du Sud a constitué des Agences de bassin (*Catchment Management Agencies*, CMA), le Mozambique des Agences régionales de l'eau (*Administraçôes Regionais de Aguas*, ARA), le Zimbabwe des Conseils de bassin (*Catchment Council*, CC). Le processus d'institutionnalisation s'est révélé plus long que prévu dans les trois cas. Ces Agences et Conseils sont dirigés par les organes centraux des pays et leurs rôles restent pour l'instant limités. Opérant à des échelles similaires, CMA, ARA et CC ont commencé à établir des partenariats dans les bassins transfrontaliers.

[325] Cette initiative a été lancée par la Société de Conservation du Kalahari.

souvent très détaillés dans les textes de lois et politiques nationales, les interactions entre ces institutions sont rarement mentionnées. D'autre part, les liens entre les institutions nationales et locales et les institutions internationales ne sont pas plus clairement déterminés dans les lois et politiques nationales. Enfin, ces interactions interinstitutionnelles ne sont pas la priorité des États et sont axés sur la restructuration des services de l'eau davantage que sur la connexion entre les différentes échelles de gestion des ressources en eau.

Tout compte fait, ce qu'il convient de retenir pour le moment est que *l'Afrique australe développe un système institutionnel de plus en plus complexe* ; elle dispose bien d'outils législatifs et d'institutions plus ou moins récents pour gérer ses ressources en eau.

La coexistence d'une politique régionale de l'eau et d'une restructuration des cadres institutionnels et des politiques nationales de l'eau contribue à la complexité institutionnelle actuelle.

Malgré une volonté régionale affichée de gestion commune pour le développement, les priorités varient d'un État à l'autre : l'Afrique du Sud tente d'articuler, par des réformes internes, la gestion de la répartition de ses ressources par secteurs et au sein de sa population, alors que le Botswana est occupé à sécuriser ses ressources en eau partagées avec d'autres États.

Le Mozambique demeure l'un des États de l'Afrique australe et du monde avec un taux d'accès à l'eau et à l'assainissement très faible : dans l'urgence d'augmenter ce taux de près de deux-tiers, la structure institutionnelle de la gestion de l'eau au Mozambique est pourtant similaire à celles de l'Afrique du Sud et du Zimbabwe[326].

Les discours qui sous-tendent la réorganisation institutionnelle observée ici s'articulent surtout autour de deux éléments : la gestion intégrée des ressources en eau et la restructuration des services de l'eau. Une gestion véritablement « intégrée » des ressources en eau disparaît finalement en partie derrière ces deux priorités bien distinctes dans les textes promulgués par les Etats de l'Afrique australe.

Les accords bilatéraux et multilatéraux évoqués reflètent également la difficile conciliation des politiques nationales et régionales, ainsi que des organes de gestion nationaux avec les organes de gestion

[326]MAUPIN Agathe, *op.cit.*

supranationaux : selon les Etats, les stades d'achèvement de leurs réformes institutionnelles sont plus ou moins avancés. L'idée majeure des changements dans les institutions en charge de la gestion de l'eau est pourtant de les rendre plus efficaces pour faire face à des besoins croissants, une concurrence entre les secteurs, un rattrapage des inégalités, etc.

S'il est donc difficile d'évaluer précisément l'intensité des échanges inter scalaires entre les institutions de l'eau, les processus et stades de leur institutionnalisation peuvent pourtant constituer des indicateurs intéressants de l'intégration régionale en Afrique australe.

Eu égard à la complexité de ce système, il importe de ne pas recommander dans l'immédiat son application au niveau de l'Afrique centrale et de l'Est pour ce qui est des bassins fluviaux du Congo et du Nil. Cependant, pour des raisons pédagogiques, l'expérience de l'Afrique australe devrait déjà, dans ses aspects positifs, interpeller les Etats de la « Zone fluviale intégrée Congo-Nil » qui, dans leurs recherches, sont appelés à analyser ladite expérience, pour une application progressive.

VI. L'ère de l'hégémonie des deux leaders des bassins (Egypte et RDC) : de l'hégémonie parallèle (chacun dans son bassin principal) à l'hégémonie convergente (mise ensemble de leurs stratégies)

En tant que pools de puissance régionale des bassins fluviaux du Nil et du Congo, l'Egypte et la RDC sont appelés à jouer pleinement un rôle de leadership afin de faire converger, comme locomotive d'appoint, les efforts des Etats riverains (et non riverains) pour un développement intégré des régions des bassins et de l'Afrique.

Chacun des deux Etats dispose des atouts considérables et des prédispositions à même de rassurer les autres Etats sur leur rôle pionnier.

Quoiqu'il en soit, l'Egypte et la RDC devraient travailler en étroite synergie pour maximiser les chances de réussite de leur action commune.

A. Hégémonie égyptienne

Depuis 2004, l'Egypte s'est donnée pour objectif d'accélérer son intégration dans l'économie mondiale afin de favoriser la croissance économique via la libéralisation du commerce, la promotion des exportations, l'attraction des investissements directs étrangers. Ces réformes reposent sur trois éléments[327] :

- Un programme de privatisation ambitieux : 46 entreprises ont été privatisées en 2005-2006, contre seulement 13 en 2002-2003, pour des montants respectifs de 3 milliards et 80 millions de dollars. Des privatisations sont prévues ou ont été réalisées dans les secteurs des télécommunications, dans le textile, la chimie, l'assurance et la banque.
- La fiscalité : il s'agit de reconstruire un contrat social en matière fiscale, en renouant avec le principe du consentement à l'impôt. Il vise à réduire fortement les taux d'imposition afin d'élargir l'assiette et de mettre un terme aux fraudes massives. Les taux d'imposition sur les personnes physiques sont passés de 32 % à 20 % et ceux de l'impôt sur les sociétés de 42 % à 20 %.
- Le commerce extérieur : ici il s'est agi de faire passer le taux moyen des droits de douanes de 14,6 % à 9,1 %. Ces réductions accompagnent et parfois accélèrent les engagements pris dans le cadre de multiples accords de libre échange signés par l'Egypte.

Bien que l'économie égyptienne ne soit basée principalement que sur cinq rentes (le pétrole, le canal de Suez, les revenus des travailleurs égyptiens à l'étranger, l'aide internationale, surtout américaine, et le tourisme), ces réformes ont permis à l'Egypte d'être classée comme « le premier pays réformateur au monde pour 2006-2007 »[328] .

En outre, l'Egypte a été le premier pays arabe et africain à signer la Déclaration de l'OCDE sur l'investissement international et les entreprises multinationales ; ce qui a conduit l'agence Anima, dans l'un de ses rapports, à titrer « L'Egypte enfin dans la Cour des Grands ».

L'obtention d'un siège permanent au Conseil de Sécurité des Nations Unies serait pour l'Egypte le moyen idéal d'afficher clairement et durablement sa place dans la région[329]. Cette idée s'est fait jour au lendemain de la guerre du Golfe de 1991, alors que Le Caire, engagé dans le camp des alliés contre l'autorité iraquienne et fortement impliqué dans le processus de paix israélo-arabe, se trouvait en phase de rayonnement diplomatique. Dans le débat sur la réforme de l'ONU, la

---

[327]MOISERON Jean-Yves et CLEMENT Françoise, Changements visibles ou invisibles : la question de l'émergence de l'économie égyptienne, in *Politique africaine*, n°108, Karthala, décembre 2007, pp.106-125

[328]Voir Rapport Doing Business 2008 de la Banque Mondiale.

[329]POMMIER Sophie, « *Egypte, l'envers du décor* », Paris, éd. La Découverte, 2008, p.148.

position égyptienne, conforme à celle des autres pays du Sud, consiste à refuser un élargissement limité à l'Allemagne et au Japon sur le seul critère de leur contribution financière. L'Egypte milite en faveur de l'attribution de deux sièges permanents à l'Afrique, l'un à un Etat subsaharien, l'autre à un pays d'Afrique du Nord. Endossée par l'OUA dans la Déclaration d'Harare de 1997, cette proposition a été entérinée par un panel de personnalités de haut niveau, réuni par le Secrétaire Général des Nations Unies en 2003[330].

Forte de ces atouts, l'Egypte doit étendre cette hégémonie au niveau du bassin du fleuve Nil, l'une des plus grandes potentialités africaines qui méritent d'être exploitée et rentabilisée à sa juste valeur. Cet Etat devrait, par conséquent, d'une part, accepter d'abriter le siège central de l'Union Panafricaine des Bassins Fluviaux[331] et, d'autre part, initier des projets fédérateurs et non conflictuels de gestion des ressources du Nil.

B. Hégémonie R.D.congolaise

La RDC, après l'atteinte du point d'achèvement de l'initiative PPTE, accomplit, selon le constat des institutions financières internationales, des pas importants dans la voie de l'amélioration de sa macro-économie et de l'assainissement des barrières douanières avec les autres pays.

Plusieurs réformes ont été enregistrées ces cinq dernières années, qui permettent de rassurer sur la capacité potentielle de cet Etat à impulser une coopération mutuellement avantageuse qui conduirait à l'intégration des pays du bassin du fleuve Congo. Au nombre de ces réformes, il y a lieu de citer :

- La mise sur pied d'un guichet unique de création d'entreprises ;
- La création d'un guichet unique de commerce extérieur ;
- La suppression de 38 taxes dans le domaine fluvial ;
- L'adhésion effective, depuis le 12 septembre 2013, au processus de l'OHADA, suivie notamment de l'harmonisation de la nouvelle immatriculation des sociétés commerciales et la désignation d'un ressortissant de la RDC en qualité de Juge au sein de la Juridiction de l'OHADA ;

330POMMIER Sophie, *op.cit.*, p.148.

331Institution spécialisée de l'Union Africaine dans le domaine fluvial (telle que proposée dans la présente étude).

- La remise en marche de grandes flottes fluviales ; le projet de construction d'un port en eaux profondes à Banana ainsi que le balisage renforcé des voies fluviales pour assurer la fluidité de la circulation maritime ;
- L'amélioration constante des rapports diplomatiques avec tous les Etats du bassin du fleuve Congo, en ce compris les pays avec lesquels des contentieux liés aux conflits armés sont pendants au niveau des instances internationales.

C. Convergence des deux hégémonies en vue de l'intégration continentale

Cette finalité-idéal est voulue et s'avère impérative pour permettre une intégration des riverains des bassins du Congo et du Nil, et même des non riverains africains, lesquels devraient uniformiser leur vision de mise en place d'une « Zone fluviale intégrée Congo-Nil » réellement forte.

Déjà, les deux pays (Egypte et RDC) ne cessent d'envisager des possibilités d'une coopération beaucoup plus renforcée dans des domaines intégrateurs : le cas de la prochaine construction d'un grand barrage sur la rivière Semiliki, cours d'eau de la RDC qui alimente le fleuve Nil.

De plus, à l'issue de la rencontre tripartite COMESA-SADC-EAC tenue en date du 10 juin 2015 en Egypte, les deux pays (Egypte-RDC) se sont rassurés davantage sur leur important rôle d'impulser l'économie des régions concernées, au regard de la Zone de Libre Echange Tripartite (ZLET) qui venait d'être instaurée.

L'Egypte demeure entre autres le plus grand importateur du thé kenyan et du bœuf soudanais et éthiopien. En outre, elle s'est employée à creuser un canal parallèle à celui de Suez en vue d'accroître le commerce intra-régional et les exportations vers les autres pays du COMESA et au-delà[332]. Elle estime que la Zone de Libre Echange (ZLE) tripartite est un signe précurseur de progrès pour l'Afrique en matière d'établissement en fin de compte d'une ZLE continentale.

Mettre fin au dysfonctionnement juridique concernant l'arsenal normatif des bassins fluviaux du Nil et du Congo, dernier verrou à lever pour l'intégration harmonieuse de la Zone africaine fluviale intégrée Congo-Nil, doit par ailleurs demeurer le cheval de bataille de l'Egypte et de la RDC.

---

[332]Voir Communiqué final du 18ème Sommet du COMESA.

CONCLUSIONS DE LA DEUXIEME PARTIE

1. Le droit africain fluvial existe de manière rudimentaire, embryonnaire, fragmentaire : en plus, actuellement, il n'est qu'un droit de simple coopération et non d'intégration, cap à atteindre nécessairement.

2. Les accords internationaux sur les cours d'eau doivent être plus concrets, énonçant des mesures d'application des traités et incorporant des mécanismes de résolution des conflits détaillés en cas de litige. Une meilleure coopération implique également de définir un système de répartition des eaux clair tout en restant flexible, qui tienne compte des phénomènes hydrologiques, de la dynamique changeante des bassins et des valeurs sociétales.

3. Des initiatives particulières sont développées notamment au niveau du Bassin du Nil et peuvent être enrichies et capitalisées pour cimenter l'intégration de la région. Le cas du Conseil des Eleveurs de bétail du bassin du Nil.

4. De manière générale, l'Afrique n'est pas menacée à moyen terme de manquer d'eau renouvelable. Le problème réside, d'une part, dans les difficultés techniques et financières, d'accès aux réserves souterraines dont l'exploitation est aujourd'hui infime[333] ; d'autre part, dans la variabilité et le changement climatiques qui ont entraîné des baisses significatives du régime des grands fleuves au cours des dernières décennies.

5. L'harmonisation des bassins fluviaux constitue à la fois un impératif et un défi pour la consolidation de l'intégration des Etats riverains et non riverains des fleuves Congo et Nil.

6. La prise en compte de la spécialisation sectorielle des bassins fluviaux, au regard des ressources propres à chacun d'eux, permet de mieux envisager le développement des Etats des bassins ainsi que l'intégration des régions concernées.

---

333 Certains pays africains dépendent largement des aquifères pour l'agriculture. Ainsi, 61% de l'eau d'irrigation est d'origine souterraine en Tunisie. En Afrique de l'Ouest, l'utilisation des nappes souterraines pour l'agriculture est d'ailleurs quasiment nulle.

CONCLUSION GENERALE

Faisant remonter la formalisation des règles concernant les cours d'eau internationaux au Congrès de Vienne de 1815, plusieurs auteurs utilisent l'expression « d'internationalisation » indiquant clairement par là qu'à cette époque, le caractère international d'un cours d'eau n'était pas fondé sur sa nature mais bien sur la volonté des Etats et une fonction : la navigabilité. La navigation ayant été l'usage principal considéré par le droit international jusqu'au début du XXème siècle, il était normal que le concept utilisé alors corresponde à cette considération restreinte : les fleuves internationaux, les voies d'eau navigables, étaient l'objet de règles et c'est la liberté de circulation qui en fondait la logique.

Avec la multiplication des usages de l'eau, cette définition apparaît désuète puisque c'est l'eau en tant que telle et non la voie de circulation, qui doit devenir objet de règles. La définition de l'objet, la voie navigable, change et le passage vers une conception de l'eau comme ressource plutôt que voie de circulation-« les ressources en eau » introduit de fait un changement paradigmatique puisque la réflexion s'inscrira très largement, à partir de là, dans la logique de la souveraineté permanente sur les ressources naturelles[334].

Le débat sur la gestion de la « ressource en eau » est dès lors engagé tant au niveau du Bassin du fleuve Congo qu'au niveau du Bassin du fleuve Nil, espaces figurant parmi les cinq bassins fluviaux les plus vastes au monde, de par leur superficie. Et ce, en dépit de la nature et du régime juridique des deux fleuves qui ne devraient plus poser problème : fleuves à caractère international et à régime juridique hybride.

Avec l'entrée en vigueur il y a moins de deux années, soit en août 2014, de la Convention des Nations Unies sur le droit relatif à l'utilisation des cours d'eau internationaux à des fins autres que la navigation, il s'impose, tant pour les Etats africains que ceux d'autres continents, qu'ils soient retardataires ou réfractaires, la nécessité et l'urgence de s'aligner sur ce droit commun des fleuves internationaux, base juridique indispensable sur laquelle est appelé à se ranger tout règlement pacifique de différend fluvial.

---

[334]PAQUEROT Sylvie, Les développements normatifs du droit international de l'eau : contradictions non résolues et ambivalence normative, in *L'eau en droit international*, Colloque d'Orléans, Paris, Editions Pedone, 2011, pp.73-74

Cet alignement est d'autant plus nécessaire pour les pays des bassins du Congo et du Nil qu'il s'avère impérieux pour tous les Etats riverains d'accepter volontairement d'être liés par ladite Convention. Dans cette démarche, la République Démocratique du Congo (pour le Bassin du Congo) et l'Egypte (pour le Bassin du Nil) devraient mobiliser leurs pairs à résoudre, progressivement, le dysfonctionnement juridique et l'emprise coloniale qui jonchent l'architecture normative, voire institutionnelle, des deux bassins fluviaux.

L'objectif poursuivi étant par ailleurs l'intégration continentale, à travers une coopération renforcée et inclusive des intérêts divergents des Etats, une mise en valeur adéquate des ressources des bassins est primordiale, tant il est vrai que ces ressources sont incommensurables et variées : production agricole et irrigation, ressources énergétiques et industrielles, écosystèmes diversifiés, zones humides, navigation, commerce et transport fluvial.

Cette intégration ne pourra être cimentée que par la mise en place d'une Organisation internationale, dotée de structures appropriées et de moyens conséquents, synchronisée au travers des objectifs clairs et une approche dynamique dans la coopération multilatérale.

Pour une efficacité d'action, la présente étude propose que cette Organisation internationale ait la nature juridique d'une institution spécialisée de l'Union Africaine, dans le domaine fluvial, dénommée « Union Panafricaine des Bassins Fluviaux », UPBF en sigle. La viabilité et la survie de l'UPBF nécessiteront la réalisation des préalables ci-après :

- L'existence d'une volonté politique claire des dirigeants africains ;
- L'allocation par l'Union Africaine de moyens suffisants pour assurer le fonctionnement serein de l'UPBF et le financement de ses projets ;
- L'existence d'un mécanisme juridique clair, qui assure la coordination de l'UPBF à l'Union Africaine ;
- L'attribution à l'UPBF de la tâche d'encadrer toute la coopération technique intra-africaine dans le domaine fluvial, tout en réservant à l'Union Africaine le rôle de d'inspiration, de supervision et de contrôle[335].

[335]Lire, dans le même sens, NDESHYO RURIHOSE Oswald, L'héritage de l'OUA à l'UA : la quête permanente de l'unité africaine, *op.cit.*, pp. 148-149

Le sort de l'UPBF tient nécessairement à l'influence qu'est censé exercer sur elle l'Union Africaine. En effet, « L'Union Africaine est un groupe de pression international, dont l'activité est de promouvoir et de réaliser l'unité africaine et dont les influences jouent sur les politiques nationales et étrangères des Etats membres au niveau du système international, et sur les politiques nationales au niveau des acteurs étatiques et non étatiques. Elle est aussi un groupe de défense de l'intérêt africain, par sa nature et son activité »[336].

En outre, pour renforcer la collaboration et permettre des voies d'harmonisation avec d'autres bassins fluviaux, il est ici proposé, pour les Etats des bassins du Congo et du Nil, la création d'un espace naturel qu'on qualifierait de « Zone fluviale intégrée Congo-Nil » qui aura pour vocation d'assurer le développement durable et l'intégration de la région entière, par la rentabilisation des ressources qui s'y trouvent et des potentialités qui s'y développent.

Pour ce faire, l'Egypte et la RDC, pools respectifs de puissance au niveau des deux bassins, ne devraient s'empêcher de jouer un rôle d'avant-garde et d'hégémonie convergente, au-delà de l'hégémonie parallèle, pour la gestion rationnelle et équitable de l'espace visé.

Des signaux récents corroborent cette complicité positive des deux Etats pour réaliser leur démarche de leadership au sein de la région. Dans ce sens, d'une part, la signature en août 2015 de trois protocoles de coopération entre l'Egypte et la RDC dans le domaine de l'énergie, de l'environnement et de la santé. D'autre part, le soutien de la RDC à l'émergence du nouveau Canal de Suez[337] ainsi qu'à la candidature

[336] NDESHYO RURIHOSE Oswald, *Pour une théorie transdisciplinaire et opératoire du processus d'intégration africaine : la théorie des influences*, in BAKANDEJA WA MPUNGU Grégoire, *Mélanges Professeur NDESHYO RURIHOSE Oswald : Quelle politique d'intégration pour quelle unité de l'Afrique du 21è siècle ? Débats théoriques et défis pour les Etats Africains*, Kinshasa, Presses de l'Université de Kinshasa, 2014, p.60.

[337] En effet, en date du 06 août 2015 fut inauguré à Ismaïlia (en Egypte), avec la participation du Chef de l'Etat de la RDC, le nouveau Canal de Suez reliant la Méditerranée et la Mer Rouge, grâce auquel :

- La capacité de passage du Canal est multipliée suite à la circulation des navires à double sens, tandis que le coût de la traversée est réduit ;
- L'élargissement du Canal accroîtra sa capacité de passe de 49 à 97 navires d'ici 2023, ce qui permettra de tripler les revenus générés pour passer de 4,7 milliards de dollars actuellement à 13,2 milliards de dollars ;
- La circulation des marchandises pourra doubler, sur une base de 740 millions de tonnes estimées en 2012.

égyptienne comme membre non permanent du Conseil de Sécurité des Nations Unies pour la période 2016-2017.

En deux grandes parties, l'étude a ainsi résumé toute cette problématique de la mise en valeur des ressources des bassins fluviaux du Congo et du Nil, en vue de réaliser le développement intégré de l'Afrique.

Lire à ce sujet, http://fr.sputniknews.com/international/20150809/1017441497.html, consulté le 10 août 2015.

BIBLIOGRAPHIE

DOCUMENTS OFFICIELS DE DROIT CONGOLAIS

1. Ordonnance du 1er juillet 1914 sur la pollution et la contamination des sources, lacs, cours d'eau et parties des cours d'eau.
2. Décret du 6 mai 1952 sur les concessions et l'administration des eaux des lacs et des cours d'eau.
3. Ordonnance 52-443 du 21 décembre 1952 portant mesures propres à protéger les sources, nappes aquifères souterraines, lacs et cours d'eau, à empêcher la pollution et le gaspillage de l'eau et à contrôler l'exercice des droits d'usage et des droits d'occupation concédés.
4. Ordonnance-loi n° 66/98 du 14 mars 1966 portant Code de la navigation maritime.
5. Arrêté ministériel n°44/CM/ECN/92 du 2 mai 1992 portant création du parc marin des mangroves, zones humides et sites Ramsar.
6. Loi n° 008/2002 du 16 juillet 2002 modifiant et complétant l'ordonnance-loi n° 71 – 003 du 26 janvier 1971 portant création de la Régie des Voies Maritimes.
7. Décret-loi n°010/2003 du 28 mars 2003 autorisant la ratification de l'Accord instituant un régime fluvial uniforme et créant la Commission Internationale du Bassin Congo-Oubangui-Sangha(CICOS).
8. Loi n°07/003 du 16 novembre 2007 autorisant la ratification de la Convention sur la gestion du Lac Tanganyika signée à Dar-es-Salaam le 12 juin 2003 entre la RDC, la République du Burundi, la République Unie de la Tanzanie et la République de Zambie.
9. Loi n°07/004 du 16 novembre 2007 autorisant la ratification de l'Accord sur l'exploitation et la production des hydrocarbures dans une zone maritime d'intérêt commun, signé à Luanda le 30 juillet 2007 entre la RDC et la République d'Angola.
10. Loi n°09/002 du 7 mai 2009 portant délimitation des espaces maritimes de la République Démocratique du Congo.
11. Loi n°09/005 du 31 décembre 2009 autorisant la ratification du Traité relatif à la conservation et à la gestion durable des écosystèmes forestiers d'Afrique Centrale et instituant la Commission des forêts d'Afrique Centrale, en sigle COMIFAC.
12. Constitution de la République Démocratique du Congo du 18 février 2006(modifiée par la loi n° 11/002 du 20 janvier 2011 portant révision de certains articles de la Constitution).

13. Arrêté interministériel n°008/CAB/MIN/ ECONAT/2015, n°003/CAB/MIN/FINANCES/2015 et n°002/CAB/MIN/TVC/2015 du 09 mars 2015 instituant une quotité additionnelle à la redevance de navigation sur le bief maritime du fleuve Congo.
14. *Création d'un système intégré national d'information sur l'eau* (SINIEAU), Document de concertation, décembre 2012, CNAEA, 52 pages.
15. *Options institutionnelles pour la réorganisation de l'approvisionnement en eau potable en milieu urbain en RDC*, Document de concertation, mars 2012, CNAEA, 34 pages.
16. *Politique nationale du secteur public de l'eau*, Document pour validation, octobre 2013, Ministère des Ressources Hydrauliques et Electricité, 51 pages.

DOCUMENTS OFFICIELS INTERNATIONAUX

1. Acte général de Berlin du 26 février 1885.
2. Acte anti-esclavagiste du 02 février 1890 (Acte général de la Conférence de Bruxelles).
3. Convention de Saint-Germain-en-Laye du 10 septembre 1919 (relative à la paix entre l'Autriche et les alliés).
4. Charte des Nations Unies, du 26 juin 1945.
5. Conventions de Genève du 29 avril 1958 sur le droit de la mer.
6. Convention de Vienne sur la succession d'Etats en matière des traités (22 août 1978).
7. Charte africaine des droits de l'homme et des peuples du 26 juin 1981.
8. Convention de Montego Bay du 10 décembre 1982 sur le droit de la mer (ratifiée par la RDC par l'ordonnance-loi n° 88-036 du 28 septembre 1988, et en vigueur le 16 novembre 1994).
9. Convention des Nations Unies du 21 mai 1997 sur le droit relatif aux utilisations des cours d'eau internationaux à des fins autres que la navigation.
10. Traité sur l'Initiative du Bassin du Nil (1999).
11. Accord de Brazzaville instituant un régime fluvial uniforme et créant la Commission internationale du Bassin Congo-Oubangui-Sangha, CICOS, du 06 novembre 1999.
12. Règlement n°14/99/CEMAC-036-CM-03 du Conseil des Ministres de la CEMAC portant Code de la navigation intérieure CEMAC-RDC (N'djamena, 17 décembre 1999).
13. Acte Additionnel n°07/CEMAC-CE-04 du 23 janvier 2003 de la CEMAC (Communauté Economique et Monétaire de l'Afrique

Centrale) approuvant l'Accord instituant un régime fluvial uniforme et créant la CICOS.
14. Additif de Kinshasa à l'Accord instituant un régime fluvial uniforme et créant la CICOS, du 22 février 2007.
15. Accord-cadre de coopération dans le Bassin du fleuve Nil (2010).
16. Journal Officiel de la Commission internationale du Bassin Congo-Oubangui-Sangha (CICOS), 2010-2013, numéro 3.
17. Nations-Unies, *Développement intégré des bassins fluviaux*, Document E/3066/Rev. 1, Rapport d'un collège d'experts, New York, 1970, PP. 37 – 38.
18. Nations Unies, *Etude de la création d'une organisation internationale et l'exploitation du bassin du fleuve Congo/Zaïre*, 1983 – 1984, doc. ECA/TRANS/43, 1974.
19. Rapport mondial sur le développement humain 2006. *Au-delà de la pénurie : pouvoir, pauvreté et crise mondiale de l'eau. Chapitre 6 : la gestion des eaux transfrontières*, PNUD, 2006.
20. *Eau sans frontières*, Document d'information publié par le Département d'information, Nations Unies, 2004.
21. *Etude d'un périmètre irrigué en voie de réhabilitation dans la province de Beheira, delta du Nil, Egypte*, Université du Caire, Faculté d'Agriculture, juin 2004, 50 pages.

JURISPRUDENCE INTERNATIONALE

1. Affaire des Droits de navigation et droits connexes sur le fleuve San Juan, entre le Costa Rica et le Nicaragua ; CIJ arrêt du 13 juillet 2009 ;
2. Affaire des Usines de pâte à papier sur le fleuve Uruguay entre l'Argentine et l'Uruguay, CIJ demande en indication de mesures conservatoires, ordonnance du 13 juillet 2006, et ordonnance du 23 janvier 2007 ; arrêt du 20 avril 2010 ;
3. Affaire de la Juridiction territoriale de la Commission internationale de l'Oder, CPJIarrêt du 10 septembre 1929 ;
4. Affaire du Projet Gabcikovo-Nagymaros, entre la Hongrie et la Slovaquie, CIJ arrêt du 25 septembre 1997 ;
5. Affaire concernant l'Apurement des comptes entre le Royaume des Pays-Bas et la République Française en application du Protocole du 25 septembre 1991 additionnel à la Convention relative à la protection du Rhin contre la pollution par les chlorures, Voir Sentence arbitrale.
6. Affaire Oscar Chinn, entre la Belgique et le Royaume Uni, CPJI arrêt du 12 décembre 1934.

OUVRAGES GENERAUX

1. ABDULQAWI A.YUSUF et FATSAH OUGUERGOUZ (sous la direction de), *L'Union Africaine, Cadre juridique et institutionnel, Manuel de l'Organisation panafricaine*, Paris, Editions Pedone, **2013**, 491 pages.
2. AILINCAI Mihaela et LAVOREL Sabine (sous la direction de), *Exploitation des ressources naturelles et protection des droits de l'homme*, Paris, Editions Pedone, **2013**, 252 pages
3. ALLAND Denis :
   1. *Manuel de droit international public*, Paris, Presses Universitaires de France, **2014**, 279 pages.
   2. *Anzilotti et le droit international public*, Un essai, Paris, Editions Pedone, **2012**, 197 pages.
4. AURESCU Bogdan et PELLET Alain, *Actualité du droit des fleuves internationaux*, Cahiers internationaux n°22, Actes des journées d'études du 24 et 25 octobre 2008, Paris, Editions Pedone, **2010**, 308 pages.
5. BAKANDEJA WA MPUNGU Oswald, *Mélanges Professeur NDESHYO RURIHOSE Oswald : Quelle politique d'intégration pour quelle unité de l'Afrique du 21ème siècle ? Débats théoriques et défis pour les Etats africains,* Kinshasa, PUK, **2014**, 825 pages.
6. BASUE BABU KAZADI Greg, *Organisations internationales*, 1ère édition, Kinshasa, Presses de l'Université Internationale du Congo, **2012**, 206 pages.
7. BULA-BULA SAYEMAN, *Le nouveau droit de la mer dans le contexte économique du Zaïre*, Kinshasa, éditions NORAF, 1992, 110 pages.
8. CARREAU Dominique, *Droit international*, 6ème édition, Paris, Pedone, 1999, 676 pages.
9. Centre d'étude et de recherche, *Droits et obligations des pays riverains des fleuves internationaux,* Académie de droit international de La Haye, 1991, 101 pages.
10. COMBACAU Jean et SUR Serge, *Droit international public,* 11ème édition, Paris, L.G.D.J, **2014**, 830 pages.
11. Conseil d'Etat, *L'eau et son droit*, Rapport public 2010, La documentation française, Etudes et documents n°61, Paris, **2010**, 582 pages.
12. CORTEN Olivier, *Méthodologie du droit international public*, Bruxelles, Editions de l'Université de Bruxelles, 2009, 291 pages
13. CORTEN Olivier et SCHAUS Annemie, *Le droit comme idéologie. Introduction critique au droit belge*, Bruxelles, Editions de l'Université de Bruxelles, 2009, 423 pages.

14. DESCROIX Luc et LASSERRE Frédéric, *L'eau dans tous ses états : Chine, Australie, Sénégal, Etats-Unis, Mexique, Moyen-Orient*, Paris, L'Harmattan, 2003, 350 pages.
15. DEYRA Michel, *Droit international public*, France, 4ème édition, Mementos LMD, **2014**, 247 pages.
16. DIONET-GRIVET Suzanne, *Géopolitique de l'eau*, 2ème édition mise à jour et augmentée, Paris, Editions Ellipses, **2014**, 288 pages.
17. DITEND YAV Grevisse, *Emploi et pauvreté en Afrique subsaharienne*, Kinshasa, Médiaspaul, 2006, 127 pages.
18. DRAIN Michel, *Relations internationales*, Manuel, 19ème édition, Bruxelles, Collection Paradigme, **2014**, 463 pages.
19. MABILLE Xavier, *Nouvelle histoire politique de la Belgique*, Bruxelles, Centre de recherche et d'information socio-politiques (CRISP), **2011**, 447 pages.
20. MAVUNGU MVUMBI-di-NGOMA Jean-Pierre,
    - *Les relations interafricaines*, Paris, Editions CHEAM, 1990.
    - *Le règlement judiciaire des différends interétatiques en Afrique*, Fribourg, Editions Universitaires, 1992.
21. MBITA Joseph, *L'Afrique face aux accords de partenariat avec l'Europe*, Paris, L'Harmattan, **2014**, 112 pages.
22. MUTOY MUBIALA, *L'évolution du droit des cours d'eau internationaux, à la lumière de l'expérience africaine, notamment dans le bassin du Congo/Zaïre*, Paris, PUF, 1995, 175 pages.
23. NDESHYO RURIHOSE Oswald :
    - *Le système d'intégration africaine*, Kinshasa, PUZ, 1984, 182 pages.
    - *Manuel de Droit communautaire africain*, Tome 1, Kinshasa, Editions Etat et Société, **2011**, 566 pages.
    - *L'héritage de l'OUA à l'Union Africaine : la quête permanente de l'unité africaine*, Kinshasa, Editions Universitaires Africaines, Collection Droit et Société, **2010**, 698 pages.
    - *Mélanges Célestin NGUYA-NDILA. La République Démocratique du Congo : les défis récurrents de décolonisation, de l'Etat de droit et du développement économique et social (Sous la direction de)*, Editions CEDESURK, Kinshasa, Collection Droit, Sciences Sociales, Politiques et Administratives, **2012**, 1257 pages.
    - *Le nouvel élan du panafricanisme, l'émergence de l'Afrique et la nécessité de l'intégration continentale : les actes des journées scientifiques consacrées à la commémoration de la journée de l'Afrique 2011, 2012, 2013, 2014*, Kinshasa, Collection Sciences sociales, politiques et administratives, Editions CEDESURK, 2014, 673 pages.

24. NGUYA – NDILA MALENGANA Célestin :
- *Frontières et voisinage en RDC*, Kinshasa, édition Cedi, 2006, 300 pages.
- *Droit international public*, Domaine Public international, Kinshasa, Ed. Issablaise, 2006, 292 pages.
- *Indépendance de la République Démocratique du Congo et les engagements internationaux antérieurs*. Successions d'Etats aux traités, Kinshasa, PUK, 1971, 235 pages.
- *L'acte général de Berlin de 1885*. Contenu et signification, Kinshasa, PUK, 1985, 44 pages.
25. NGUYEN QUOC DINH, *Droit international public*, 7ème édition, Paris, LGDJ, 2002.
26. NGUYEN QUOC DINH, DAILLIER Patrick, FORTENU Mathias et PELLET Alain, *Droit international public*, 8ème édition, Paris, LGDJ, 2009, 1709 pages.
27. NTUMBA-LUABA LUMU, *Droit constitutionnel général*, Kinshasa, Editions Universitaires Africaines, 2005, 383 pages.
28. RAISON Jean-Pierre et MAGRIN Géraud, *Des fleuves entre conflits et compromis, Essais d'hydropolitique africaine*, Paris, Editions Karthala, 2009, 299 pages.
29. ROUSSEAU Charles, *Droit international public*, 4ème éd., Paris, Dalloz, 1968, 411 pages.
30. SANTIMI Guy-Lambert, *Relations Nord-Sud, un grand scandale. Le cas de la RDC et des pays de la zone CFA*, Saint Légier (SUISSE), Edition Monde nouveau/Afrique Nouvelle, **2014,** 292 pages.
31. SAURUGGER Sabine, *Théories et concepts de l'intégration européenne*, France, Presses de la Fondation Nationale des Sciences politiques, **2010**, 483 pages.

32. SHYAKA Anasthase,
- *Conflits en Afrique des Grands Lacs et esquisse de leur résolution*, Varsovie, Editions académiques, 2003
- *La résolution des conflits en Afrique des Grands Lacs*, Editions de l'Université Nationale du Rwanda, septembre 2004 (sous la direction de).
33. Société Française pour le Droit International, *L'eau en droit international*, Colloque d'Orléans tenu du 3 au 5 juin 2010, Editions Paris, Pedone, **2011**,405 pages.
34. TSHIBANGU KALALA, *Code des organisations internationales*, Bruxelles, Bruylant, 2008.

35. VANGROENWEGHE Daniel, *Du sang sur les lianes : Léopold II et son Congo*, Bruxelles, Hatier, 1986, 315 pages.
36. YAKEMTCHOUK Romain, *L'Afrique en droit international*, Paris, Collection Bibliothèque de droit international, T.LXIII, LGDJ, 1971, 319 pages.

OUVRAGES SPECIFIQUES SUR LA REPUBLIQUE DEMOCRATIQUE DU CONGO

1. BRAECKMAN Colette, *Vers la deuxième indépendance du Congo*, Edition Le cri/Afriques Editions, 2008, 267 pages.
2. CORNEVIN Robert, *Histoire du Congo Léopoldville – Kinshasa, Des origines préhistoriques à la RDC*, Paris, Ed. Berger Levrault, 1966, 348 pages.
3. CROS Marie-France et MISSER François, *Géopolitique du Congo (RDC)*, Bruxelles, Editions Complexe, 2006, 144 pages.
4. DIKANGA KAZADI Jean-Marie (sous la direction de),
   - *Frontières et gouvernance sécuritaire : pour le développement économique de la République Démocratique du Congo* (Journées scientifiques organisées à Lubumbashi du 18 au 19 mars 2013), Paris, L'Harmattan, **2013**, 226 pages.
   - *RDCONGO 2006-2011, Ce qui a changé*, Paris, L'Harmattan, **2011**, 324 pages.
5. KASONGO-NUMBI Kashemukunda, *L'Afrique se recolonise. Une relecture du demi-siècle de l'indépendance du Congo-Kinshasa*, Paris, L'Harmattan, Collection « Comptes rendus », 2008, 414 pages.
6. LABA NZUZI Bernard, *L'équation congolaise. Visiter le passé afin de mieux s'armer pour l'avenir*, Paris, L'Harmattan, 2007, 389 pages.
7. LUBIKU LUSIENSE Roger-Nestor, *Les frontières internationales de la République Démocratique du Congo : état des lieux et enjeux géostratégiques*, Kinshasa, Editions Mediaspaul, **2012**, 152 pages.
8. LUKUNDA VAKALA-MFUMU Richard, *La Conférence internationale sur la paix, la sécurité, la démocratie et le développement dans la Région des Grands Lacs : coquille vide ou nécessité impérieuse pour le redécollage du Congo Démocratique*, Kinshasa, Editions CEDI, 2004, 152 pages.
9. MAMPUYA KANUNK' a-TSHIABO Auguste, *Le conflit armé au Congo-Zaïre : ses circonstances et sa gestion sous l'angle du droit des Nations Unies*, Nancy, AMAED, 2001, 172 pages.
10. MARCHAL Jules, *E.D Morel contre Léopold II, L'histoire du Congo 1900-1910*, volume 1, Paris, L'Harmattan, 1996, 364 pages.

11. MAYOYO BITUMBA TIPO-TIPO, *La deuxième guerre occidentale contre le Congo. Offensive des médias et dessous des cartes*, Paris, L'Harmattan, 2006, 285 pages.
12. MPWATE-NDAUME Georges, *La coopération entre le Congo et les pays capitalistes. Un dilemme pour les Présidents congolais 1908-2008*, Paris, L'Harmattan, **2010**, 443 pages.
13. MULENDA ZANGELA José, *Le Congo-Kinshasa est un eldorado. A qui profite-t-il ?*, Paris, L'Harmattan, **2010**, 217 pages.
14. MUSIBONO EYUL'ANKI Dieudonné, *La République Démocratique du Congo face aux enjeux de la géostratégie des ressources naturelles*, Paris, L'Harmattan, 2009, 137 pages.
15. MUTINGA MUTUISHAYI Modeste, *Le fleuve Congo et ses affluents : un château d'eau convoité. La guerre de l'eau aux portes de la République Démocratique du Congo*, Kinshasa, Edition Le Potentiel, **2014**, 208 pages.
16. MWAYILA TSHIYEMBE, *La politique étrangère de la République Démocratique du Congo. Continuités et ruptures*, Paris, L'Harmattan, 2009, 152 pages.
17. SEGIHOBE BIGIRA Jean-Paul, *Le Congo en droit international, Essai d'histoire agonistique d'un Etat multinational*, Bruxelles, Presses Universitaires Ryckmans (PUR), **2011**, 264 pages.

OUVRAGES SPECIFIQUES SUR L'EGYPTE ET L'ETHIOPIE

1. BOUTET Annabelle, *L'Egypte et le Nil. Pour une nouvelle lecture de la question de l'eau*, Paris, L'Harmattan, 2001, 272 pages.
2. Politique africaine : *l'Egypte sous pression ? Des mobilisations au verrouillage politique*, Paris, Editions Karthala, 2007, 224 pages.
3. POMMIER Sophie, *Egypte, l'envers du décor*, Paris, Editions La Découverte, 2008, 298 pages.
4. PRUNIER Gérard (sous la direction de), *L'Ethiopie contemporaine*, Paris, Karthala, 2007, 440 pages.

THESES DE DOCTORAT

1. ABDALLA ISKANDAR BOCTOR Christine, *Le développement durable et le droit de l'environnement : la sécurité nationale hydraulique au Moyen-Orient*, Thèse de doctorat de droit public, Université d'Artois, 2012, 583 pages.
2. BUKASA Joseph, *Le régime international du fleuve Congo*, Thèse, Paris, 1972, 470 pages.

3. EL BATTIUI Mohamed, *L'eau au Moyen-Orient : entre gestion et instrumentalisation*, Thèse de doctorat, Université Libre de Bruxelles, 2007-2008, 279 pages.
4. NGUYA – NDILA Célestin, *Les conséquences juridiques de l'indépendance du Congo Kinshasa sur les engagements internationaux antérieurs*, Thèse, Université de Paris, Faculté de Droit et des Sciences Economiques, 1969, 270 pages.
5. SEGIHOBE BIGIRA Jean-Paul, *Le partenariat pour les forêts du bassin du Congo entre non-droit et droit. Contribution à l'étude de la responsabilité des acteurs*, Thèse, Universiteit GENT, Faculté de Droit, 2008-2009, 467 pages.
6. WELO VAVA APAYé, *La coopération internationale sur les fleuves et les lacs africains (Régime juridique et analyse institutionnelle)*, Université de l'Etat à Liège, Faculté de Droit, d'Economie et de Sciences Sociales, Thèse de doctorat, Tome 1, 1986-1987, 221 pages.

REVUES ET ARTICLES

1. *Annales de la Faculté de Droit de l'Université de Kinshasa*, 2012-2013, Kinshasa, Editions Droit et Société, juin 2014, 447 pages.
2. BACH Daniel C et VALLEE Olivier, L'intégration régionale : espaces politiques et marchés parallèles, in *Politique Africaine*_n°39, L'Afrique autrement, septembre 1990, 207 pages, pp.68-78.
3. BALINGENE KAHOMBO, Introduction à la doctrine NDESHYO relative à l'intégration africaine pour une Afrique unie, intégrée, en paix et prospère, in *Mélanges Professeur NDESHYO RURIHOSE Oswald*, Presses de l'Université de Kinshasa, 2014, pp. 97-127.
4. CAFLISCH, Règle des cours d'eaux internationaux, in *RCADI*, vol. 219, VII, 1989.
5. DOUNIA, Revue d'information et de recherche du Centre d'Intelligence Stratégique et des Relations Internationales (CISRI), Numéro spécial sur la « Géopolitique de l'eau », Paris, L'Harmattan, juillet 2009, 177 pages.
6. June Wanjiru Gichuki, African state sovereignty and the international criminal court : case studies in analytical context, in *Revue Africaine de la Démocratie et de la Gouvernance (RADG)*, volume 1, n°4, Kinshasa, 2014, PP.103-120.
7. LASSERRE Frédéric et BRUN Alexandre, La gestion par bassin versant : un outil de résolution des conflits ? in *Lex Electronica*, volume 12, n°2 (Automne/Fall), 2007, 19 pages.

8. Mohammed Yimer Tegegne, The Nile Hydro-Politics : a Historic Power Shift, in *Revue Africaine de la Démocratie et de la Gouvernance (RADG)*, volume 1, n°4, Kinshasa, 2014, PP.73-81.
9. NDESHYO RURIHOSE Oswald, La République Démocratique du Congo dans le système institutionnel et communautaire africain, in *Mélanges Professeur Nguya-Ndila*, 2012, pp. 1129-1145.
10. NGUYA-NDILA MALENGANA Célestin, La sécurité collective en République Démocratique du Congo : de l'Acte général de Berlin de 1885 au Pacte de Nairobi de 2006, in *Mélanges Professeur Nguya-Ndila*, 2012, pp.489-574.
11. NTUMBA LUABA LUMU, Renaissance africaine et Union Africaine, in *Actes de la 10ème Conférence diplomatique, Forum international sur la politique étrangère*, Kinshasa, volume 3, PP. 57 – 68.
12. PAQUEROT Sylvie, Exploitation des ressources naturelles et droit à l'eau et à l'assainissement, in *Exploitation des ressources naturelles et protection des droits de l'homme*, Paris, éditions Pedone, 2013, PP.19-33.
13. RAUX Jean, La régionalisation et la centralisation : deux tendances complémentaires de l'administration internationale des fleuves, in *RGDIP*, n°3, Paris, Pedone, juillet – septembre 1969, PP. 637 – 743.
14. ROUSSEAU (CH.), Controverse sur la nature juridique du fleuve Congo, in RGDIP, vol. 75, 1971.
15. SHENG YU, Les fleuves et les lacs internationaux, in *M. BEDJAOUI, Droit international, bilan et perspectives*, Paris, A. Pedone, 1999.
16. VITANYI (B), La relative gratuité de l'utilisation des voies d'eau internationales est-elle devenue une règle coutumière ?, in *Y. International law*, 1983, PP. 54 – 85.
17. YAKEMTCHOUK Romain, Le régime international des voies d'eau africaines, in *RBDI*, n°2, 1969, pp.480-515.

COURS

1. DAVID Eric, CORTEN Olivier et KLEIN Pierre, *Droit international public (y compris l'Organisation des Nations Unies)*, tome 4, Presses universitaires de Bruxelles, **Cours**, ULB, **2014**, 1018 pages

WEBOGRAPHIE

1. NYAKADEKERE NKUNZI Serge, De la certification et de la traçabilité des ressources naturelles transfrontalières : cas du gaz méthane du lac Kivu, Université de Goma, Mémoire de licence, 2010, www.memoireonline.com/02/12/5427/m, 24/11/2014.

2. Christine A.ISAKANDAR BOCTOR, La coopération multilatérale et la question de l'eau au bassin du Nil, DEA en Relations Internationales, Institut d'Etudes Politiques de Paris (IEP), 2002, www.memoireonline.com/07/10/3772/m, 24/11/2014.
3. TABARLY Sylviane, Bassins versants transfrontaliers en Afrique occidentale, www.geoconfluences.ens-lyon, 11 mars 2008.

DOCUMENTS COMPLEMENTAIRES SPECIFIQUES

1. ANDENDE APINDIA, *Le régime des fleuves internationaux*, 1977-1978.
2. BEYA TSHIMANGA, *Accord instituant un régime fluvial uniforme et créant la Commission internationale du Bassin Congo-Oubangui-Sangha du 06 novembre 1999*, UNIKIN, Faculté de Droit, 1999-2000.
3. Conférence internationale pour la région des Grands Lacs (CIRGL), *Etude de faisabilité sur la réhabilitation et la navigabilité du fleuve Congo*, octobre 2005 (Rév 30 août 2006).
4. LUKUNDA VAKALA-MFUMU, *Le fleuve Congo comme voie de coopération internationale : statut et régime juridique actuel*, UNIKIN, Faculté de Droit, 2012, 102 pages.
5. MASIALA MBUMBA YI LUBELA, *De la problématique de l'internationalisation du bassin du fleuve Congo*, UNIKIN, Faculté de Droit, 2005-2006.
6. MAVINGA NDANGI, *La protection de l'environnement côtier et marin du Zaïre*, UNIKIN, Faculté de Droit, 1993-1994.
7. MBADI A NSUNGU, *Actualité de l'Acte de Berlin de 1885 à travers l'évolution du droit des cours d'eau internationaux. Cas du bassin du fleuve Congo/Zaïre*, UNIKIN, Faculté de Droit, 2005-2006.
8. MOKE MONSHENI, *Le régime juridique des fleuves internationaux africains au regard du droit international: cas du fleuve Congo/Zaïre*, UNIKIN, Faculté de Droit, 2006-2007.
9. PILARSKI Cécile, *La gestion partagée des ressources en eau dans le bassin du Congo : état des lieux et perspectives*, Faculté des études supérieures de l'Université Laval, 2009.
10. SADOFF Claudia W., GREY David, *Les fleuves internationaux d'Afrique. Une perspective économique*, Banque Mondiale, http:/earthmind.net/rivers/docs/worldbank-internationaux-d'Afrique.pdf 26 août 2013

TABLE DES MATIERES

L'Afrique
aux éditions L'Harmattan

Dernières parutions

ETHNIES, NATIONS ET DÉVELOPPEMENT EN AFRIQUE : QUELLE GOUVERNANCE ?
Actes du colloque de Brazzaville (Congo), du 26 au 28 mai 2014
Sous la direction de Hugues Mouckaga, Scholastique Dianzinga, Jean-François Owaye
En 1962, quelques années seulement après que la parenthèse coloniale eut commencé à se fermer, un agronome français, René Dumont, osa ce pronostic : « l'Afrique noire est mal partie ». Que de protestations ! Pourtant, plus de 50 ans après les indépendances, le continent africain est à la peine et patine. L'explication : la mal gouvernance. Du fait de ses ethnies, l'Afrique fait face à un épouvantable écueil ! Elle n'arrive pas à se constituer en nations ! Il importait donc d'agir, de réfléchir autour de cette problématique.
(Coll. Études africaines, 55.00 euros, 704 p.)
ISBN : 978-2-343-05785-9, ISBN EBOOK : 978-2-336-37944-9

ÉLECTIONS, VOTE ET REPRÉSENTATION POLITIQUE DES AFRICAINS DE L'ÉTRANGER
Suivi du *Guide des opérations électorales en dehors des frontières nationales*
Wongo Ahanda Antoine
Quels sont aujourd'hui les types d'élections, les mécanismes et les procédures du vote à l'extérieur adoptés par les pays africains ? Dans cet ouvrage, qui fait la synthèse des connaissances et des pratiques du vote à l'extérieur et de la représentation politique des Africains de l'étranger, l'auteur entend apporter une contribution pédagogique au processus d'appropriation de la citoyenneté externe par les États africains. Un ouvrage qui intéressera les leaders africains, les migrants africains et tous ceux qui sont impliqués dans le processus de vote à distance à travers l'Afrique et les pays d'immigration.
(Coll. Études africaines, 21.00 euros, 202 p.)
ISBN : 978-2-343-02009-9, ISBN EBOOK : 978-2-336-38129-9

MANUELS SCOLAIRES, ENVIRONNEMENT INFORMATIF ET NUMÉRIQUE AU SERVICE DE LA LECTURE
Enjeux nouveaux pour une école émergente
Thioune Birahim - Préface de Michèle Verdelhan Bourgade
Aujourd'hui, l'environnement socioculturel s'est complexifié du fait de l'émergence de technologies nouvelles qui ont envahi l'univers des apprenants et qui se révèlent, dans les espaces d'éducation et de formation, à la fois comme des promesses d'enrichissement et des menaces. Ce livre fixe quelques contours de l'utilisation des TIC (Technologies de l'Information et de la Communication) et des limites à observer dans leur application, sous peine de mettre en péril tout un patrimoine pédagogique.
(16.50 euros, 164 p.)
ISBN : 978-2-343-06236-5, ISBN EBOOK : 978-2-336-37731-5

L'ÉCOLE, GAGE DU DÉVELOPPEMENT DE L'AFRIQUE
Zénith Laurent - Préface de Mathias Eric Owona Nguini
Si plusieurs facteurs et secteurs sont à considérer pour sortir rapidement l'Afrique de son retard, le domaine scolaire revêt une importance capitale. Malheureusement, ce levier du développement qu'est l'école regorge de nombreuses tares dans la quasi-totalité des pays subsahariens. Un système académique bien pensé participerait fortement à l'essor de l'Afrique. À partir de propos, témoignages et de cas vécus, l'auteur met à nu tous les manquements qui handicapent l'émergence de ces pays.
(Harmattan Cameroun, 16.50 euros, 158 p.)
ISBN : 978-2-343-06203-7, ISBN EBOOK : 978-2-336-38133-6

LE CAMÉLÉON ET LA MORT EN AFRIQUE
Eschenlohr Nicole
La question de la mort hante nos esprits rationnels. Pour mieux maîtriser cette angoisse existentielle, les civilisations traditionnelles ont détourné le problème en attribuant une origine à cette mort : pourquoi et comment est-elle apparue ? En réponse à ses interrogations, la mythologie africaine, riche de liens tissés entre les hommes et les animaux, a désigné un responsable qu'elle a placé au cœur de ses récits et légendes : le caméléon. Accusé de lenteur, sa défense repose sur l'inéluctabilité de la mort...
(Coll. Ethnographiques, 14.00 euros, 132 p.,)
ISBN : 978-2-343-05818-4, ISBN EBOOK : 978-2-336-37485-7

APPROCHE CRITIQUE DU DÉVELOPPEMENT EN AFRIQUE SUBSAHARIENNE
Zagre Ambroise
Le sous-développement de l'Afrique subsaharienne constitue une préoccupation majeure pour les pays concernés, la communauté internationale, les milieux intellectuels et la société civile. Cet ouvrage interroge la notion de développement et envisage l'avenir de ce sous-continent vers un nouveau paradigme de développement : l'»auto-développement humain», capacité des sociétés à se développer en comptant d'abord sur leurs forces intérieures, leur capacité de création et leurs potentialités matérielles et spirituelles.
(Coll. Politique et dynamiques religieuses en Afrique, 27.00 euros, 260 p.,)
ISBN : 978-2-343-05939-6, ISBN EBOOK : 978-2-336-37427-7

LA PRÉCARITÉ QUOTIDIENNE EN AFRIQUE DE L'OUEST
Culture et développement
Ernoux Jules - Préface de Michaël Singleton
Cet ouvrage propose des tranches de vie prises sur le vif dans la population, plutôt urbaine, de Côte d'Ivoire, de Guinée et du Niger. À l'issue de 33 séjours riches de rencontres collectives et individuelles, l'auteur s'interroge : comment vivre au jour le jour dans le manque permanent, seulement soucieux de manger à sa faim, de sauvegarder une santé précaire, de confier ses enfants à des écoles surpeuplées, de vivre dans l'insécurité d'un pays où l'État de droit n'est qu'une illusion ?
(Coll. Écrire l'Afrique, 15.50 euros, 154 p.)
ISBN : 978-2-343-05748-4, ISBN EBOOK : 978-2-336-37417-8

LE MARKETING DE RUE EN AFRIQUE
Mouandjo Lewis Pierre
Cet ouvrage, abondamment illustré d'exemples, se veut un outil pédagogique pour faciliter la compréhension de ce «Marketing de rue» tant développé par ses acteurs en Afrique. Son but est de mettre à la disposition des étudiants et responsables d'entreprises un manuel leur permettant de saisir les opportunités qui leur sont offertes par ce nouveau marché que représente la rue et où se déroulent des pratiques commerciales «agressives» et une concurrence farouche entre les entrepreneurs individuels, les grandes sociétés et les Petites et Moyennes Industries.
(Coll. Études africaines, 44.00 euros, 512 p., Illustré)
ISBN : 978-2-343-05770-5, ISBN EBOOK : 978-2-336-37547-2

L'AGENCE SPATIALE AFRICAINE
Vecteur de développement
Ouedraogo Sékou - Préface de Jean-Loup Chrétien
L'Algérie est en train de finaliser la conception de son premier satellite national ALSAT2B qui devrait être entièrement conçu par ses ingénieurs. Le Nigéria veut envoyer un astronaute dans l'espace avant la fin 2015. Qui peut le croire ? Et pourtant, l'Afrique possède des agences spatiales nationales crédibles et des organisations panafricaines qui travaillent sur le sujet. Pour utiliser efficacement ces applications spatiales au service du développement, l'auteur défend la création d'une Agence Spatiale Africaine.
(Coll. Diplomatie et stratégie, 18.50 euros, 188 p.)
ISBN : 978-2-343-05942-6, ISBN EBOOK : 978-2-336-37375-1

UN CHEF-D'ŒUVRE DES ARTS D'AFRIQUE
La plateau de Fa (golfe du Bénin), collection Christoph Weickmann Ulm, 1659
Biton Marlène-Michèle
Dans cet ouvrage, l'auteur a tenté de mener une enquête sur un plateau de divination provenant des côtes de Guinée, importé il y a 350 ans à destination du cabinet de curiosités d'un marchand d'Ulm, Christoph Weickmann. Il s'agit d'abord de replacer cet objet dans son contexte historique et culturel et de retrouver les conditions de son arrivée en Europe. L'auteur entreprend également une analyse plastique précise ouvrant des perspectives sur les modalités de représentations utilisées et l'accès à une mythologie foisonnante.
(Coll. Ethnoesthétique, 30.00 euros, 290 p.)
ISBN : 978-2-343-04282-4, ISBN EBOOK : 978-2-336-37491-8

DE LA CEAO À L'UEMOA
Ou la genèse d'une intégration sous-régionale réussie
Sawadogo Fatimata - Préface de Cheikhe Hadjibou Soumaré
Cet ouvrage est un solide argumentaire de la trajectoire de l'intégration ouest-africaine. Cette analyse historique sur les principales organisations qui ont précédé la CEAO (Communauté économique de l'Afrique de l'Ouest), se concentre sur les acquis et les insuccès de cette dernière. L'auteur analyse le passage de la CEAO à l'UEMOA (Union économique et monétaire ouest-africaine) pour mieux démontrer les grandes avancées sur le difficile chemin de l'intégration sous-régionale. Elle insiste sur le bilan positif de l'UEMOA eu égard aux nombreuses actions concrètes dans tous les secteurs de la vie socio-économique au profit des populations.
(15.50 euros, 152 p.,)
ISBN : 978-2-343-05985-3, ISBN EBOOK : 978-2-336-37437-6

CHEIKH HAMAHOULLAH
Homme de foi et résistant
L'Islam face à la colonisation française en Afrique de l'ouest
Traoré Alioune
Cheikh Hamahoullah fut l'un des principaux propagateurs du tijânisme en Afrique occidentale. Il mena un combat inlassable pour la liberté et la dignité des peuples d'Afrique pendant la période coloniale. En s'appuyant sur des documents d'archives, la tradition orale africaine et des manuscrits conservés par les fidèles et les adversaires du Cheikh, l'auteur rejette l'image d'un Hamahoullah agitateur sans culture et sans foi, que répandaient complaisamment les rapports des administrateurs coloniaux.
(34.00 euros, 404 p.)
ISBN : 978-2-343-04694-5, ISBN EBOOK : 978-2-336-37070-5

QUELLE AFRIQUE POUR LES JEUNES ?
Lettre ouverte
Barry David
Ce livre est une lettre ouverte d'un panafricaniste convaincu. Il s'adresse aux jeunes, car ce sont eux qui peuvent encore nourrir de grands rêves et qui ont encore la capacité de s'indigner. Le panafricanisme est pour l'auteur la seule voie royale qui permettra aux jeunes de retrouver une

certaine cohérence, un sens et surtout de reprendre l'initiative. Cette lettre ne comporte pas de recettes mais propose une démarche en fournissant des repères.
(Harmattan Burkina Faso, Coll. L'Harmattan International Burkina Faso, 16.50 euros, 166 p.,)
ISBN : 978-2-343-06009-5, ISBN EBOOK : 978-2-336-37484-0

DYNAMIQUES DES GUERRES CIVILES EN AFRIQUE
Sous la direction d'Arsène Brice Bado
Cet ouvrage offre un essai de typologie des nombreuses hypothèses concurrentes dans l'analyse des causes des guerres civiles en Afrique. Il distingue 3 éléments dans la chaîne causale de leur émergence : les facteurs structurels, les éléments amplificateurs et les facteurs déclencheurs. Si les causes peuvent être similaires pour certains conflits, il restitue à chacun sa complexité selon les acteurs en présence, l'histoire sociopolitique particulière des sociétés et les conditions matérielles.
(Coll. Études africaines, 21.00 euros, 212 p.)
ISBN : 978-2-343-05586-2, ISBN EBOOK : 978-2-336-37590-8

LES MENACES ÉMERGENTES À LA PAIX ET À LA SÉCURITÉ EN AFRIQUE DE L'OUEST ET DU CENTRE : DE 1990 À NOS JOURS
Bamba Mamadou - Préface du Pr Ismaïla Madior Fall
Cet ouvrage apporte des éléments de réponse aux questions que soulève la problématique de la paix et de la sécurité dans ces deux sous-régions du Continent, si différentes et si proches l'une de l'autre par la géographie, les similitudes socio-historiques et le caractère transnational des défis qui émergeront sur l'un des territoires communautaires et qui ne manqueraient d'atteindre l'autre.
(Coll. Études africaines, 24.00 euros, 242 p.)
ISBN : 978-2-343-06163-4, ISBN EBOOK : 978-2-336-37576-2

VIOLENCES ET CONFLITS EN AFRIQUE DES GRANDS LACS
Polémologie et géo-systémisme
Mashimango Abou-Bakr Abelard - Préface de Daniel Derivois
Ce livre esquisse les diverses recompositions géopolitiques et stratégiques de la région des Grands Lacs et appréhende la problématique de la conflictualité sous l'angle de la polémologie. Il propose une réflexion transversale sur la bellicité en Afrique des Grands Lacs et analyse les facteurs qui se rapportent au «phénomène de guerre», à savoir les «complexes belligènes» et les causes du déclenchement des hostilités, de l'éclatement de la guerre, principalement en RDC et au Rwanda.
(Coll. Études africaines, 20.00 euros, 198 p.)
ISBN : 978-2-343-03586-4, ISBN EBOOK : 978-2-336-37473-4

LE PAGNE AFRICAIN ET SA SYMBOLIQUE
Femmes et féminité au travers de motifs d'un objet majeur de la culture africaine
Mukundila Kembo Dieudonné - Préface de Masiala ma Solo
Ce livre explore la manière dont le signe de la femme est utilisé dans les illustrations des pagnes africains. Il montre le caractère sexué du pagne en relation avec les fonctions sociales de la femme, lesquelles contribuent à la structuration de la société. L'objet n'est pas seulement artistique, il est culturel et social et se trouve à la fondation des croyances, des institutions, des structures sociales. Il cesse d'être uniquement un vêtement et devient un lieu de savoir et de culture, un reflet de la société africaine. (illustrations en couleur)
(Coll. Culture Africaine, 20.00 euros, 174 p.)
ISBN : 978-2-343-04531-3, ISBN EBOOK : 978-2-336-37124-5

L'HARMATTAN ITALIA
Via Degli Artisti 15; 10124 Torino
harmattan.italia@gmail.com

L'HARMATTAN HONGRIE
Könyvesbolt ; Kossuth L. u. 14-16
1053 Budapest

L'HARMATTAN KINSHASA
185, avenue Nyangwe
Commune de Lingwala
Kinshasa, R.D. Congo
(00243) 998697603 ou (00243) 999229662

L'HARMATTAN CONGO
67, av. E. P. Lumumba
Bât. – Congo Pharmacie (Bib. Nat.)
BP2874 Brazzaville
harmattan.congo@yahoo.fr

L'HARMATTAN GUINÉE
Almamya Rue KA 028, en face
du restaurant Le Cèdre
OKB agency BP 3470 Conakry
(00224) 657 20 85 08 / 664 28 91 96
harmattanguinee@yahoo.fr

L'HARMATTAN MALI
Rue 73, Porte 536, Niamakoro,
Cité Unicef, Bamako
Tél. 00 (223) 20205724 / +(223) 76378082
poudiougopaul@yahoo.fr
pp.harmattan@gmail.com

L'HARMATTAN CAMEROUN
BP 11486
Face à la SNI, immeuble Don Bosco
Yaoundé
(00237) 99 76 61 66
harmattancam@yahoo.fr

L'HARMATTAN CÔTE D'IVOIRE
Résidence Karl / cité des arts
Abidjan-Cocody 03 BP 1588 Abidjan 03
(00225) 05 77 87 31
etien_nda@yahoo.fr

L'HARMATTAN BURKINA
Penou Achille Some
Ouagadougou
(+226) 70 26 88 27

L'HARMATTAN SÉNÉGAL
10 VDN en face Mermoz, après le pont de Fann
BP 45034 Dakar Fann
33 825 98 58 / 33 860 9858
senharmattan@gmail.com / senlibraire@gmail.com
www.harmattansenegal.com

L'HARMATTAN BÉNIN
ISOR-BENIN
01 BP 359 COTONOU-RP
Quartier Gbèdjromèdé,
Rue Agbélenco, Lot 1247 I
Tél : 00 229 21 32 53 79
christian_dablaka123@yahoo.fr

Achevé d'imprimer par Corlet Numérique - 14110 Condé-sur-Noireau
N° d'Imprimeur : 130067 - Dépôt légal : juin 2016 - *Imprimé en France*

www.ingramcontent.com/pod-product-compliance
Lightning Source LLC
LaVergne TN
LVHW011311061026
849535LV00005B/1510